lonely planet

LAS MEJORES RUTAS
EN COCHE Y CÁMPER

CALIFORNIA

33 ITINERARIOS INOLVIDABLES

ANDREW BENDER, BRETT ATKINSON, AMY BALFOUR, ALISON BING,
CRISTIAN BONETTO, CELESTE BRASH, JADE BREMNER, BAILEY FREEMAN,
MICHAEL GROSBERG, ASHLEY HARRELL, MARK JOHANSON,
ANDREA SCHULTE-PEEVERS, WENDY YANAGIHARA

Sumario

OREGÓN
IDAHO
NEVADA
ARIZONA
MÉXICO
NORTE DE CALIFORNIA P. 39
CENTRO DE CALIFORNIA P. 91
SUR DE CALIFORNIA P. 149
Crescent City
Douglas Park
Klamath
Weed
Alturas
Orick
Mt Shasta
McCloud
Trinidad
Arcata
Eureka
Lewiston
Shasta Lake
Scotia
Redding
Susanville
Red Bluff
Shelter Cove
Chico
Sierra City
Fort Bragg
Oroville
Reno
Mendocino
Cameron
Truckee
Nevada City
Carson City
Lago Tahoe
Point Arena
Hopland
Healdsburg
Placerville
Yountville
Sacramento
Santa Rosa
Napa
Volcano
Sonoma
Jackson
Locke
Bolinas
Columbia
Stockton
Sonora
Lago Mono
San Francisco
Oakland
Palo Alto
Mammoth Lakes
White Mountain (4342 m)
Pescadero
San José
Beatty
Santa Cruz
Mendota
Fresno
Monte Williamson (4382 m)
Salinas
Monterrey
Panoche
Carmel Valley
Panamint Springs
Monte Whitney (4421 m)
Furnace Creek
Big Sur
Coalinga
Las Vegas
Paso Robles
Ridgecrest
Tecopa
Morro Bay
San Luis Obispo
Bakersfield
Pismo Beach
Mojave
Santa Maria
Barstow
Needles
Los Olivos
Desierto de Mojave
Solvang
Victorville
Amboy
Santa Bárbara
Malibú
Los Ángeles
San Bernardino
Santa Mónica
Anaheim
Islas del Canal
Long Beach
Blythe
Palm Springs
OCÉANO PACÍFICO
Laguna Beach
Lago Salton
Oceanside
La Jolla
San Diego
Coronado
Tijuana
0
200 km

Bienvenidos a California

Por mucho que se sueñe con California, la realidad supera la imaginación.

No hay nada como coger las llaves y las gafas de sol, y pisar el acelerador a fondo. Paisajes increíbles, comida sensacional y atisbos de futuro aguardan en la creativa costa de EE UU.

Quien ya reside en California puede estar seguro de que aún le quedan por descubrir rutas panorámicas, pozas para bañarse y un sinfín de restaurantes familiares.

Las carreteras de California llevan desde la ventosa costa del Pacífico, rica en fauna y flora, hasta las enormes secuoyas de Big Sur y el norte, los desiertos y pueblos de la época de la fiebre del oro, y conocidos parques nacionales, como Yosemite y Death Valley, a través de regiones vinícolas como Sonoma y Napa. Desde pistas rurales hasta carreteras costeras, hay mucho donde elegir.

Pacific Coast Highway, Big Sur (p. 94).

DOUG MEEK/SHUTTERSTOCK ©

Imprescindibles

LAS MEJORES RUTAS PANORÁMICAS

En California, la naturaleza ha sido tan prolífica como Pablo Picasso en sus mejores tiempos. Playas paradisíacas, macizos imponentes, praderas de alta montaña, dunas desérticas y árboles altísimos: un mosaico embriagador que ha inspirado a visionarios, artistas y trotamundos durante siglos.

EMISIONES CERO

California es líder en regulación medioambiental. En 2035, todos los coches y camiones ligeros nuevos que se vendan en el estado serán de cero emisiones.

MICHAEL URMANN/SHUTTERSTOCK ©

1

Pacific Coast Highway

Explorar las maravillosas playas de la Hwy 1 desde San Diego hasta Big Sur y más allá.

P. 30

2

Avenida de los Gigantes

Pasear entre las secuoyas más grandes del mundo, en el condado de Humboldt.

P. 74

3

Kings Canyon Scenic Byway

Descender por el cañón fluvial más profundo de California, repleto de secuoyas gigantes.

P. 118

SON HOANG NGUYEN/SHUTTERSTOCK ©

Bosque costero de secuoyas de California (p. 74).

4

Ebbetts Pass Scenic Byway

Ascender a la cima de Sierra Nevada desde Gold Country hasta el lago Tahoe.

P. 134

5

Eastern Sierra Scenic Byway

Recorrer la escarpada ladera de Sierra Nevada, con paisajes de altura y pueblos fantasma.

P. 124

Puente Bixby, Hwy 1 (p. 98).

PROHIBICIÓN DE PLÁSTICOS

Varios municipios de California han prohibido las pajitas de plástico y la espuma de poliestireno en la restauración. Los artículos de un solo uso, como los sobres de kétchup, solo se sirven a demanda.

Imprescindibles

LOS MEJORES PUEBLOS

Los Ángeles, San Francisco y San Diego acaparan la atención, pero fuera de las grandes ciudades aún se respira el encanto de la vieja California. Desde los pueblos mineros hasta los reductos *hippies*, se puede pasear por las granjas, lucir los atuendos rancheros, beber vino, sumergirse en aguas termales y recrear un pasado que sigue enriqueciendo al Estado Dorado.

ENTRADA GRATIS

La entrada a algunos de los casi 300 parques estatales de California es gratuita; otros cobran más de 10 US$ por aparcar; muchos residentes aparcan fuera y entran.

1

Arcata

Contracultura bohemia y universitaria tras la Redwood Curtain ("cortina de las secuoyas").

P. 85

2

Calistoga

Ideal para los amantes de los vaqueros, las botas y las aguas termales del valle de Napa.

P. 54

3

Nevada City

Revivir la historia en esta ciudad minera del Viejo Oeste con una curiosa calle principal.

P. 135

DRAGAN JOVANOVIC/SHUTTERSTOCK ©

Calistoga, valle de Napa (p. 54).

4

Los Olivos

El encanto de la California primitiva reina entre viñedos y ranchos de caballos en Santa Bárbara.

P. 112

5

Julian

Montañas cubiertas de pinos, valles arbolados y tarta de manzana en el condado de San Diego.

P. 184

Imprescindibles

LOS MEJORES RESTAURANTES

La cocina californiana cambia según la estación y ha transformado la forma de comer en todo el mundo. Aquí la fusión no es una moda, sino una segunda naturaleza. Se empieza con ingredientes locales de temporada, gentileza del clima y el suelo mediterráneos. Luego, la gastronomía de México, Latinoamérica y Asia, e incluso el Caribe y África, aportan un toque picante. Hay un plato para cada paladar.

CON NIÑOS

Hay que llamar a los restaurantes con antelación para confirmar que tienen menú infantil y tronas.

1

Ferry Building

Un rincón emblemático de San Francisco con productores de alimentos locales y sostenibles, y un mercado de productos agrícolas.

P. 19

2

Región vinícola de Napa y Sonoma

Recorrer este idílico paraíso epicúreo que situó los vinos californianos en el mapa culinario.

P. 52

4KODIAK/GETTY IMAGES ©

Grand Central Market, Los Ángeles (p. 23).

3

Zona de la bahía

Recorrer los pasillos de los mercados agrícolas y curiosear los productores artesanales.

P. 48

4

Grand Central Market

Desde hamburguesas hasta *ramen* vegano, en el centro de Los Ángeles hay manjares *gourmet* desde 1917.

P. 23

5

Highway 49 y Gold Country

Saborear Zinfandel en las estribaciones de Sierra Nevada y explorar las granjas de Apple Hill.

P. 130

Imprescindibles

RAREZAS JUNTO A LA CARRETERA

En California la vida es playa, y mucho más. Cuando se disipa la niebla, sus 1350 km de costa hacen justicia al sobrenombre "dorado". Playas amplias y cálidas llenan el sur; peñascos, niebla y drama definen el norte. Divertirse en familia en La Jolla, contemplar a surfistas de talla mundial en Huntington Beach, mezclarse con excéntricos en Venice Beach, acurrucarse al atardecer en Big Sur o visitar la impresionante Lost Coast. Y además de los clásicos, no faltan extravagancias junto a la carretera.

SEGURIDAD ANTE TODO

Si un terremoto sorprende al viajero al aire libre, debe permanecer en un espacio abierto. Si está en un interior, mejor guarecerse bajo una mesa.

1

Trees of Mystery

Con un Paul Bunyan animatrónico entre secuoyas, es una adorable trampa para turistas en Klamath.

P. 81

2

Solvang

Molinos de viento y un pueblo *kitsch* danés: una base ideal para visitar Santa Bárbara.

P. 111

3

Elmer's Place

"Árboles de botellas" de arte popular en la emblemática Ruta 66.

P. 166

BILL MORSON/SHUTTERSTOCK ©

Solvang (p. 111).

4

World's Biggest Dinosaurs

Gigantes de hormigón a las afueras de Palm Springs.

P. 25

5

Mirage Volcano

Erupciones cada noche en el Strip de Las Vegas.

P. 25

Imprescindibles

LA MAGIA DEL CINE

Quizá para Shakespeare el mundo era un escenario, pero en California es más bien un plató de cine. Durante un siglo, "la industria" ha hecho reír, llorar y volver una y otra vez. Para contemplar la magia, se puede asistir en directo a una grabación de cine o hacer una visita guiada a un estudio cinematográfico de Los Ángeles. A continuación, se visitan los escenarios de rodaje más famosos.

INICIAR SESIÓN

Descargar aplicaciones de parques temáticos para agilizar la visita: horarios, cierres de última hora, restaurantes, mapas y más.

1

Hollywood

Seguir las huellas de una estrella en el TCL Chinese Theatre, junto al Dolby Theatre, sede de los Óscar.

P. 165

2

San Francisco

Revivir clásicos del cine negro como *El halcón maltés,* de John Huston, y *Vértigo,* de Alfred Hitchcock.

P. 29

JLF06/SHUTTERSTOCK ©

Alabama Hills (p. 124).

3

Santa Cruz

Visitar los escenarios de películas de terror del Boardwalk.

P. 35

4

Eastern Sierra

Emocionarse con las películas del Oeste rodadas en Lone Pine y Alabama Hills.

P. 124

5

San Diego

Con los escenarios de rodajes como *Con faldas y a lo loco* y *Top Gun.*

P. 30

Cuándo ir

California es un destino para todas las estaciones, pero hay que tener en cuenta estos consejos para adelantarse a las inclemencias del tiempo.

MIRADA LOCAL

UN REPORTERO DE TRÁFICO RECORRE CALIFORNIA

Will Kohlschreiber, reportero de "KFI in the Sky" @WILLonKFI

Hay dos Californias. La primera es la congestionada maraña de autopistas y calles llenas de baches de los centros urbanos. La otra empieza en las "afueras": la Interstate 5, justo al norte de la State Rte 126. La I-10 al este de Cabazon. O la I-15 en la cima de Cajon Pass.

Aquí se atraviesa una barrera invisible, de la locura urbana a la tranquilidad.

Carreteras hermosas y abiertas, el aroma del ozono y la creosota tras una tormenta, los cientos de kilómetros de tierras de cultivo del Valle Central.

Y un paseo en coche por cualquier tramo de costa... Un paraíso.

A pesar de la fama de "verano interminable" que tiene California, el clima puede variar mucho a lo largo del año y de una región a otra. Dicho esto, de junio a agosto es temporada alta en casi todas partes, con vacaciones escolares y llegada de turistas. La primavera es brillante tras las lluvias invernales, con flores silvestres y praderas de verde intenso. Aunque las temperaturas son agradables y el otoño puede ser soleado y despejado, los meses secos de septiembre a noviembre son cada vez más época de incendios. Es vital estar alerta ante este peligro: no se deben encender llamas nunca y hay que estar atento a las noticias.

KIT LEONG/SHUTTERSTOCK ©

Desfile del Torneo de las Rosas, Pasadena.

El clima mes a mes (San Francisco)

ENERO	FEBRERO	MARZO	ABRIL	MAYO	JUNIO
Media máx. diurna: **14°C.**	Media máx. diurna: **16°C.**	Media máx. diurna: **16,5°C.**	Media máx. diurna: **17°C.**	Media máx. diurna: **17,5°C.**	Media máx. diurna: **19,5°.**
Días de lluvia: **8**	Días de lluvia: **8**	Días de lluvia: **8**	Días de lluvia: **4**	Días de lluvia: **2**	Días de lluvia: **0**

JOHN PENNEY/SHUTTERSTOCK ©

Santa Bárbara y las montañas de Santa Ynez (p. 110).

CONSEJO

Evitar la temporada alta (y la costa la mayoría de los fines de semana). El alojamiento es entre un 50% y un 100% más caro de media que el resto del año.

Niebla costera en el norte

En el norte de California, el verano está marcado por la niebla costera. San Francisco puede ser frío y nebuloso, mientras que en Oakland, a 24°C, luce el sol.

Mayo gris y junio sombrío en el sur

El final de la primavera trae niebla a la costa del sur. Desde Santa Bárbara hasta Los Ángeles y San Diego, hay que prever niebla matinal y llevar ropa de abrigo. Por lo general, la niebla desaparece a última hora de la mañana. Para evitarla lo mejor es quedarse en el interior.

CONDUCIR POR LA MONTAÑA

En California, las nevadas están relacionadas con la altitud (cuanto más alta es la montaña, mayor es la nevada), y las tormentas de invierno requieren el uso de cadenas. Consúltese la web de Caltrans (dot.ca.gov) si hay previsión de nieve en el viaje.

MIRADA LOCAL

YOSEMITE LLENA EL ALMA

Theresa Ho,
enamorada de Yosemite, consultora de 'marketing', escaladora, excursionista y esquiadora @sosimplytheresa

Como escaladora, para mí el momento más emocionante es cuando llegas en coche al valle de Yosemite, doblas la esquina y ves El Capitán frente a ti.

Ocupa todo el parabrisas y hay que inclinarse hacia delante para verlo todo. Pero mi experiencia más íntima y emocionante de Yosemite como hogar comienza mucho antes, en las sinuosas carreteras que se adentran en las montañas.

Ahí es donde empieza el sentimiento emocional de pertenencia, esa sensación de estar en el lugar perfecto para mí.

JULIO	AGOSTO	SEPTIEMBRE	OCTUBRE	NOVIEMBRE	DICIEMBRE
Media máx. diurna: **19,5°**.	Media máx. diurna: **20°C**.	Media máx. diurna: **21,6°C**.	Media máx. diurna: **21°C**.	Media máx. diurna: **17,5°C**.	Media máx. diurna: **14,5°C**.
Días de lluvia: **0**	Días de lluvia: **0**	Días de lluvia: **0**	Días de lluvia: **2**	Días de lluvia: **6**	Días de lluvia: **8**

Prepararse para California

Cosas útiles para llevar en el equipaje o en la cabeza.

Ropa

Ropa informal: California es un lugar relajado donde todo vale, sobre todo en lo tocante a la moda. Predomina un estilo más informal que elegante. En los negocios o para salir de noche en la ciudad, suele bastar con ir “arreglado pero informal”.

Equipo impermeable: Quienes solo hayan visto California por televisión se llevarán una sorpresa en la costa. La niebla marina castiga a quienes visten pantalones cortos toda la mañana, se retira por la tarde para que uno desee haber usado protector solar y regresa por la noche para escarnecer cualquier modelito escueto para una cita nocturna. Las montañas son frías y los desiertos muy calurosos. Lo mejor es abrigarse a capas.

Calzado: Algo cómodo para caminar es esencial tanto en la ciudad como en el campo. Para salir de noche, no es necesario llevar tacones de aguja: hay que vestirse como uno quiera.

Protección solar: Es esencial en cualquier parte del estado del “verano interminable”. Es buena idea llevar un sombrero de ala ancha, y los californianos son famosos por llevar gafas de sol incluso en días poco soleados.

CINE

Vértigo
(Alfred Hitchcock; 1958) Famoso *thriller* negro ambientado en San Francisco protagonizado por James Stewart y Kim Novak.

LA Confidential
(Curtis Hanson; 1997) Una historia neo-*noir* de corrupción y asesinatos en el glamur de Los Ángeles de la década de 1950.

Los chicos del barrio
(John Singleton; 1991) Innovadora historia de superación personal ambientada en el barrio South Central de Los Ángeles.

Muelle de Santa Mónica.

Palabras y expresiones

Freeway: En el resto de EE UU se llaman autopistas, autovías o carreteras interestatales. Según el Departamento de Transporte, se llamaron así "por el paso ininterrumpido de un gran número de vehículos" en la década de 1930. Ahora resulta anticuado, especialmente para quienes han experimentado el tráfico de California.

Bay Area (zona de la bahía): Bahía de San Francisco y condados circundantes.

Southern California (también SoCal): Los Ángeles y condados circundantes hasta la frontera con México.

HOV: Vehículo de alta ocupación, como el carril HOV de la autopista. No se debe circular por ellos si el número de pasajeros es inferior al mínimo.

CHP: California Highway Patrol, o la policía de tráfico del estado.

DUI: Conducir bajo efectos (alcohol, cánnabis, etc.) a veces se llama DWI (conducción en estado de embriaguez). Prohibido en cualquier caso.

SigAlert: En SoCal, se refiere a atascos masivos.

Looky-loos: Conductores que aminoran para ver un accidente.

MÚSICA

American Beauty
(Grateful Dead; 1970) Una joya de los rockeros de San Francisco: ninguna canción resume mejor el viaje por carretera que "Truckin".

Straight Outta Compton
(NWA; 1988) Este álbum pionero del *gangsta rap* es tan actual como cuando se publicó.

Teenage Dream
(Katy Perry; 2010) Un álbum lleno de éxitos, desde "California Gurls" a "Firework" y la canción que da título al disco.

LIBROS

De donde soy
(Joan Didion; 2003) La ensayista californiana desmantela las fantasías del estado y analiza desde el individualismo hasta el uso del agua.

If They Come in the Morning
(Angela Davis; 1971) Crónicas del movimiento Black Power recopiladas por una de sus principales figuras.

El sueño eterno
(Raymond Chandler; 1939) Este icono del misterio de Philip Marlowe en Los Ángeles eleva el listón para los detectives.

EN RUTA

Torrey Pines State Natural Reserve (p. 160).
GLOWING EARTH PHOTOGRAPHY/SHUTTERSTOCK ©

Sumario

01

GASTRONOMÍA

Visitar los mejores restaurantes y bodegas de Napa.

Golden Gate Park, San Francisco.

Joyas de California y Las Vegas

DURACIÓN	DISTANCIA	IDEAL PARA
12-15 días	2575 km	Vino, libros, naturaleza

CUÁNDO IR	De junio a septiembre, días soleados y carreteras de montaña sin nieve.

Este épico itinerario recorre todos los grandes clásicos del Estado Dorado y, de paso, un montón de lugares fascinantes hasta llegar a la rutilante Las Vegas (Nevada).

Sigue en ruta

03 Carreteras de la costa del Pacífico

La ruta en coche más famosa de California abraza el océano Pacífico desde México hasta Oregón. Se toma en San Francisco, Big Sur o LA.

31 Vida en el valle de la Muerte

El parque nacional más grande y salvaje de California está a poco más de 2 h en coche al oeste de Las Vegas (Nevada).

01 SAN FRANCISCO

Dos días repletos de acción para explorar el **Golden Gate Park** (sfrecpark.org/770/Golden-Gate-Park), espiar a los leones marinos desde el **Pier 39** (pier39.com) en el **Fisherman's Wharf** y pasear por el bullicio de **Chinatown** hasta los cafés italianos de **North Beach.** Luego, saborear un burrito relleno en el **Mission District** tras recorrer sus callejuelas llenas de murales.

En Powell St y Market St se hace cola para montar en teleférico y luego se navega hasta la prisión de la isla de **Alcatraz** (alcatrazcruises.com) en la bahía. Las entradas para Alcatraz se compran en línea, al

menos, dos semanas antes. Al pie de Market St, se puede picotear en los puestos de comida del **Ferry Building** (ferrybuilding marketplace.com), pasando por el **mercado de productos frescos** (cuesa.org).

En el histórico **Castro Theatre** (castrotheatre.com), el público enloquece cuando el gran órgano se eleva desde el suelo y entona melodías hasta que empieza la película.

AL VOLANTE
Sin atascos, se tarda 1 h de San Francisco a Napa, el epicentro del Wine Country. Se toma la Hwy 101 hacia el norte y se cruza el puente Golden Gate, parando en Vista Point, al otro lado del puente, para entrar en el condado de Marin. Luego se sigue hacia el noreste por las Hwys 37, 121, 12 y 29 hasta el centro de Napa.

02 VALLE DE NAPA

El valle de Napa es famoso por el magnífico cabernet sauvignon, las bodegas tipo *château* y su fabulosa gastronomía. Entre los pintorescos pueblos de la Hwy 29 se encuentran St Helena, Yountville y Calistoga, este último más famoso por sus aguas termales naturales que por su vino.

Se empieza junto al río, en el centro de Napa, donde el **mercado público Oxbow** (oxbowpublic market.com) exhibe su oferta culinaria: puestos de productos,

Senderismo por el Half Dome

Hay que agarrarse fuerte, no olvidarse de respirar y, bajo ningún concepto, mirar abajo. El Half Dome, cima del valle de Yosemite, requiere un permiso para escalar. Es la obsesión de millones de personas. La cima solo es accesible cuando los cables fijos están montados de mayo a octubre. Los permisos se sortean en marzo, y en temporada alta se sortea un número limitado con dos días de antelación. Véase **nps.gov/yose/planyour visit/hdpermits.htm.**

tiendas de cocina y degustaciones, con énfasis en los productos de temporada y la sostenibilidad. Hay que ir con hambre.

A unos 20 km al norte de Napa, los autobuses turísticos acuden en masa a la **Robert Mondavi Winery** (robertmondaviwinery.com); si no se entiende nada de vino y se toleran las aglomeraciones, se recomienda la visita.

De vuelta al valle, se sigue el bucólico **Silverado Trail,** que atraviesa otras bodegas emblemáticas, como **Robert Sinskey Vineyards** (robertsinskey.com), con una espectacular sala de catas sobre una colina que recuerda una pequeña catedral.

AL VOLANTE
Desde Napa, hay 4 h hasta la espectacular costa de Big Sur (320 km). Hay que ir hacia el sur por el puente de Carquinez hasta Berkeley y después cruzar por el puente de la bahía hasta San Francisco, tomando la Hwy 101 hacia el sur en dirección a Silicon Valley.

En la Hwy 17 se puede tomar un desvío por las montañas hasta Santa Cruz, y luego incorporarse a la Hwy 1 sur pasado Monterrey y Carmel-by-the-Sea.

03 BIG SUR

La Hwy 1 que bordea la costa de Big Sur es quizá el tramo de carretera más famoso de todo el estado. Serpentea a miles de metros sobre el Pacífico, abrazando las faldas de acantilados de más de 1,5 km sobrevolados por cóndores de California. En las décadas de 1950 y 1960, Big Sur –llamado así por los colonos españoles que se referían a esta zona salvaje como "país grande del sur"– se convirtió en el refugio bohemio de artistas y escritores, como Henry Miller y la Generación Beat. Hoy atrae a místicos de la nueva era, *hippies* y urbanitas que buscan desconectar en este verde rincón.

A lo largo de la Hwy 1, en los **parques estatales** de Big Sur (parks.ca.gov), se abren rutas de senderismo por bosques de secuoyas (los árboles más altos del planeta) y mágicas cascadas, como **McWay Falls,** que cae sobre una playa oceánica.

AL VOLANTE
Desde Big Sur hasta el valle de Yosemite hay 350 km (5 h). Se retrocede hacia el norte por la Hwy 1, pasado Monterrey, y luego se avanza hacia el interior por los valles agrícolas de California, tomando la Hwy 152 hacia el este pasado el embalse de San Luis y cruzando la I-5, para luego continuar al este, hacia la Hwy 99. A las afueras de Merced, hay que incorporarse a la Hwy 140 –abierta todo el año– hasta el Yosemite National Park.

CONSEJO:
Conducción segura con cualquier clima

Si se recorre esta ruta en invierno, conviene prepararse para la nieve en Sierra Nevada y llevar cadenas. En verano, los desiertos son asfixiantes y peligrosos. Evitar sobrecalentar el coche apagando el aire acondicionado y viajando a primera hora de la mañana y última de la tarde.

04 YOSEMITE NATIONAL PARK

El **Yosemite National Park** (nps.gov/yose), con agrestes formaciones rocosas, espectaculares cascadas, vastas extensiones de granito y los picos de Sierra Nevada, es una maravilla. De camino, hay que parar en **Tunnel View** para apreciar las vistas del valle de Yosemite, con el emblemático Half Dome y la cascada de Bridalveil a lo lejos. En lo profundo del valle se pueden visitar las **cascadas Yosemite** de tres pisos o recorrer el Mist Trail, que asciende por una escalera rocosa junto a las imponentes cataratas Vernal y Nevada. Luego, se conduce hasta **Glacier Point** para contemplar un magnífico atardecer. Al día siguiente, se rodea la ruta Tioga Rd (cerrada en invierno y primavera) para llegar a los **Tuolumne Meadows,** rodeados de imponentes picos y elevaciones de granito. Se puede hacer pícnic junto al resplandeciente **lago Tenaya** y detenerse en Olmsted Point, junto a la carretera, para contemplar las vistas de Sierra Nevada. Después se regresa al valle y se toma la Hwy 41 hacia el sur, saliendo del parque cerca de las secuoyas del **Mariposa Grove.**

AL VOLANTE
Desde la entrada sur de Yosemite hasta Fresno hay que seguir la recta Hwy 41 hacia el sur y después la Hwy 180 al este, que serpentea cuesta arriba y gana más de 2000 m de altitud entrando en el Kings Canyon National Park. El trayecto de 190 km hasta Grant Grove Village se recorre en 2½ sin tráfico.

Sequoia National Park (p. 22).

05 KINGS CANYON NATIONAL PARK

Desde las **gigantescas secuoyas** hasta uno de los cañones más profundos de EE UU, el sinuoso recorrido panorámico del **Kings Canyon National Park** (nps.gov/seki) es una visión alucinante.

En el extremo norte de la Generals Hwy, se puede pasear por el **General Grant Grove,** donde se encuentra el segundo árbol vivo más grande del mundo, y refrescarse en el **lago Hume.**

Volviendo por la **Kings Canyon Scenic Byway** (Hwy 180; cerrada en invierno y primavera), la carretera desciende abruptamente. Desde Junction View se ven las profundidades del cañón y los elevados picos de Sierra Nevada. Al fondo del cañón, pasado Cedar Grove Village, se pueden admirar las vistas desde el **Zumwalt Meadow,** un punto de observación de la vida salvaje con un sendero natural. En **Road's End** uno puede bañarse en la **playa del río Kings** o hacer una excursión de 13 km a la **cascada Mist.**

La foto

Disfrutar de las vistas del valle de Yosemite en Tunnel View.

AL VOLANTE

Desde Cedar Grove hasta el Giant Forest, en el Sequoia National Park, solo hay 96 km, pero se pueden tardar casi 2 h debido a las curvas cerradas y a los conductores boquiabiertos. Se retrocede luego por la Kings Canyon Scenic Byway (Hwy 180) hasta Grant Grove, y luego se va hacia el sur por la Generals Hwy a través de los soleados bosques del Giant Sequoia National Monument.

06 SEQUOIA NATIONAL PARK

Grandes árboles, profundas cuevas y altos domos de granito integran esta excursión de un día por el Sequoia National Park. Al llegar al Giant Forest, uno se siente abrumado por el majestuoso **General Sherman Tree.** Para saber más sobre las secuoyas gigantes, se puede visitar el **Giant Forest Museum** (nps.gov/seki). El viajero puede fotografiarse en su coche en el

HANS DEBRUYNE/SHUTTERSTOCK ©

Lago Hume, King's Canyon National Park.

Tunnel Log, o mejor aún, subirse al autobús del parque para pasear por Crescent Meadow y subir por la escalera de caracol hasta **Moro Rock,** con vistas del cañón y las cumbres.

Tras un pícnic junto al río en el **Lodgepole Market Center,** se regresa al coche y se pone rumbo a la subterránea **Crystal Cave** (recreation.gov) para admirar delicadas formaciones de mármol al adentrarse por inquietantes pasadizos. Hay que reservar las entradas en línea con antelación. Antes del ocaso, se desciende por la vertiginosa Generals Hwy hacia la zona de **Foothills,** parando en las pozas para bañarse.

AL VOLANTE

Tras unos días en la naturaleza, toca prepararse para pisar la ciudad más grande de California. La ruta más rápida a Los Ángeles (320 km) tarda al menos 3½ h. Se sigue la Hwy 198 al oeste de Three Rivers hasta la Hwy 65 sur a través del valle. En Bakersfield, hay que incorporarse a la Hwy 99 sur hasta la I-5, que va hacia el sur hasta Los Ángeles.

07 LOS ÁNGELES

Peregrinar hasta **Hollywood,** con sus aceras de estrellas rosas, ostentosas discotecas y cines restaurados. El mundo del cine y la televisión hace tiempo que se trasladó al **valle de San Fernando.** Aquí se puede hacer un circuito entre bastidores por el **Warner Bros Studio Tour** (wbstudiotour.com) o emocionarse con los ruidosos adolescentes en **Universal Studios Hollywood** (universalstudioshollywood.com).

El **Downtown de LA** es una histórica y fascinante ciudad dentro de otra ciudad, célebre por su emblemática arquitectura. Tras explorar el casco antiguo de **El Pueblo** (elpueblo.lacity.org), toca admirar el museo de arte **Broad** (thebroad.org) (gratis, imprescindible reserva) y luego divertirse en el complejo de ocio **LA Live** (lalive.com) y rendir culto a las estrellas del **Grammy Museum** (grammymuseum.org).

Antes de ir a las soleadas playas de LA, se puede comer algo en el entretenido **Grand Central Market** (grandcentralmarket.com) de alimentos *gourmet,* de visita imprescindible. En la apacible **Santa Mónica** y la moderna **Venice** es posible codearse con surfistas, *skaters,* culturistas, yoguis y artistas callejeros en el magnífico tramo de costa que envuelve la ciudad.

AL VOLANTE

Entre el Downtown y Anaheim hay un tedioso trayecto de 40 km por la I-5 en dirección sur que se puede alargar más de 1 h, sobre todo en hora punta. Al acercarse a Anaheim, se siguen las señales de la autopista y se toma la salida 110b hacia Disneyland.

08 DISNEYLAND

Cuando Walt Disney inauguró **Disneyland** (disneyland.com) el 17 de julio de 1955, lo declaró el "lugar más feliz de la tierra". Más de 65 años después, nadie lo niega a la vista de las amplias sonrisas de niños, abuelos y recién casados.

Si solo se dispone de un día, se recomienda comprar las entradas por internet e ir temprano. Paseando por **Main Street USA** se llega al castillo de la Bella Durmiente, y en Tomorrowland se puede montar en Space Mountain. En Fantasyland, no hay que perderse el clásico "It's a Small World", ni la carrera cuesta abajo en el Matterhorn Bobsleds.

Se aconseja comprar un FAST PASS para la Indiana Jones Adventure o Pirates of the Caribbean antes de almorzar en New Orleans Square. Tras descender en picado por Splash Mountain, se visita la Mansión Encantada y se termina con los fuegos artificiales y el espectáculo Fantasmic!

En la zona de **Galaxy's Edge,** que celebra lo mejor de la franquicia cinematográfica *Star Wars,* está el emocionante Millennium Falcon: Smugglers Run.

AL VOLANTE

Entre Anaheim y Palm Springs varias carreteras confluyen en la I-10 en dirección este desde Los Ángeles. El viaje (casi 160 km) dura menos de 3 h sin atascos. Destacan las imponentes turbinas eólicas de las laderas al atravesar San Gorgonio Pass. Hay que tomar la Hwy 111 sur hasta el centro de Palm Springs.

09 PALM SPRINGS

En las décadas de 1950 y 1960, Palm Springs era la escapada de moda de Sinatra, Elvis y muchas estrellas más.

POR QUÉ ME GUSTA ESTA RUTA

Amy C Balfour, escritora

Este viaje comprende lo mejor de California: playas, montañas, desiertos, bodegas, grandes árboles y ciudades aún más grandes. E incluye también los deslumbrantes encantos de Las Vegas, la ciudad de los casinos situada en Nevada y una de las escapadas de fin de semana favoritas de los californianos. El mejor momento para visitar Sierra Nevada es en verano; la primavera llena de flores silvestres los desiertos.

Hoy, una nueva generación se ha rendido a sus encantos de mediados de siglo: bungalós de acero y cristal diseñados por arquitectos famosos, hoteles-*boutique* con decoración *vintage* y piscinas en forma de riñón, y bares de moda que sirven el martini perfecto.

Al norte del centro, el **Palm Springs Aerial Tramway** (pstramway.com) asciende 1800 m en menos de 15 min. Al pisar el bosque de pinos de la cima el ambiente es más fresco, por lo que conviene llevar ropa de abrigo. Se compara el trayecto desde el desierto (en cuanto a temperatura) a conducir de México a Canadá.

Al fondo del valle, en Rancho Mirage, **Sunnylands** (sunnylands.org) fue la moderna y glamurosa finca de la familia Annenberg. Se pueden explorar los magníficos jardines desérticos o reservar con antelación una visita a la casa y su colección de arte.

AL VOLANTE

Al norte de Palm Springs, se toma la I-10 hacia el oeste hasta la Hwy 62, que serpentea al noreste hasta el desierto que rodea Joshua Tree. El trayecto (56 km) se hace rápido: en menos de 1 h se llega a la entrada oeste del parque. Se recomienda repostar primero en el pueblo de Joshua Tree, pues en el parque no hay gasolina ni comida ni agua.

DESVÍO

World's Biggest Dinosaurs

Inicio: 9 Palm Springs

Al oeste de Palm Springs, el **World's Biggest Dinosaurs** (cabazondinosaurs.com) deja sin habla. Claude K. Bell, escultor de Knott's Berry Farm, pasó más de una década creando estos gigantes de hormigón, que hoy son propiedad de creacionistas cristianos convencidos de que Dios creó los dinosaurios originales en un solo día, además del resto de animales, como parte de su "diseño inteligente". En la tienda de regalos venden recuerdos de dinosaurios como en los museos de ciencias.

10 JOSHUA TREE NATIONAL PARK

Los caprichosos árboles de Josué (yucas del tamaño de un árbol) son el símbolo de este **parque nacional** (nps.gov/jotr) en la confluencia de los desiertos de Colorado y Mojave. Supuestamente, fueron los colonos mormones quienes dieron nombre a los árboles, cuyas ramas extendidas hacia el cielo les recordaban al profeta bíblico que señalaba el camino hacia la tierra prometida.

Los escaladores conocen "JTree" como el mejor lugar para escalar en California, pero los niños y los jóvenes de espíritu también agradecen la oportunidad de subir y bajar las rocas gigantes. Los excursionistas buscan oasis escondidos, a la sombra de las palmeras del desierto, alimentados por manantiales naturales y arroyos. Para las visitas guiadas al **Keys Ranch** (nps.gov/jotr), construido por un colono del desierto en el s. XX, hay que reservar con antelación.

Entre las rutas panorámicas del interior del parque destacan la carretera lateral que lleva a la panorámica **Keys View** y la Pinto Basin Rd, que desciende hasta Cottonwood Spring y permite contemplar la transición natural entre el elevado desierto de Mojave y el bajo de Colorado. La recompensa al final del empinado **Ryan Mountain Trail** es una fabulosa vista.

AL VOLANTE

La carretera secundaria que conduce a Las Vegas (320 km, 3 h) es muy pintoresca. Desde Twentynine Palms, Amboy Rd se dirige al este y luego al norte, surcando parajes desérticos. En Amboy, se toma la Ruta 66 al este y luego al norte por Kelbaker Rd a través de la I-40 hasta la Mojave National Preserve. Al norte de la reserva, hay que incorporarse a la I-15 en dirección norte a Las Vegas.

11 LAS VEGAS, NEVADA

Las Vegas es la escapada definitiva. Es el único lugar del mundo donde se puede pasar la noche de fiesta en la antigua Roma, despertarse en Egipto, almorzar bajo la torre Eiffel, contemplar un volcán en erupción al atardecer y casarse en un Cadillac rosa a medianoche.

En el Strip uno puede codearse con los jugadores, comprar recuerdos horteras y beber un margarita de neón de 1 m de altura. Tras recorrer las versiones en miniatura de Nueva York, París y Venecia, se sube a la **High Roller,** la noria más alta del mundo (de momento). Al caer la noche, el plan es visitar los glamurosos y ultramodernos casinos Cosmopolitan y Wynn.

Quienes prefieran los casinos tradicionales, los rótulos de neón *vintage* y los bares cutres deben dirigirse al centro, al histórico "Glitter Gulch" en **Fremont Street Experience,** una zona peatonal con la tirolina **Slotzilla** (vegasexperience.com), cerca del **Mob Museum** (themobmuseum.org). Finalmente, uno se puede mezclar con los residentes en los locales de moda del distrito de **Fremont East.**

Joshua Tree National Park.

02

HISTORIA

Adentrarse en el Distrito de la Misión de San Francisco.

Ruta de las misiones

DURACIÓN	DISTANCIA	IDEAL PARA
5 días	998 km	Libros, comida, historia

CUÁNDO IR	De abril a octubre, cielos soleados.

Misión San Juan Capistrano.

Establecida a lo largo de más de 50 años, una cadena de 21 misiones se extiende a lo largo de El Camino Real, forjado por primera vez por el conquistador español Gaspar de Portolá y el sacerdote franciscano Junípero Serra a finales del s. XVIII. Cada misión estaba a un día a caballo de la siguiente, pero hoy la ruta se recorre en menos de una semana.

Sigue en ruta

03 Carreteras de la costa del Pacífico

La ruta de las misiones de California se cruza con la ruta costera clásica en San Diego, Los Ángeles, Santa Bárbara y San Francisco.

07 Valle de Sonoma

En Sonoma Plaza, el final de esta ruta, se puede empezar a explorar la región vinícola del norte de California.

01 SAN DIEGO

En la primavera de 1769, soldados y misioneros españoles desembarcaron en la bahía de San Diego desde Baja California. Muchos estaban enfermos, y más de la mitad murieron tras semanas de navegación. El padre Junípero Serra se unió y fundó la **Misión Basílica San Diego de Alcalá** (missionsandiego.org) ese año. Al oeste, en lo alto de Presidio Hill, el **Junípero Serra Museum** (sandiegohistory.org) relata las luchas de los nativos americanos contra los misioneros. En el lugar donde se alzaban el fuerte militar y la iglesia originales

de los colonos, este edificio de estilo colonial español de 1920 recuerda la primera arquitectura misionera.

Cerca, el **Old Town San Diego State Historic Park** (parks.ca.gov) conserva edificios de las épocas española, mexicana y americana, con una plaza a la antigua rodeada de tiendas y cafés.

AL VOLANTE

El Camino Real, señalizado en toda California con campanas de bronce de las misiones en la década de 1920, sigue la I-5 hacia el norte desde San Diego. Tras recorrer más de 100 km, hay que salir hacia la Hwy 74 (Ortega Hwy), girar a la izquierda y dirigirse al oeste hasta la Misión de San Juan Capistrano.

02 SAN JUAN CAPISTRANO

Arqueólogos, ingenieros y restauradores han realizado un exquisito trabajo para mantener viva la **Misión San Juan Capistrano** (missionsjc.com). Construida en torno a arcadas del s. XVIII, el complejo encierra fuentes y jardines floridos. La **capilla de Serra,** donde el padre celebró misa por primera vez en 1783, se considera el edificio más antiguo de California, y ni siquiera la poderosa falla de San Andrés ha logrado derribarla todavía. Cada 19 de marzo, el **Festival de las Golondrinas** celebra el regreso de estas aves migratorias. Una manzana al oeste, junto a la estación de tren, el arbolado **distrito histórico de Los Rios** alberga bonitos chalés y casitas de adobe con cafeterías y tiendas.

AL VOLANTE

Se regresa a la I-5 hacia el norte para recorrer los 80 km, a menudo congestionados, hasta el centro de LA. En la salida Alameda St/Union Station, se gira a la derecha en Main St y se busca aparcamiento con parquímetro en la calle o bien uno de pago.

03 LOS ÁNGELES

Unas docenas de colonos españoles fundaron la Ciudad de los Ángeles en 1781, cerca del emplazamiento actual de **El Pueblo de Los Angeles Historical Monument** (elpue blo.lacity.org). Vale la pena echar un vistazo al interior de edificios históricos del s. XIX, como la Avila Adobe y la iglesia de "La Placita", recorrer Olvera St, un mercado al aire libre de comida mexicana y tiendas folclóricas, y relajarse frente al quiosco de música de hierro forjado, donde los mariachis tocan el fin de semana. Cerca de allí, **LA Plaza** (lapca.org) es una vibrante crónica de la experiencia mexicano-americana en LA.

AL VOLANTE
Se sigue la Hwy 101 al norte del Downtown de LA, pasando por Hollywood rumbo al oeste a través de la zona suburbana del valle de San Fernando, hasta la costa del Pacífico. Al noroeste de Ventura, otra ciudad misionera de SoCal con hermosas playas, se encuentra Santa Bárbara, a unos 160 km de LA.

04 SANTA BÁRBARA

Después de que un terremoto de magnitud 6,3 sacudiera Santa Bárbara en 1925, la céntrica State St se reconstruyó por completo en estilo renacimiento colonial español, con paredes de adobe encaladas y tejados de tejas rojas. Al norte, la **Antigua Misión Santa Bárbara** (santabarbaramission.org) también fue víctima de otro terremoto. Desde su imponente fachada dórica, homenaje a una antigua capilla romana, se divisan los singulares campanarios gemelos.

Fundada en 1786 en la festividad de Santa Bárbara, la misión ha estado ocupada ininterrumpidamente por sacerdotes franciscanos, que escaparon a la política de secularización impuesta por México que destruyó la mayoría de las misiones restantes de California. La capilla está decorada con obras de arte de la tribu chumash y en la parte trasera hay un cementerio muy antiguo.

POR QUÉ ME GUSTA ESTA RUTA

Amy C Balfour, escritora

El recorrido original por carretera conecta una serie de misiones coloniales españolas, adornadas con soleados claustros, edificios de adobe y capillas con frescos. Llamativas por su reverente sencillez, las misiones conectan con los primeros días del estado moderno. Las más entrañables recuerdan tanto las glorias como las tragedias de su creación. No hay que perderse la apacible San Juan Capistrano.

AL VOLANTE
El Camino Real sigue la Hwy 101 hacia el norte. La sinuosa Hwy 154 es más panorámica, pues discurre entre montañas y viñedos. Se gira a la izquierda en la Hwy 246 (Mission Dr) hacia el pueblo danés de Solvang, que tiene una bonita misión, y se sigue hacia el oeste por la Hwy 246 casi hasta Lompoc. Son 80 km desde la misión de Santa Bárbara.

05 MISIÓN LA PURÍSIMA

Conduciendo por las colinas de las afueras de Lompoc, entre viñedos y campos de flores cultivadas, se llega a **La Purísima Mission State Historic Park** (lapurisimamission.org). Recuperada por el Cuerpo de Conservación Civil (CCC) durante la época de la Gran Depresión, casi una docena de edificios han sido restaurados para devolverles su aspecto original de 1820. Se puede pasear por las viviendas de los soldados españoles, una sala de tejer y una herrería.

AL VOLANTE
Se sigue la pintoresca y rural Hwy 1 hacia el norte hasta Pismo Beach y luego se retoma la Hwy 101 hacia el norte hasta San Luis Obispo, una apacible ciudad misionera ideal para detenerse. Al día siguiente, se sigue la Hwy 101 al norte durante 220 km, pasando Salinas hasta la Hwy 156, que enlaza al este con San Juan Bautista.

DESVÍO
Pinnacles National Park
Inicio: 5 Misión La Purísima

Este **parque** (nps.gov/pinn), que debe su nombre a las imponentes agujas que se elevan sobre las colinas cubiertas de chaparral, es un compendio del paisaje geológico, con escarpados monolitos, cañones de paredes escarpadas y antiguos restos volcánicos. Además del senderismo y la escalada, los reclamos del parque son los cóndores de California, en peligro de extinción, y las cuevas de talud habitadas por murciélagos. Es mejor visitarlo en primavera u otoño; en verano es asfixiante. Se puede acampar cerca de la entrada este, junto a la Hwy 25 entre San Juan Bautista y King City, a la que se accede por la Hwy 101 al norte de San Luis Obispo.

06 SAN JUAN BAUTISTA

Construida sin saberlo sobre la falla de San Andrés, la **Antigua Misión San Juan Bautista** (oldmissionsjb.org) posee la iglesia más grande de las misiones de California. La capilla original cayó en el célebre terremoto de San Francisco de 1906. Aquí se rodaron escenas de la película *Vértigo* (1960) de Alfred Hitchcock. La antigua plaza española situada frente a la misión alberga el **San Juan Bautista State Historic Park** (parks.ca.gov). A pocos pasos, el polvoriento San Juan Bautista

San Juan Bautista State Historic Park.

está repleto de restaurantes y tiendas.

AL VOLANTE

Se vuelve hacia el oeste por la Hwy 156 hasta la Hwy 101, que discurre al norte por las plantaciones de ajos de Gilroy hasta San José, siguiendo luego por la bahía de San Francisco y Silicon Valley. Tras casi 145 km, se llega a San Francisco: se sale por Duboce Ave, se gira a la izquierda por Guerrero St y luego a la derecha por 16th St hasta llegar a la Misión de San Francisco de Asís.

07 SAN FRANCISCO

El tiempo parece haberse detenido en la **Misión San Francisco de Asís** (missiondolores.org), conocida como Misión Dolores. Con un altar de pan de oro y vigas de secuoya decoradas con arte nativo americano, es la única capilla original intacta de las misiones californianas, pues sus paredes de adobe resistieron el gran seísmo de 1906. Hoy queda eclipsada por la ornamentada basílica de 1913.

El cementerio del fondo, donde Kim Novak deambulaba aturdida en *Vértigo*, de Hitchcock, custodia un monumento conmemorativo de los 5000 ohlone y miwok que murieron en una epidemia de sarampión, rodeados por las tumbas de los primeros colonos mexicanos y europeos.

AL VOLANTE

La Hwy 101 sube y baja por las famosas colinas de San Francisco, desde Mission District hasta Marina y Presidio, para salir de la ciudad por el puente Golden Gate. Al norte de San Rafael, se sigue la Hwy 37 al este hasta la Hwy 121 al norte, y luego se toma la Hwy 12 al norte hasta el centro de Sonoma, a más de 65 km de San Francisco.

08 SONOMA

La ciudad vinícola de Sonoma alberga la última misión española establecida en California. Es también donde los colonos estadounidenses intentaron declarar la independencia de México en 1846. Hoy la Misión de San Francisco Solano forma parte del **Sonoma State Historic Park** (parks.ca.gov), que conserva barracones militares y la casa de un general mexicano de mediados del s. XIX. Su pequeña capilla de adobe, de 1841, es también el final de El Camino Real.

03

Carreteras de la costa del Pacífico

DURACIÓN	DISTANCIA	IDEAL PARA
7-10 días	1660 km	Familias, bebida, actividades al aire libre

CUÁNDO IR	
	De noviembre a abril, salvo vacaciones escolares, Navidad y Semana Santa.

La idea es escapar de los atascos de las autopistas de California y disfrutar del placer de conducir por el carril lento. Una vez en la carretera, no se querrá dejar atrás el océano. Oficialmente, solo el corto y soleado trecho de la Hwy 1 que atraviesa los condados de Orange y Los Ángeles se puede llamar Pacific Coast Highway (PCH). Tecnicismos aparte, en esta ruta aguardan tramos igual de encantadores en la Hwy 1 y la Hwy 101.

Sigue en ruta

15 Big Sur

Perderse en la escarpada costa de Big Sur, que se extiende entre el Hearst Castle y los paisajes de Carmel-by-the-Sea, en la península de Monterrey.

28 Diversión en la costa de San Diego

Para comenzar el viaje por la costa de California de manera relajada, es recomendable tomar un par de días adicionales en la soleada San Diego.

01 SAN DIEGO

En la parte inferior del mapa del estado, la bonita ciudad costera de Coronado conecta con la península de San Diego a través de las playas blancas de Silver Strand. Quien haya visto a Marilyn Monroe en *Con faldas y a lo loco* reconocerá el elegante **Hotel del Coronado** (hoteldel.com), que ha alojado a presidentes de EE UU y miembros de la realeza, como el Príncipe de Gales, que renunció a su trono para casarse con una divorciada de Coronado. Se puede tomar un cóctel tropical en el **Babcock & Story Bar** frente al océano.

ESCAPADA

Recorrer en dos días Santa Bárbara, Big Sur y Monterrey.

Puente San Diego-Coronado.

Tras atravesar el puente **San Diego-Coronado,** hay que desviarse al interior hasta el Parque Balboa. Luego, dirigirse al oeste y después al sur hasta el **Cabrillo National Monument** (nps.gov/cabr) para admirar las vistas de la bahía desde el faro del s. XIX y el monumento a los primeros exploradores españoles de la costa oeste. Al norte de Mission Beach y el anticuado parque de atracciones de Pacific Beach, se llega a la relamida **La Jolla,** y después a las ciudades costeras del norte del condado.

AL VOLANTE

Es un trayecto de 112 km desde La Jolla hacia el norte por carreteras costeras y luego por la I-5 hacia el condado de Orange (también conocido como "OC"), pasando por Camp Pendleton Marine Corps Base y la recién clausurada central nuclear de San Onofre. Se sale en San Clemente y se sigue la Avenida del Mar cuesta abajo hasta la playa.

02 SAN CLEMENTE

En lugares poco masificados, como la hermosa San Clemente, la costa del condado de Orange es como un viaje a la cultura playera de antaño. Hogar de leyendas vivas del surf y de grandes fabricantes de tablas, quizá sea el último rincón del condado para vivir el auténtico estilo de vida surfero. Se puede surfear con tabla propia o nadar en la playa principal de la ciudad, junto al **muelle de San Clemente.** En un rápido desvío al interior, el **Surfing Heritage & Culture Center** (surfingheritage.org) de la comunidad expone tablas que usaron los grandes, desde Duke Kahanamoku a Kelly Slater. La puesta de sol desde el muelle es de ensueño.

AL VOLANTE

Desde la I-5 en dirección norte, cerca de Dana Point se sale a la Hwy 1, pasando por la colonia de artistas acomodados de Laguna Beach, el Crystal Cove State Park, el puerto de yates de Newport Beach y "Surf City USA", Huntington Beach. Luego se gira hacia el oeste saliendo de la Hwy 1 cerca de Naples hacia Long Beach, a 72 km de San Clemente.

03 LONG BEACH

En Long Beach, las estrellas son el **'Queen Mary'**, un gran trasatlántico británico (supuestamente encantado) atracado aquí y el enorme **Aquarium of the Pacific** (aquariumofpacific.org), un mundo submarino de alta tecnología poblado por tiburones y medusas. A menudo pasado por alto, el **Museum of Latin American Art** (molaa.org) es una muestra de arte latino contemporáneo del sur de la frontera y de California. A 1,5 km, los amantes de las compras *vintage* estarán en su salsa en **Retro Row,** varias manzanas de moda y mobiliario de mediados de siglo.

AL VOLANTE
Se conduce lentamente por la escarpada península de Palos Verdes, siguiendo luego por la Hwy 1 al norte, pasando por las playas de South Bay. Bordeando el aeropuerto LAX y Marina del Rey, la Hwy 1 continúa hacia el norte hasta Venice, Santa Mónica y Malibú, a casi 100 km de Long Beach.

04 MALIBÚ

Dejando atrás los atascos de LA, la Hwy 1 discurre al noroeste de Santa Mónica hasta Malibú. Uno se siente como una estrella de cine paseando por las playas frente a las propiedades valladas de los famosos de Hollywood. Una de ellas, la **Getty Villa** (entrada gratuita), situada en una colina, encierra antigüedades griegas, romanas y etruscas, además de cuidados jardines.

Junto a Malibu Lagoon State Beach, al oeste de la zona de surfistas del muelle de Malibú, **Adamson House** (adamsonhouse.org) es una villa de estilo morisco español decorada con azulejos pintados a mano de factura local. Siguiendo al oeste

POR QUÉ ME GUSTA ESTA RUTA

Amy C Balfour, escritora

En esta aventura costera, el paisaje nunca cesa, desde las preciosas playas bañadas por el sol del sur de California hasta las altas secuoyas costeras del neblinoso norte de California. Mis viajes por esta ruta han fluctuado entre exultantes paseos y momentos para reflexionar, y el paisaje siempre se ha adaptado a mi estado de ánimo. Laguna Beach, Malibú, Big Sur, el norte de Santa Cruz, y de Jenner a Mendocino y Westport, son lugares que gustan a todos.

por la costa, donde las montañas de Santa Mónica se sumergen en el mar, se pueden visitar famosas playas de Malibú, como Point Dume, Zuma o Leo Carrillo.

AL VOLANTE
La Hwy 1 se adentra en el condado de Ventura, bordeando el océano y el ventoso Point Mugu. En Oxnard, hay que incorporarse a la Hwy 101 hacia el norte. Se conduce por Ventura, punto de partida de las excursiones en barco al Channel Islands National Park, hasta Santa Bárbara, a unos 144 km del muelle de Malibú.

DESVÍO
Channel Islands National Park
Inicio: 04 Malibú

Senderismo, kayak, submarinismo, acampada y avistamiento de ballenas en un paisaje del fin del mundo. Las islas de este parque nacional, ricas en flora y fauna singular, marismas y bosques de algas, albergan casi 150 especies de plantas y animales únicos en el mundo, lo que les ha valido el sobrenombre de "Galápagos de California". Anacapa y Santa Cruz, las islas más populares, están a 1 h en barco del puerto de Ventura, junto a la Hwy 101, casi 65 km al noroeste de Malibú, en la ruta a Santa Bárbara.

Es imprescindible reservar los fines de semana, en vacaciones y en verano. Antes de zarpar, es interesante ir al centro de visitantes para ver exposiciones educativas de historia natural, una película gratuita de 25 min sobre la naturaleza y disfrutar de actividades familiares.

05 SANTA BÁRBARA

La costa de Santa Bárbara posee un clima casi perfecto y una serie de playas idílicas, donde conviven surfistas, amantes de las cometas y paseadores de perros. La emblemática arquitectura de estilo neocolonial español está presente en la céntrica State St o en el juzgado del condado, cuya torre se eleva por encima de los tejados de tejas rojas. Hacia el sur se divisa el ajetreado paseo marítimo y el **muelle Stearns** (stearnswharf.org) y, hacia el norte, la histórica **Misión Santa Bárbara** (santabarbaramission.org). El clima templado es perfecto para la vid: su región vinícola, famosa por la película *Entre copas* (2004), está a 45 min al noroeste por la Hwy 154. Se pueden visitar las salas de cata de **Los Olivos,** y luego seguir Foxen Canyon Rd al norte pasando por más bodegas, para volver a la Hwy 101.

AL VOLANTE
Se puede seguir por la rápida Hwy 101 en dirección norte o desviarse al oeste por la lenta Hwy 1, que bordea la costa hasta Guadalupe, punto de acceso a las mayores dunas de arena de Norteamérica. Ambas autopistas confluyen de nuevo en Pismo Beach, 160 km al noroeste de Santa Bárbara.

Pismo Beach (p. 34).

Viajar por carretera sin problemas

En las zonas costeras, la niebla espesa puede dificultar la conducción: hay que reducir la velocidad y, si es muy densa, salir de la carretera. En los acantilados, hay que estar atento a la caída de rocas y aludes de barro que, en caso de impacto, pueden dañar o inutilizar el vehículo. Para conocer el estado actual, los cierres (frecuentes en invierno) y las obras, visítese dot.ca.gov.

06 PISMO BEACH

Pismo Beach, un clásico de las playas californianas, es una larga y apacible franja de arena para nadar, surfear y pasear por el muelle al atardecer.

Tras probar la sopa de almejas y las cestas de marisco frito en los cafés de ambiente surfero, se puede disfrutar en la bolera retro, los billares y los bares que hay subiendo la colina desde la playa, o dirigirse por la Hwy 101 hasta el antiguo **Sunset Drive-In** (16 km) de San Luis Obispo, para poner los pies en alto y engullir bolsas de palomitas en un programa doble de taquillazos de Hollywood.

La foto

Puente Golden Gate sobre la bahía de San Francisco.

AL VOLANTE

Se sigue la Hwy 101 hacia el norte, pasando San Luis Obispo, y se toma la Hwy 1 hacia el oeste, hasta el emblemático Morro Rock, en Morro Bay. Al norte de Cayucos, la Hwy 1 atraviesa bucólicos pastizales y vuelve a la costa en Cambria. 16 km más al norte se encuentra el Hearst Castle, a unos 100 km de Pismo Beach.

07 HEARST CASTLE

En lo alto de una montaña, el Hearst Castle (hearstcastle.org) es el monumento a la riqueza y la ambición más famoso de California. William Randolph Hearst, el magnate de la prensa de principios del s. xx, agasajaba a las estrellas de Hollywood y a la realeza en esta finca de fantasía repleta de antigüedades europeas, con resplandecientes piscinas y rodeada de jardines. Se recomienda reservar con antelación, sobre todo para los programas nocturnos de historia viviente durante las vacaciones de Navidad y en primavera. Unos 6 km más al norte por la Hwy 1, se aparca en el mirador

HTURNER/SHUTTERSTOCK ©

Faro de Piedras Blancas.

señalizado y se recorre la pasarela para ver la colonia de elefantes marinos que retozan en la playa. Hay focas todo el año, pero la temporada invernal de apareamiento y cría culmina el día de San Valentín. Cerca de allí, el **faro de Piedras Blancas** (piedrasblancas.org) ofrece vistas espectaculares.

AL VOLANTE
Se recomienda repostar antes de adentrarse en los bosques de secuoyas de la remota costa de Big Sur, donde los escarpados acantilados dominan el paisaje marino y los servicios turísticos escasean. La Hwy 1 prosigue virando hacia el norte hasta la península de Monterrey, a unas 3 h desde el Hearst Castle (150 km).

08 MONTERREY

La Hwy 1 discurre suavemente cuesta abajo hacia la bahía de Monterrey y Big Sur queda atrás. Según el premio Nobel de Literatura John Steinbeck, la comunidad pesquera de Monterrey es el corazón del país y, aunque Cannery Row está turistificado, merece la pena pasear hasta el interior del fascinante **Monterey Bay Aquarium** (montereybayaquarium.org), una antigua conservera de sardinas a orillas de un santuario marino nacional. En los gigantescos tanques nadan todo tipo de seres acuáticos, como estrellas de mar, caballitos de mar y nutrias marinas.

AL VOLANTE
El viaje de 72 km al norte hasta Santa Cruz es relativamente rápido. La Hwy 1 recorre la costa en forma de media luna de la bahía de Monterrey, pasando por el refugio de fauna de Elkhorn Slough, cerca del puerto de Moss Landing, las plantaciones de fresas y alcachofas de Watsonville y varias pequeñas localidades costeras en el condado de Santa Cruz.

09 SANTA CRUZ

Aquí, el *flower power* de la década de 1960 sigue vivo y las pegatinas de los coches con tablas de surf proclaman "Keep Santa Cruz weird" (Mantén Santa Cruz rara). Junto al océano, **Santa Cruz Beach Boardwalk** (beachboardwalk.com) posee un espléndido ambiente tradicional americano y un tiovivo Looff de 1911.

El ambiente de diversión se intensifica con los chillidos nerviosos de los pasajeros de la vertiginosa **Giant Dipper,** una montaña rusa de madera de la década de 1920 declarada monumento histórico nacional. Se puede visitar el **Santa Cruz' Museum of Art & History** (santacruzmah.org), que ofrece exposiciones sobre la historia y la cultura de la ciudad y algunas temporales. Al lado, en **Abbott Square Market** (abbott square market.com), se come y se bebe bien.

AL VOLANTE
El recorrido costero de 120 km desde Santa Cruz a San Francisco pasa por Pescadero, Half Moon Bay y Pacifica, donde la Hwy 1 atraviesa los túneles de Devil's Slide. En Daly City hay que incorporarse a la congestionada autopista y seguir la Hwy 1 hacia el norte, atravesando la ciudad hasta Golden Gate Park.

10 SAN FRANCISCO

Los atascos pueden sorprender al viajero tras cientos de kilómetros de costa abierta y ondulada, pero no hay que desesperar. La Hwy 1 atraviesa el espacio verde más amplio y aireado de la ciudad: Golden Gate Park (goldengatepark.com).

Es fácil pasarse el día entero en el invernadero de flores, el arboreto y los jardines botánicos, o recorriendo la **California Academy of Sciences** (calacademy.org) y el **de Young Museum** de bellas artes. Después, se sigue la Hwy 1 hacia el norte por el **puente Golden Gate** (goldengatebridge.org) que custodia la entrada a la bahía de San Francisco. El emblemático puente debe su nombre al estrecho que atraviesa, no a su pintura anaranjada. Hay aparcamientos en el lado sur y norte del puente, y luego se puede recorrer la pasarela peatonal y tomar fotos.

AL VOLANTE
Pasado Sausalito, se deja la Hwy 101 en Marin City por la lenta y sinuosa Hwy 1 que bordea la costa del condado de Marin, pasando por el cercano Point Reyes. Los siguientes 160 km entre Bodega Bay y Mendocino son un tramo ininterrumpido de carretera litoral. Poco después de la mitad del recorrido se encuentra el desvío de la carretera del faro, al norte de la ciudad de Point Arena.

DESVÍO
Point Reyes
Inicio: 10 San Francisco

Point Reyes National Seashore, una belleza agreste, atrae a mamíferos marinos y aves, y concentra numerosos pecios. Fue aquí donde sir Francis Drake reparó su barco *Golden Hind* en 1579 y, de paso, reclamó las tierras indígenas para Inglaterra. Se sigue el Sir Francis Drake Blvd hasta el faro, azotado por fuertes vientos, que permite avistar la migración de las ballenas en invierno. El faro, que reabrió en 2019 tras una renovación multimillonaria, se encuentra bajo los promontorios y se accede bajando 300 escalones. Está unos 32 km al oeste de Point Reyes Station, junto a la Hwy 1, por la costa del condado de Marin.

INGOMAR CLUB
- PRIVATE -
MEMBERS ONLY

11 ALREDEDORES DE POINT ARENA

Las flotas pesqueras de **Bodega Bay** y la colonia de focas del puerto de Jenner son lo último que se ve antes de que la Hwy 1 se adentre en las vastas tierras rurales del norte de California. La carretera serpentea junto a los parques estatales de la costa de Sonoma, con rutas de senderismo, dunas de arena y playas, así como reservas marinas, bosques de rododendros y un fuerte ruso del s. XIX dedicado al comercio de pieles. En **Sea Ranch** no hay que dejarse intimidar por el aspecto exclusivo de las casas de vacaciones y seguir las señales de los senderos públicos que conducen a playas y acantilados. Más al norte, vigilando un punto increíblemente ventoso desde 1908, el **faro de Point Arena** (pointarenalighthouse.com) es el único de California al que se puede subir. Se puede visitar el museo y subir a la torre de 35 m para inspeccionar la lente de Fresnel y las vistas del mar y de la escarpada falla de San Andrés.

AL VOLANTE
Desde el desvío del faro de Point Arena hasta Mendocino hay 56 km (1 h) hacia el norte por la Hwy 1, cruzando los ríos Navarro, Little y Big. Por el camino, hay playas azotadas por el viento, parques con rutas de senderismo y pequeños pueblos costeros que se pueden visitar.

12 MENDOCINO Y FORT BRAGG

Más parecida a Cape Cod que a California, la pintoresca ciudad marítima de **Mendocino** tiene vallas blancas que rodean casas de estilo Nueva Inglaterra con jardines y torres de agua de madera roja.

Esta antigua ciudad maderera y puerto de embarque, con espectaculares promontorios que se adentran en el Pacífico, fue "descubierta" por artistas y bohemios en la década de 1950 y ha sido el escenario de más de 50 películas. Tras visitar las tiendas y galerías de arte que venden desde tallas de madera a mermeladas caseras (la ciudad recibe el sobrenombre de "Spendocino"), hay que escapar al norte, a **Fort Bragg,** con un puerto pesquero y una cervecería. Pero antes hay que hacer una parada en la escalera ecológica y el sendero del bosque en miniatura de la **Jug Handle State Natural Reserve** (parks.ca.gov) frente al mar.

AL VOLANTE
A unos 40 km al norte de Mendocino, Westport es la última aldea de este accidentado tramo de la Hwy 1. Tras 45 km, en Legett, se retoma la Hwy 101 al norte y se recorren otros 145 km hasta Eureka, desviándose por la Avenue of the Giants y, si se dispone de tiempo, hasta la Lost Coast.

13 EUREKA

La Highway 101 bordea el **Humboldt Bay National Wildlife Refuge** (fws.gov/refuge/humboldt_bay), una importante parada para las aves que siguen la ruta migratoria del Pacífico. A continuación, se llega a la tranquila ciudad ferroviaria de Eureka. En el centro, se puede visitar **Carson Mansion** (ingomar.org), construida en la década de 1880 por un magnate de la madera y decorada con torrecillas, torres, gabletes y detalles victorianos.

Blue Ox Millworks & Historic Park (blueoxmill.com) sigue creando detalles victorianos a mano, con carpintería tradicional y equipos del s. XIX.

De vuelta al puerto de Eureka, se puede subir a bordo del **'Madake'** de 1910, azul y blanco, atracado al pie de C St. Aquí el bar con licencia más pequeño de California sirve cócteles al atardecer.

AL VOLANTE
Se continúa por la Hwy 101 hacia el norte, pasando la ciudad universitaria de Arcata y los desvíos hacia Trinidad State Beach y Patrick's Point State Park. La Hwy 101 desciende junto al pantanoso Humboldt Lagoons State Park, hacia Orick, a unos 64 km de Eureka.

14 REDWOOD NATIONAL & STATE PARKS

Por fin se llega al **Redwood National Park** (nps.gov/redw). Para familiarizarse con los árboles más altos de la Tierra, se puede visitar el **Thomas H Kuchel Visitor Center** (nps.gov/redw), al sur de Orick. A continuación, se entra en contacto con los gigantes costeros en su musgoso hábitat, en el **Lady Bird Johnson Grove** o el majestuoso **Tall Trees Grove** (se necesita permiso gratuito para conducir y pasear).

Para ver más bosques vírgenes de secuoyas, se recomienda recorrer la ruta Newton B Drury Scenic Parkway (16 km) en **Prairie Creek Redwoods State Park** (parks.ca.gov), que atraviesa verdes praderas por las que deambulan alces de Roosevelt. A continuación, se sigue la Hwy 101 al norte hasta **Crescent City,** la última parada antes de la frontera con Oregón.

Carson Mansion, Eureka.

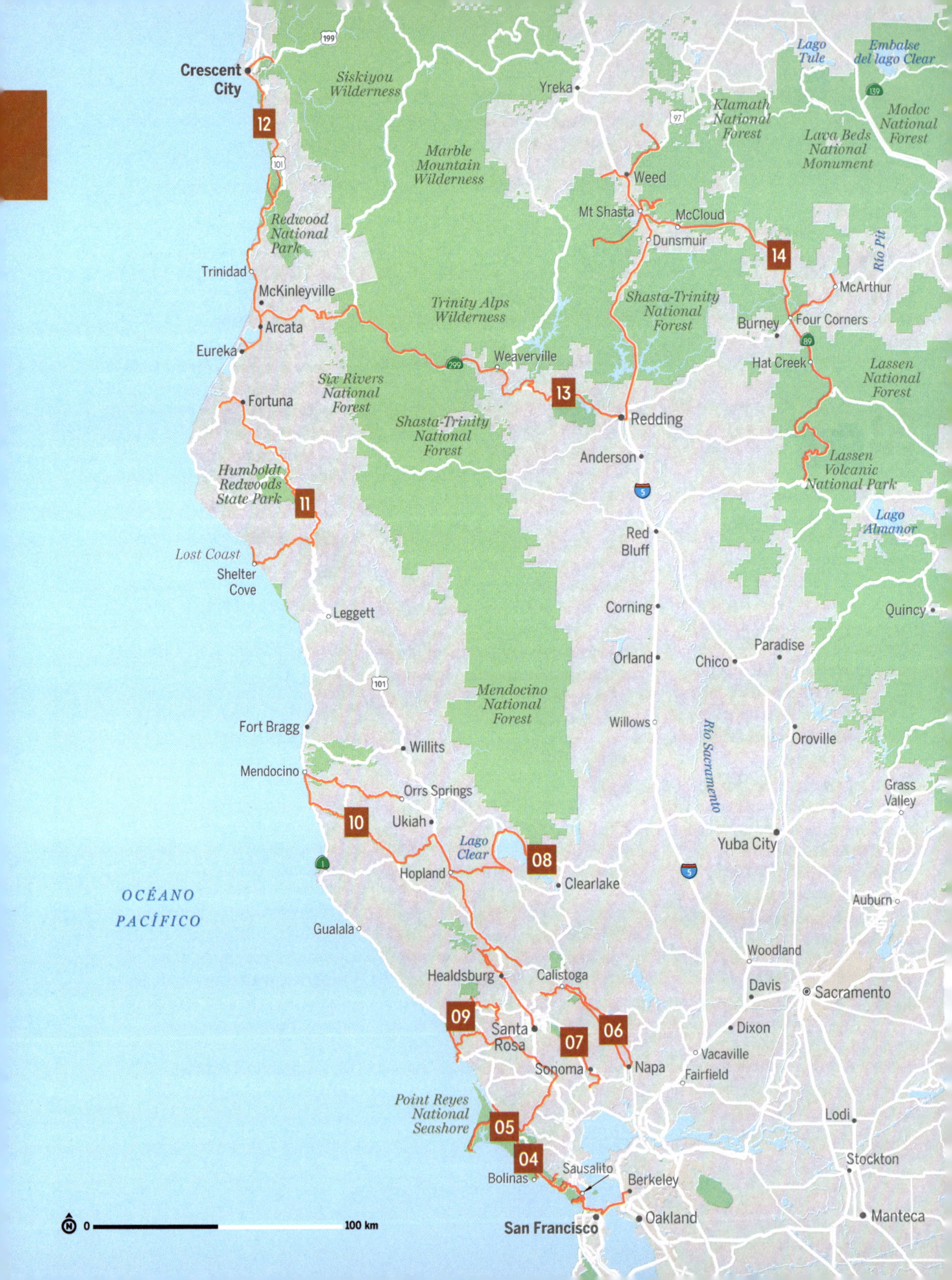
Crescent City
Siskiyou Wilderness
Yreka
Lago Tule
Embalse del lago Clear
Modoc National Forest
Klamath National Forest
Lava Beds National Monument
Marble Mountain Wilderness
Weed
Mt Shasta
McCloud
Dunsmuir
Redwood National Park
Trinidad
McKinleyville
Arcata
Eureka
Trinity Alps Wilderness
Shasta-Trinity National Forest
Río Pit
McArthur
Burney
Four Corners
Hat Creek
Weaverville
Six Rivers National Forest
Fortuna
Redding
Lassen National Forest
Shasta-Trinity National Forest
Anderson
Lassen Volcanic National Park
Humboldt Redwoods State Park
Lago Almanor
Red Bluff
Lost Coast
Shelter Cove
Leggett
Corning
Quincy
Paradise
Orland
Chico
Mendocino National Forest
Willows
Río Sacramento
Fort Bragg
Willits
Oroville
Mendocino
Orrs Springs
Grass Valley
Ukiah
Lago Clear
Yuba City
Hopland
Clearlake
OCÉANO PACÍFICO
Auburn
Gualala
Woodland
Healdsburg
Calistoga
Davis
Sacramento
Santa Rosa
Dixon
Vacaville
Sonoma
Napa
Fairfield
Point Reyes National Seashore
Lodi
Sausalito
Stockton
Bolinas
Berkeley
Oakland
Manteca
San Francisco
0
100 km
12
14
13
11
10
08
09
07
06
05
04
199
97
139
101
299
89
5
1

RON KACMARCIK/SHUTTERSTOCK ©

Viñedos del valle de Napa (p. 52).

Norte de California

Explorar

Norte de California

San Francisco es la antesala de la región más diversa de California. Desde deambular por las escarpadas playas de la Lost Coast y surcar las aguas del tranquilo río Ruso a pasear entre secuoyas y coronar cumbres volcánicas, hay una interminable lista de espacios naturales a explorar.

Y luego están el vino y la comida. El valle de Napa es famoso por sus magistrales cabernet sauvignon, chardonnay y vinos espumosos, aunque también se pueden catar cepas impresionantes en el valle de Sonoma y en los cercanos valles del río Ruso, de Dry Creek y de Alexander. Todo ello antes de ponerse a remojo en aguas termales donde se entablan agradables conversaciones sin fin.

Principales poblaciones

Casi todos los viajeros internacionales que visitan el norte de California llegan al aeropuerto internacional de San Francisco (SFO). Los cercanos aeropuertos de Oakland (OAK) y San José (SJC) atienden, en su mayoría, destinos nacionales.

San Francisco

De enorme reputación en el imaginario colectivo del país, la mítica ciudad gozó de un papel protagonista tanto en la proverbial fiebre del oro y el Verano del Amor como en la liberación gay y la eclosión tecnológica. Esta urbe de algo más de 800 000 habitantes (abrazada por una zona metropolitana de 4,5 millones) ofrece una embriagadora mezcla de contracultura y joyas culinarias, baretos y empresas punto-com, marinos y psiconautas, en uno de los entornos urbanos más bellos del planeta.

Detrás hay un claro mensaje subyacente: nadie debería perderse San Francisco, por más que se hospede en otro sitio, habida cuenta de que los hoteles están por las nubes. Lo mejor es alojarse en algún lugar próximo al BART (red de ferrocarriles que da servicio a la bahía) y acceder al centro en tren. O bien instalarse en pleno centro (p. ej. en la zona de Union Sq, bien comunicada por transporte público) y evitar, de paso, costear el gasto de un coche de alquiler y de aparcarlo.

Wine Country

Cerca del punto medio del valle de Napa, Yountville es también un buen núcleo gastronómico y de alojamiento. Si el presu-

CUÁNDO IR

No es extraño que la niebla descienda sobre la costa norte y solo 15 km tierra adentro haga un calor sofocante. Los veranos en San Francisco suelen ser neblinosos y frescos; las temperaturas más cálidas se dan en abril y mayo o en septiembre y octubre. El otoño es genial para ver el follaje en el montañoso norte, cerca del monte Shasta y el Lassen Volcanic National Park.

puesto no permite reservar mesa en el afamado French Laundry, óptese por Tacos García, un favorito de los lugareños. Un buen sitio para hacer noche son los vagones reconvertidos del Napa Valley Railway Inn. Calistoga, unos 30 km al noroeste, cuenta con varias propuestas con fuentes termales, entre ellas el Indian Springs Resort, ideales para familias.

En Sonoma, el Sonoma Hotel destila ambiente clásico del oeste.

Lost Coast

Arcata y Eureka son las poblaciones principales de esta remota región. Al ser una ciudad universitaria (sede de la Cal Poly Humboldt), en la primera reina un ambiente más animado. El victoriano Carter House Inns, en Eureka, dispone de suites con *jacuzzi*. Y es obligado probar las ostras locales en el Humboldt Bay Provisions. En Arcata se halla el remodelado Hotel Arcata (1915), cuyas habitaciones delanteras son fantásticas para ver el trasiego. Hay que probar las tartas dulces y saladas de Slice of Humboldt Pie. El Samoa Cookhouse, por su parte, ocupa el antiguo comedor de un campamento maderero de 1893.

TRANSPORTE

El aeropuerto internacional de San Francisco (SFO) está conectado con el centro urbano por la red de trenes ligeros del BART. A los entusiastas de los viajes en ferrocarril se les recomienda hacer un recorrido en Coast Starlight de Amtrak, que parte de Seattle y para en Portland, Redding (para ir al monte Shasta) y Sacramento de camino a la bahía de San Francisco y Los Ángeles (de Seattle a Oakland, desde 160 US$, 23 h).

AGENDA

Fiesta del Año Nuevo chino

San Francisco presume de albergar el mayor desfile fuera de Asia con motivo de esta celebración. Ene-feb.

San Francisco Pride

Cada junio se celebra una de las fiestas del Día del Orgullo LGTBIQ+, más multitudinarias del mundo.

BottleRock

A finales de mayo, el valle de Napa acoge este festival de música (y vino) por el que han pasado desde Lizzo a Red Hot Chili Peppers.

Outside Lands

El Golden Gate Park de San Francisco cobra vida en agosto en esta cita rebosante de música, comedia y comida.

DÓNDE ALOJARSE

El norte de California presume de algunos de los alojamientos más tentadores de todo EE UU para derrochar, como el Madrona Manor de Healdsburg o el **Philo Apple Farm and Cottages.** Otras dos opciones que no defraudan son las aguas termales del **Orr Hot Springs** y el **Indian Springs Resort,** en Calistoga.

En Crescent City, no lejos de la frontera con Oregón, el **Curly Redwood Lodge** es una joya de lo más *kitsch* cuyos revestimientos se realizaron con la madera de una sola secuoya. Más en contacto con la naturaleza están los **'campings'** de Mendocino Grove o de los parques estatales Van Damme o Humboldt Redwoods.

Recursos

National Park Service
(nps.gov) Guías e información actualizada.

San Francisco Travel Association
(sftravel.com) Buen recurso para planificar el viaje.

Visit California
(visitcalifornia.com) Web oficial de información turística.

Visit Napa Valley
(visitnapavalley.com) Bodegas, restaurantes y eventos.

04

NATURALEZA

Pasear bajo las imponentes secuoyas de Muir Woods.

Condado de Marin

DURACIÓN	DISTANCIA	IDEAL PARA
2-3 días	160 km	Comida, bebida, actividades al aire libre

CUÁNDO IR	
	De abril a octubre, con tiempo cálido y seco.

Faro de Point Bonita, Marin Headlands.

Se dejan atrás las colinas de la cosmopolita San Francisco conduciendo hacia el norte por el ventoso puente Golden Gate. En adelante se revela al viajero un paisaje indómito que, encabezado por los ondulantes cerros, los bosques de secuoyas y el abrupto litoral del condado de Marin, constituye un agradable respiro al trajín urbano. Se termina con las vistas que regala Point Reyes, un agreste cabo que se adentra 15 km en el Pacífico.

Sigue en ruta

05 Circuito gastronómico por la bahía

Desde Point Reyes Station se transita la serpenteante Point Reyes-Petaluma Rd hacia el noreste, pasando por 30 km de pastizales hasta Petaluma.

16 Por la Highway 1 hasta Santa Cruz

Zigzagueando por la Hwy 1 en dirección sur desde San Francisco se topará con más faros, granjas ecológicas y un sinfín de calas.

01 PUENTE GOLDEN GATE

Ningún puente rivaliza en espectacularidad con el **Golden Gate** (goldengatebridge.org/visitors), cuyo diseño *art déco* no admite réplica. Cuando hace sol cautiva con su brillante resplandor fruto de los casi 4000 litros de pintura "naranja internacional" que cada semana le aplica una cuadrilla de temerarios operarios. Al caer la tarde la neblina se posa sobre el puente y logra que por momentos se pierda de vista. No se paga peaje al cruzar en dirección norte esta proeza inaugurada en 1937, en cuyo extremo más próximo a Marin se pue-

de estacionar para dar un garbeo por Vista Point, contemplando el emblemático puente y viendo pasar los cargueros. Las panorámicas de Marin Headlands, los rascacielos del centro y la isla de Alcatraz quedarán grabados en la memoria.

AL VOLANTE

Inmediatamente al norte del puente y el desvío a Vista Point, se toma la salida de Alexander Ave y se tuerce a la izquierda por Bunker Rd antes de pasar por debajo de la carretera y cruzar el túnel de Barry-Baker (conocido como Five-Minute Tunnel, pues su único carril cambia de sentido cada 5 min). Desde allí hay 5,5 km hasta el faro de Point Bonita.

02 MARIN HEADLANDS

Los ornitólogos en ciernes deben detenerse cerca de los resonantes túneles aquí construidos durante la II Guerra Mundial y subir la **colina de Hawk** (www.nps.gov/goga/learn/nature/hawk-hill.htm), donde miles de aves de presa migratorias sobrevuelan la zona desde finales de verano hasta principios de otoño, a ambos lados de una cadena montañosa con vistas desde la laguna Rodeo hasta Alcatraz.

Se sigue al oeste por Conzelman Rd hasta que termina al cabo de 3 km y, luego, se gira a la izquierda hacia la bahía. El **faro de Point Bonita** (nps.gov/goga/pobo.htm), el tercero en erigirse en la costa oeste, se concluyó en 1855; sin embargo, tras las quejas asociadas a su mal funcionamiento las noches de niebla, decidió descenderse al promontorio en 1877. Dos tardes a la semana se puede recorrer un sendero que cruza un túnel de roca (a mano) y varios puentes colgantes para llegar al faro.

Se continúa con rumbo norte, disfrutando de las vistas al mar de Field Rd, antes de incorporarse a Bunker Rd, en dirección oeste, tras pasar el **centro de visitantes** (nps.gov/goga/marin-headlands.htm). Al final de la carretera se encuentra **Rodeo Beach** (parksconservancy.org/visit/park-sites/rodeo-beach.html), ideal para un pícnic y caminatas.

AL VOLANTE
Tras dar la vuelta, se toma Bunker Rd en dirección este (hacia San Francisco) y se atraviesa el túnel de un solo sentido para seguir recto hacia Murray Circle. A continuación se desciende hasta el paseo marítimo y se gira a la izquierda por Center Rd. Los 8 km de trayecto se recorren en unos 15 min.

03 SAUSALITO

Debajo de la torre norte del Golden Gate, en East Fort Baker, el **Bay Area Discovery Museum** (bayareadiscoverymuseum.org) es un excelente museo, muy indicado para familias, lleno de muestras interactivas (incl. el descomunal fregadero Wobbleland) y una gran zona de juegos.

Se sigue East Rd en su curvo trazado junto a la bahía de Richardson y, luego, se tuerce tres veces a la derecha (en un corto lapso de tiempo) hacia Alexander Ave, 2nd St y Bridgeway Blvd. Dispuestas a la perfección en un resguardado puerto de la bahía, las coquetas casitas de Sausalito se precipitan por una verde ladera hacia su adinerado centro regalando vistas del mar.

Al noroeste del centro se pueden ver las pintorescas **casas flotantes de los muelles** junto a Bridgeway Blvd entre Gate 5 Rd y Gate 6½ Rd.

AL VOLANTE
Se sigue Bridgeway Blvd hacia la Hwy 101, con rumbo norte menos de 1,5 km hasta el desvío a la Hwy 1. Luego se sube una sección residencial de la Hwy 1 y, recorridos 5 km, se sigue la señalización hacia Muir Woods previo paso por la Panoramic Hwy. El aparcamiento debe reservarse en línea con antelación.

DESVÍO
Angel Island
Inicio: 03 Sausalito

Hacia el interior desde la Hwy 101, poco más de 16 km al noreste de Sausalito, en la pudiente **Tiburon** se toma el ferri (angelislandferry.com) al **Angel Island State Park** (parks.ca.gov/AngelIsland), salpicado de lugares de interés histórico, rutas ciclistas y de senderismo, zonas de acampada y playas.

La variada historia de la isla, desde ser una zona de caza y pesca del pueblo miwok hasta convertirse en una base militar, un centro de acogida de inmigrantes, un campo de internamiento de japoneses en la II Guerra Mundial, e incluso un sitio de lanzamiento de misiles Nike, ha dejado vestigios en forma de evocadores fuertes antiguos y búnkeres. Hay 20 km de rutas de senderismo (incl. el ascenso al monte Livermore, de 240 m, con vistas panorámicas) y un trazado de 12 km para bicis que rodea la isla.

Apodado la "Ellis Island del oeste", la **Angel Island Immigration Station** (aiisf.org/visit), en funcionamiento de 1910 a 1940, fue un centro de inspección y detención de inmigrantes chinos que, por entonces, tenían restringida la entrada a EE UU. Se organizan tres circuitos diarios de este inquietante espacio que dista 1,5 km a pie, en bici o en autobús de enlace (6 US$, i/v) del muelle de Ayala Cove.

El mejor momento para visitar Angel Island son los fines de semana de verano. Se puede llevar un pícnic o comprar alimentos en el **Angel Island Café** (angelisland.com), cerca del muelle del ferri.

04 MUIR WOODS

Las secuoyas centenarias del **Muir Woods National Monument** (nps.gov/muwo) conforman el bosque de esta especie arbórea más cercano a San Francisco. Los proyectos de tala se frenaron en seco cuando la influyente pareja compuesta por William Kent (congresista y naturalista) y Elizabeth Thatcher Kent (activista por los derechos de la mujer) compraron una sección de Redwood Creek y, en 1907, donaron 120 Ha al Gobierno federal. El presidente Theodore Roosevelt lo declaró monumento nacional en 1908, y su nombre rinde tributo al naturalista John Muir.

Muir Woods puede llenarse los fines de semana, pero una corta caminata lleva a senderos tranquilos con árboles enormes. Hay un concurrido café cerca.

AL VOLANTE
Se va al suroeste por Muir Woods Rd (señalizada Muir Beach/Stinson Beach) hasta reincorporarse a la Hwy 1/Shoreline Hwy, una espectacular carretera costera que serpentea hacia el norte. Hay unos 5 km en bajada de Muir Woods al desvío de Muir Beach.

05 MUIR BEACH Y STINSON BEACH

El desvío de la Hwy 1 hacia **Muir Beach** (nps.gov/goga/planyourvisit/muirbeach.htm) está señalizado junto a la mayor hilera de buzones de la costa norte, en el mojón que indica 5,7 millas, justo antes del Pelican Inn. A otros 1,5 km por la Hwy 1 en dirección noroeste se obtienen vistas costeras desde el **Muir Beach Overlook,** donde centinelas vigilaban la costa durante la II Guerra Mundial ante la posibilidad de aproximación de navíos japoneses.

Durante los siguientes 8,5 km, la Hwy 1 serpentea junto a espectaculares acantilados.

El trazado desciende suavemente hasta **Stinson Beach,** compuesta por tres manzanas

Sausalito.

repletas de galerías de arte, tiendas, restaurantes, hotelitos y una playa de 5 km, que si bien suele estar cubierta por la niebla, cuando hace sol se llena de surfistas, familias y gente de pícnic.

AL VOLANTE
Una vez en la localidad se enfila hacia el monte Tamalpais por la Panoramic Hwy: una carretera de 5,5 km en subida hasta la oficina del parque estatal, en Pantoll Station.

06 MONTE TAMALPAIS

Este majestuoso pico en el condado de Marin brinda sensacionales vistas del Pacífico, la bahía colinas lejanas. En las 2500 Ha del **parque estatal** (parks.ca.gov/mttamalpais) hogar de ciervos, zorros y linces rojos, hay extensas rutas ciclistas y de senderismo.

La foto

Vistas de Alcatraz, el Pacífico y San Francisco desde el puente Golden Gate.

El "Tam" era sagrado para los miwok antes de la llegada de los colonos. Desde finales del s. XIX fue un popular destino entre los residentes de San Francisco, y de 1896 a 1930, la ruta de ferrocarril "más tortuosa del mundo" (con 281 curvas) conectó el valle de Mill con su cumbre (783 m).

Al llegar a Pantoll Station se tuerce hacia Pantoll Rd y, tras recorrers casi 2,5 km, se gira a la derecha por Ridgecrest Blvd, que sube otros 5 km hasta un aparcamiento bajo la cumbre del **East Peak.** Un corto sendero lleva a un mirador con vistas impresionantes del océano.

AL VOLANTE
Tras deshacer el camino –colina abajo– hasta Stinson Beach, se gira a la derecha por la Hwy 1 en sentido norte. Luego, se circula en paralelo a la orilla oriental de la laguna de Bolinas, donde las focas se dejan ver cada tanto. Después de la laguna se tuerce a la izquierda en el primer desvío y, recorridos 100 m, otra vez a la izquierda por Olema–Bolinas Rd, cuya prolongación, Wharf Rd, conduce al centro de Bolinas. Los 24 km de trayecto se recorren en poco más de media hora.

DAN KURTZMAN/GETTY IMAGES ©

Monte Tamalpais.

07 BOLINAS

Los residentes han arrancado el letrero de esta población tantas veces que la policía de tráfico desistió en reemplazarlo. Famosa durante la fiebre del oro, esta comunidad costera es el hogar de escritores, músicos y pescadores. A la playa, ideal para pasear, se accede por Wharf Rd y Brighton Ave.

Si apetece hacer una caminata, yendo por Olema-Bolinas Rd, se gira por Mesa Rd y se sigue hacia el noroeste a lo largo de unos 8 km hasta que termina la carretera en el Palomarin Trailhead, el punto de inicio de varias rutas de un día encantadoras. Con sol, lo indicado es poner la directa al **lago Bass,** popular para chapuzones, al que se llega tras una caminata de 5 km bordeando la costa. Tras otros 4 km se recala en la majestuosa **cascada Alamere,** de 15 m de altura, que vierte sus aguas en la playa.

AL VOLANTE

Hay que volver a la Hwy 1 y continuar 14,5 km en dirección noroeste por el valle de Olema. Justo después de la señal de stop en Olema, se gira a la izquierda por Bear Valley Rd y se siguen los letreros marrones de la Point Reyes National Seashore al centro de visitantes del Bear Valley.

SUNDRY PHOTOGRAPHY/SHUTTERSTOCK ©

OBSERVACIÓN DE FAUNA

A continuación, algunos de los mejores sitios del condado de Marin para ver vida salvaje marina:

En el **Centro de Mamíferos Marinos** (en la imagen; marinemammalcenter.org), en **Marin Headlands,** se rehabilita a lobos marinos, focas y demás criaturas marinas enfermas, heridas o huérfanas antes de ser puestas en libertad.

Dando un garbeo por Wharf Rd de **Bolinas** se verán garzas morenas, garcetas grandes y garcetas níveas que, cada primavera, construyen sus nidos en la orilla occidental de la laguna de Bolinas. En la **Palomarin Field Station** (pointblue.org), a las afueras, todas las mañanas se puede asistir al anillamiento de aves.

En la **Point Reyes National Seashore,** desde el **faro** homónimo (nps.gov/pore/planyourvisit/lighthouse.htm), a escasos metros de los rugientes leones marinos, se pueden ver ballenas. Cerca, en **Chimney Rock,** habita durante parte del año una colonia de elefantes marinos. Durante la caminata al siempre ventoso **Tomales Point** se atisbarán manadas de uapitíes de Tule.

08 POINT REYES NATIONAL SEASHORE

Este ventoso **parque nacional** (nps.gov/pore) es el hábitat de uapitíes en estado silvestre, numerosos mamíferos marinos y toda clase de rapaces y gatos monteses. Desde el **centro de visitantes del Bear Valley** (nps.gov/pore), el corto trazado asfaltado del **Earthquake Trail** llega a una grieta de casi 5 m, evidencia del célebre terremoto de 1906.

Se continúa en dirección norte por Bear Valley Rd hacia Sir Francis Drake Blvd. Se verán aves rapaces posadas sobre los postes de ranchos históricos mientras la carretera avanza 32 km por colinas ondulantes hasta culminar en el faro. Al principio va en paralelo a la **bahía de Tomales,** un estrecho canal repleto de focas. En Point Reyes Station, **Blue Waters Kayaking** (bluewaterskayaking.com) ofrece circuitos por la bahía, aunque también cabe alquilar un kayak y explorar por libre sus solitarias playas y escarpadas grietas.

Al final de Sir Francis Drake Blvd, el **faro de Point Reyes,** con más de 300 escalones, es uno de los mejores enclaves de la costa para avistar ballenas grises que cruzan estas aguas durante su migración invernal.

05

GASTRONOMÍA

Degustar ostras, pan, quesos locales e hidromiel.

Circuito gastronómico por la bahía

Quesería, Petaluma.

DURACIÓN	DISTANCIA	IDEAL PARA
2-3 días	311 km	Comida, bebida, naturaleza

CUÁNDO IR A finales de verano o principios de otoño, cuando las granjas elaboran sus productos más sabrosos.

Haciendo una deliciosa ruta en bucle por la zona de la bahía se recorrerán los pasillos de celebrados mercados de alimentos frescos y espacios donde se producen alimentos y bebidas artesanalmente, desde el criadero de ostras de Hog Island a la Cowgirl Creamery. Y para despertar el apetito, nada como una caminata por la Point Reyes National Seashore.

Sigue en ruta

06 Valle de Napa

Se conduce 42 km en dirección este de Petaluma a Napa, puerta de entrada a la región vinícola más famosa del país y a varios de los mejores restaurantes de California.

09 Río Ruso y Bohemian Highway

Tras salir de Sebastopol, se disfruta de los encantos rurales de la calma Sonoma, parando en huertas, viñedos y la famosa panadería de Freestone.

01 SEBASTOPOL

Esta localidad agrícola al oeste de Sonoma, fundada en el s. XIX, destaca por el **Gravenstein Apple Fair** (gravensteinapplefair.com), un animado festival con productos de la tierra, música en vivo y otros actos culturales. A finales de verano y principios de otoño, el visitante podrá recoger sus propias manzanas en los huertos por los que pasan los **Farm Trails** (farmtrails.org).

Sin embargo, hoy en día no todo gira en torno a las manzanas en Sebastopol. Y prueba de ello es **The Barlow** (thebarlow.net), una antigua planta procesadora de manzanas que se ha reciclado en una aldea de

4,5 Ha de productores, artistas, vinateros, tostadores de café y destiladores de licores que hacen gala de la diversidad culinaria y artística de la región occidental del condado. Sus casetas ofrecen desde cerveza artesana a helados con nitrógeno líquido.

AL VOLANTE
Se toma la Hwy 116 en dirección sur y se recorren 13 km hasta Cotati. Tras cruzar la Hwy 101 (la ruta más rápida pero, también, más aburrida a Petaluma), se toma la Old Redwood Hwy, a la derecha; y recorridos 5 km, se tuerce a la izquierda por la bucólica Old Adobe Rd, por la que se circula a lo largo de 10 km antes de girar a la izquierda después del Petaluma Adobe State Historic Park.

02 PETALUMA

A rebosar de criaderos de pollos que venden huevos frescos y productos lácteos, esta población agrícola incluye la centenaria **Petaluma Creamery** (springhillcheese.com). Se recomienda probar sus quesos ecológicos o un helado de lavanda o de limón de Meyer en su mercado y café.

En tiempo más reciente, Petaluma se ha labrado cierta fama por el neblinoso y ventoso microclima existente en la región. Así, los chardonnay, pinot noir y syrah locales han cosechado reconocimiento por su elegancia y complejidad en paralelo al ascenso de bodegas como **Keller Estate** (kellerestate.com).

AL VOLANTE
En el centro de Petaluma se toma D St en dirección suroeste hasta Red Hill Rd; después, se sigue Point Reyes–Petaluma Rd hacia la costa y, finalmente, se gira a la izquierda por la Hwy 1 con rumbo a Point Reyes Station. Son, en total, 30,5 relajantes kilómetros de trayecto por la campiña, con posibilidad de parar de camino para probar los camembert y brie de la quesería Marin French Cheese.

03 POINT REYES STATION

Punto de encuentro de artistas en la década de 1960, esta población rodeada de lecherías y ranchos ofrece una retahíla de galerías de arte, *boutiques* y excelente gastronomía. En la **Bovine Bakery** (bovinebakeryptreyes.com), los ciclistas hacen cola cada fin de semana para comprar una crujiente barra de pan Brickmaiden.

A continuación se va al granero restaurado que alberga una de las queserías más famosas de California, la **Cowgirl Creamery** (cowgirlcreamery.com), cuyo artículo más vendido es su St Pat's, un queso suave y tierno envuelto en hojas de ortiga. También destaca el Mt Tam (a la venta todo el año), y hay un *deli* donde venden todo lo necesario para un pícnic.

Al norte, no lejos del centro, está **Heidrun Meadery** (heidrunmeadery.com), donde se podrá catar hidromiel espumosa, elaborada al estilo del champán francés con pequeños lotes de miel aromática.

AL VOLANTE
Tras salir del diminuto pueblo de Point Reyes Station por la Hwy 1 en dirección norte, se circulan 14,5 km junto a la costa este de la tranquila bahía de Tomales, que comunica con el Pacífico. Justo antes del desvío a la

comarcal Marshall–Petaluma Rd, se busca el letrero hacia la Island Oyster Company, a mano izquierda delante de la bahía.

04 BAHÍA DE TOMALES

A solo 10 min al norte de Point Reyes Station, se descubrirá la esencia de **Hog Island Oyster Company** (hogislandoysters.com). Con mesas de pícnic, parrillas, un café al aire libre y una ventana para pedir sus exquisitas ostras, este criadero junto al agua ofrece la opción de llevar o pagar una pequeña tasa para usar una mesa con utensilios, e incluso participar en una lección para abrir las ostras. Conviene reservar con antelación para disfrutar de este inolvidable almuerzo.

AL VOLANTE
Primero se deshace el camino (16 km al sur por la Hwy 1) pasando por Point Reyes Station y, luego, se vira a la derecha por Sir Francis Drake Blvd, siguiendo los letreros a la Point Reyes National Seashore, en el otro lado de la bahía de Tomales.

05 POINT REYES NATIONAL SEASHORE

Otro sitio perfecto para un pícnic es esta **reserva** (nps.gov/pore) que ocupa una ventosa península que seduce a mamíferos marinos y aves migratorias con su belleza descarnada. Sus 175 km^2 de playas vírgenes también son ideales para practicar senderismo y acampar.

Para obtener una vista sensacional, basta seguir Sir Francis Drake Blvd junto a la bahía hasta dar con el **faro de Point Reyes** (nps.gov/pore/planyourvisit/lighthouse.htm). La cabecera de la ruta de **Chimney Rock** (2,5 km, ida y vuelta), cuajada

La foto

Ostras, pan y quesos de la tierra y sabroso hidromiel espumoso en la Hog Island Oyster Company.

de flores silvestres en primavera, está a la izquierda antes del faro (síganse las señalizaciones).

AL VOLANTE
Una vez fuera del parque, se recorre el curvo trazado flanqueado de eucaliptos que describe la Hwy 1 en dirección sur hacia Stinson Beach, deleitándose con una impresionante sucesión de vistas del océano. Si no se efectúan paradas se llegará en unas 1½ h al puente Golden Gate, desde donde se sigue la Hwy 101 a su paso por la ciudad hasta Broadway para, luego, dirigirse al este, hacia los muelles.

06 SAN FRANCISCO

Desde el centro del puente Golden Gate a veces se atisba la torre del reloj del **Ferry Building** (ferrybuildingmarketplace.com), un nudo del transporte urbano renacido como emporio *gourmet*, donde los amantes del buen comer pierden sus ferris con tal de saborear las ostras de Hog Island regadas de champán. Chefs estrella frecuentan el **Ferry Plaza Farmers Market** (cuesa.org) que se apodera de los alrededores del edificio tres veces por semana. Los sábados, la edición más grande ofrece desde tomates secos hasta *kimchi* ecológico, un despliegue irresistible para los sentidos.

Si la visita a la ciudad no coincide con un día de mercado, decenas de vendedores aguardan en el **Ferry Building Marketplace:** la excusa perfecta para dar buena cuenta de los aceites de oliva de McEvoy Ranch y Stonehouse, las hogazas recién horneadas de Acme Bread Company y el helado de Humphry Slocombe.

AL VOLANTE
En el centro de San Francisco se toma la I-80, que cruza el puente de la Bahía hacia Oakland, al este. Se sale en University Ave, y tras continuar en dirección este hasta Shattuck Ave, se va al norte del centro de Berkeley hasta lo que se conoce como el "Gourmet Ghetto".

07 BERKELEY

Puede que San Francisco presuma de no pocos referentes culinarios, pero la revolución gastronómica de California se fraguó al otro lado de la bahía, en Berkeley. No en vano, en el **North Berkeley Farmers Market** (ecologycenter.org), gestionado por el Ecology Center, tal vez se vea en su elemento a la inventora del concepto de cocina californiana, la aclamada chef Alice Waters. Se encuentra en el denominado "Gourmet Ghetto", un barrio donde se funden los ideales progresistas del Berkeley de la década de 1960 y la sensibilidad de la alta cocina.

Su mayor puntal, e insuperable punto final a esta ruta epicúrea, es **Chez Panisse,** el influyente restaurante de Alice Waters. Es un establecimiento sin pretensiones, donde cada bocado de sus emblemáticas creaciones evoca los revolucionarios principios culinarios de la chef. Incluso la cocina está abierta para que los comensales no pierdan detalle de la acción tras los fogones.

Faro de Point Reyes.

06

GASTRONOMÍA Y ENOFILIA

Acudir al restaurante de un chef estrella en Yountville o St Helena.

Valle de Napa

DURACIÓN	DISTANCIA	IDEAL PARA
2-3 días	145 km	Vino

CUÁNDO IR	
	Mayo, con la calma que precede al verano; septiembre y octubre, para asistir al prensado de la uva.

En el valle de Napa, la vida gira en torno a la gastronomía y al culto al vino, arraigados desde la fiebre del oro. A lo largo de la Hwy 29, bodegas familiares ecológicas exploran cepas diferentes al clásico cabernet, mientras vinateros independientes abren locales en la renovada 1st St de Napa. Viajar por este exuberante valle revela el compromiso local con la sostenibilidad y su personalidad única, parte de un renacimiento fascinante.

Sigue en ruta

07 Valle de Sonoma

Para descubrir bodegas más sencillas y yacimientos históricos, acúdase al valle de Sonoma por la Hwy 12/121.

08 Healdsburg y alrededores

Para ver las bodegas de los valles de Alexander y Dry Creek hay que conducir desde Calistoga 32 km al noroeste por la Hwy 128.

01 NAPA

La primera parada en Napa es el **Oxbow Public Market,** un mercado céntrico apreciado por los lugareños por sus sosegadas salas de catas, auditorios históricos y propuestas *gourmet*. La modernizada 1st St está jalonada de vinaterías independientes e informales bistrós de clase mundial.

El flamante **Napa Valley Vine Trail** (vinetrail.org), que conecta el centro de Napa con Yountville, pasando por varias bodegas en ruta, supone un agradable paréntesis al tráfico de la Hwy 29,

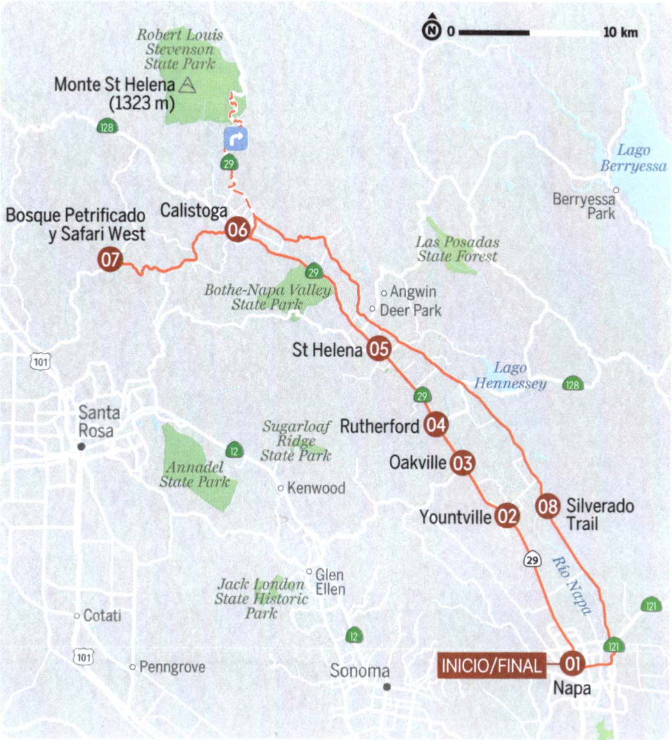

mientras que los parques ribereños de Napa contribuyen a gestionar el riesgo de posibles inundaciones aportando un toque de diseño sostenible. Asimismo, su centro urbano ha elevado su estatus con la celebración del estelar **Napa Valley Film Festival** (napavalleyfilmfest.org) y el rompedor **BottleRock Music Festival** (bottlerocknapavalley.com). Entre evento y evento, Napa sigue siendo un seductor destino en el que las conversaciones fluyen a la par que el vino.

AL VOLANTE
Yountville está 14,5 km al norte de Napa por la Hwy 29, una carretera de cuatro carriles rodeada de viñedos enmarcados por colinas bajas.

02 YOUNTVILLE

Los planetas y las estrellas Michelin se alinean en Yountville, una minúscula antigua parada de diligencias que se ha transformado en un destino culinario de renombre. Suena a leyenda urbana hasta que se da una vuelta por la tranquila y arbolada Washington St para ver a los empleados en prácticas desmalezando los **French Laundry Gardens,** a los chocolateros elaborando nuevas creaciones en **Kollar Chocolates** (kollarchocolates.com) y a los aprendices de sumiller almorzando en **Tacos García.** En un santiamén se habrá conocido a los talentos sobre los que se sustentan los referentes

El vino del valle de Napa

En Napa manda el cabernet, pues no hay varietal que capture mejor la esencia de este soleado valle; tampoco ningún vino alcanza un precio más alto en el mercado. Sin embargo, con el cambio climático, el valle ha ido calentándose hasta tal punto que las resistentes uvas de cabernet han empezado a desarrollar sabores sumamente concentrados, lo cual redunda en intensos taninos que se perciben como aroma a pasa y notas almibaradas. Para introducir notas más sutiles, los enólogos de Napa están lanzándose a crear cabernet de corte, denominados "Meritages".

Los vinicultores de Napa plantan prestigiosas uvas cabernet, de ahí que cuando hacen una excepción y deciden cultivar otra cepa, como merlot, es porque consideran que será excepcional. La uva zinfandel destaca y es una cepa de preferencia en muchas bodegas de Napa.

Últimamente se hallan varietales y vinos de corte más inusuales. Una nueva generación de vinateros, los "garagistes", está comprando uvas de todo el norte de California para, después, fermentarlas en almacenes del centro de Napa. Así, en el corazón del valle ahora se pueden probar chardonnay de la costa, sauvignon blanc del río Ruso, picpoul de Sierra foothills y pinot noir del frío valle de Sonoma.

gourmet de Yountville, incluidos los del legendario **French Laundry** (thomaskeller.com/tfl), donde solo admiten a clientes con reserva.

AL VOLANTE
Recorridos 6,5 km de viñedos en dirección norte por la Hwy 29, se llega a Oakville, donde las sendas de la Napa Valley Wine Train bordean el lado oeste de la carretera.

03 OAKVILLE

Sin la famosa tienda **Oakville Grocery** (oakvillegrocery.com) y el museo de historia del vino, muchos viajeros pasarían de largo por esta pequeña población. Pero para los aficionados al vino, Oakville es sinónimo de **Robert Mondavi** (robertmondaviwinery.com), el visionario viticultor de la década de 1960 que elevó los tintos de Napa, especialmente su Opus One Meritage, un vino de corte nacido en el valle.

AL VOLANTE
Pasados los rutilantes letreros de las grandes bodegas, se sigue poco más de 3 km al norte por la Hwy 29 hasta Rutherford.

04 RUTHERFORD

Por difícil que parezca a la vista de estos frondosos viñedos, el pedazo del valle de Napa más célebre por la producción de cabernet era en su día una plantación de trigo. Agricultores locales previeron el éxito de la vid en estas ricas tierras, y el resto es historia. **Mike Grgich** (grgich.com), pionero de la producción vinícola, puso el chardonnay de Napa en el mapa en 1976 con su histórica victoria en un concurso francés de vinos. Tomando las carreteras alternativas desde la Hwy 29 hacia Rutherford Rd, se encuentran pequeñas bodegas ecológicas en el corazón de este territorio, como **Frog's Leap** (frogsleap.com), donde se elaboran merlot y sauvignon blanc en un granero de 1884.

POR QUÉ ME GUSTA ESTA RUTA

Alison Bing, autora

Con multimillonarias esculturas de acero en campos bañados por el sol y bares de mármol en graneros diseñados por arquitectos, el valle de Napa es sin duda la región agrícola más exclusiva de Norteamérica. Se reconocerán los paisajes, vistos antes en revistas ilustradas; pero si se pasa un día en Napa, lo que se verá por encima de todo serán 150 años de trabajo arduo. Por más que uno madrugue, los trabajadores de los viñedos ya estarán podando las vides; e incluso una vez cerrados los restaurantes de alta cocina, los taqueros siguen preparando carne asada. Y esto solo invita a brindar por el arrojo de los bomberos, quienes protegen esta ensoñadora franja de 50 km de los incendios cada vez más frecuentes.

AL VOLANTE
St Helena está 6,5 km al norte por la Hwy 29, aunque seguramente haya que aminorar la marcha antes de llegar al centro.

05 ST HELENA

En el pintoresco centro de esta localidad del Oeste, tres manzanas de Main St son monumento histórico nacional, repasando 160 años de historia de California y albergando uno de los cines más antiguos del país. Subiendo la calle, **Greystone Cellars,** casa de 1889, ahora es sede del Culinary Institute of America. Estas tierras, atribuidas primero a España y luego a México, pertenecieron al pueblo indígena wappo. En 1858, Caroline y su marido, el enólogo Charles Krug, fundaron la primera bodega comercial de Napa en viñedos formidables.

En St Helena hay media hectárea de uvas vinícolas por residente. Y qué mejor forma de celebrarlo que brindando por las mujeres que, además de hacer realidad la producción de vino en la región, pusieron todo su empeño en construir este encantador pueblo.

AL VOLANTE
Los árboles obstruyen las vistas de los viñedos durante el recorrido de 13 km en dirección noroeste por la Hwy 29 hasta Calistoga.

06 CALISTOGA

Premiado con relajantes fuentes termales naturales, borboteantes pozas de lodo volcánico y un impetuoso géiser, el asentamiento de Nilektsonoma ya gozaba de fama hace 8000 años entre los wappos de Talahalusi (valle de Napa).

En 1859, el legendario especulador Sam Brannan persuadió a los banqueros a respaldar su proyecto para transformar Nilektsonoma en Calistoga, la localidad balneario californiana por antonomasia. Pero los vaqueros estaban por otras cosas; así que, en 1873, Brannan frenó las pérdidas en Calistoga y puso pies en polvorosa. Hoy, apenas se conservan unas cuantas casitas del proyecto primigenio.

Unos 150 años más tarde, el sueño de Brannan en cierto modo se ha hecho realidad. Las colinas de la zona están salpicadas de an-

Un viñedo del valle de Napa.

tiguas minas de plata y mercurio ahora reconvertidas en parques, entre ellas **Bothe-Napa** (parks.ca.gov) y el Robert Louis Stevenson State Park. La extraordinaria geología de Calistoga es la atracción estelar del Bosque Petrificado, y el **géiser Old Faithful** (oldfaithfulgeyser.com), cuya agua de manantial sigue comercializándose.

Entretanto, los *spas* de Calistoga siguen ensalzando las propiedades curativas de sus fuentes termales y baños de barro bullente. Lo mejor es tomarse unos vinos en el **Sam's Social Club** (samssocialclub.com) y entregarse a su seductora cadencia.

AL VOLANTE
Tras deshacer el camino en dirección sureste por la Hwy 128, se recorren 6,5 km al oeste por la boscosa Petrified Forest Rd.

La foto

Tres, dos, uno... ¡Otra erupción del géiser Old Faithful!

DESVÍO
Robert Louis Stevenson State Park
Inicio: 06 Calistoga

Siguiendo un sinuoso tramo de 13 km en dirección norte desde Calistoga, por la Hwy 29, se llega al extinto cono volcánico del monte St Helena, que señala el final del valle de Napa al encontrarse con el **Robert Louis Stevenson State Park** (parks.ca.gov). Tras un extenuante ascenso de 8 km se llega a la cumbre, a 1323 m de altura, desde donde en días despejados las impresionantes vistas se dilatan más de 300 km. Para una caminata más corta con vistas a los viñedos del valle, sígase el Table Rock Trail (3,5 km ida) desde la cabecera próxima al aparcamiento. Antes de partir consúltese el parte meteorológico. El parque también incluye la antigua mina de Silverado, donde en 1880 el escritor Robert Louis Stevenson y la artista Fanny Osbourne pasaron su luna de miel en una barraca abandonada. Pese a estar sin blanca, enfermos y helados de frío, milagrosamente lograron sobrevivir y seguir casados. Robert se hizo famoso por ser el autor de *La isla del tesoro* y *El extraño caso del doctor Jekyll y el señor Hyde*, de las que Fanny fue editora. Él nunca terminó de recuperarse de sus problemas de salud y murió siendo joven.

IV-OLGA/SHUTTERSTOCK ©

Géiser Old Faithful, Calistoga.

07 BOSQUE PETRIFICADO Y SAFARI WEST

Hace tres millones de años, una erupción volcánica en el monte St Helena derribó secuoyas que, petrificadas gradualmente, fueron protegidas por Ollie Bockee en 1914. Su visión persiste en el **Bosque Petrificado** (petrifiedforest.org).

6,5 km al oeste, donde Petrified Forest Rd vira a la derecha hacia Porter Creek, se oirán los extraños sonidos de criaturas salvajes provenientes de **Safari West** (safariwest.com), una reserva de fauna de 160 Ha donde numerosas especies amenazadas deambulan en un entorno sin depredadores ni cazadores furtivos.

Puede visitarse en un safari guiado de 2 h en *jeep* (más un paseo de 30 min) en el que el guía enseñará varias zonas arrasadas por los incendios. Afortunadamente, los dueños fueron capaces de salvar al millar de animales que aquí habita.

AL VOLANTE

Tras volver por Petrified Forest Rd con rumbo este, se conduce 1,5 km al sur por la Hwy 29/128 y, luego, otros 1,5 km al norte por Lincoln Ave, que converge con el Silverado Trail: la ruta avanza hacia el sureste y, al cabo de casi 50 km, recala en el centro de Napa.

DAVID A LITMAN/SHUTTERSTOCK ©

CÓMO DESPLAZARSE POR EL VALLE DE NAPA

El valle tiene 50 km de largo y 8,5 km de ancho en su punto más amplio (la ciudad de Napa) frente a los 1,5 km de su zona más estrecha (Calistoga). Dos carreteras discurren de norte a sur: la Hwy 29 (o ctra. de St Helena) y el más pintoresco Silverado Trail, 1,5 km al este. Lo ideal es subir por una y bajar por la otra. Los fines de semana de verano y otoño el tráfico es menos fluido, sobre todo en el tramo de la Hwy 29 entre el centro de Napa y St Helena hacia las 17.00, cuando las bodegas echan el cierre.

Las carreteras que seccionan el valle, enlazando el Silverado Trail y la Hwy 29 (incl. las ctras. de Yountville, Oakville y Rutherford Cross), además de ser bucólicas, soportan menos tráfico. Pese a su bello trazado, Oakville Grade Rd y la rural Trinity Rd (que permiten hacer una ruta circular yendo al suroeste desde Oakville por la Hwy 29 y luego por la Hwy 12 hasta poco después de Glen Ellen, en el valle de Sonoma) son bastante traicioneras con lluvia.

El **Napa Valley Vine Trail** (vinetrail.org) conecta todo el valle mediante tupidas sendas ciclistas; hay mapas disponibles en línea. El **Napa Valley Wine Train** (en la imagen; winetrain.com) cubre el trayecto de ida y vuelta del centro de Napa a St Helena en un fastuoso coche restaurante de época, con comida incluida y paradas optativas en bodegas. Parte de la **Napa Valley Wine Train Depot** en McKinstry St, cerca de 1st St.

08 SILVERADO TRAIL

Este pródigo trazado serpentea desde Calistoga hasta Napa ofreciendo tentadoras paradas en una treintena de bodegas. **Joseph Phelps** (josephphelps.com), cerca de Calistoga, elabora sosteniblemente su icónico tinto Insignia desde 1974. Ofrece al visitante la experiencia de crear su propia versión del vino. Con reserva, en Auberge du Soleil (aubergedusoleil.com) se puede disfrutar de un *brunch* memorable con vino espumoso en la terraza paisajística. En Robert Sinskey (robertsinskey.com), la chef Maria Sinskey colabora estrechamente, ofreciendo los maridajes más inspirados para sus vinos biodinámicos y comidas opulentas. Hay que reservar.

Una de las zonas productoras más prestigiosas de Napa es el distrito de Stag's Leap, al este de Yountville. Hay que abandonar Silverado con rumbo este y seguir las indicaciones a **Quixote** (quixotewinery.com), claramente identificable por su cúpula bulbiforme dorada. Habrá que reservar con antelación para acceder al único edificio construido en EE UU por el extravagante arquitecto austríaco con conciencia ecológica Friedensreich Hundertwasser y catar los aclamados cabernet y petit syrah de la finca Stag's Leap.

07

AL AIRE LIBRE

Senderismo en el Jack London State Historic Park.

Valle de Sonoma

DURACIÓN	DISTANCIA	IDEAL PARA
2 días	48 km	Viñedos, literatura

CUÁNDO IR	El prensado de la uva (*crush,* en inglés) es en septiembre y octubre; días cálidos de mayo a octubre.

Viñedo del valle de Sonoma en otoño.

El ritmo del valle de Sonoma seduce a cualquiera. La Hwy 12 sigue los pasos de los pueblos miwok, pomo y wintun, que llamaron a este lugar "valle de la luna". Sus históricos viñedos y zonas verdes sobrevivieron a incendios y a la Ley Seca gracias a esfuerzos conservacionistas y al 'vino de misa'. ¡Un brindis por estas vides inquebrantables!

Sigue en ruta

06 Valle de Napa

Tómese la Hwy 12/121 para visitar las bodegas exclusivas, *spas* y restaurantes de fama mundial de Napa.

09 Río Ruso y Bohemian Highway

Dirigiéndose al oeste por la Hwy 12 desde Kenwood se llega al bohemio oeste de Sonoma, ideal para bañarse en el río, pasear por bosques de secuoyas, y saborear chardonnay y pinot noir con notas de madera.

01 CORNERSTONE GARDENS

La gigantesca silla Adirondack naranja a pie de carretera invita a descubrir este **jardín y espacio de diseño** (cornerstonesonoma.com) del Wine Country donde tienen cabida la obra de diez paisajistas, cinco jardines educativos y varias *boutiques* de diseño local. Se recomienda pasar por el **Centro de Visitantes del Valle de Sonoma** (sonomavalley.com), que ofrece consejos prácticos e interesantes bonos de salas de catas.

AL VOLANTE

Se va al norte por la Hwy 121 y se sigue 5 km a medida que vira al este. Tras girar al sur por Burndale Rd, la bodega Ceja queda a la derecha.

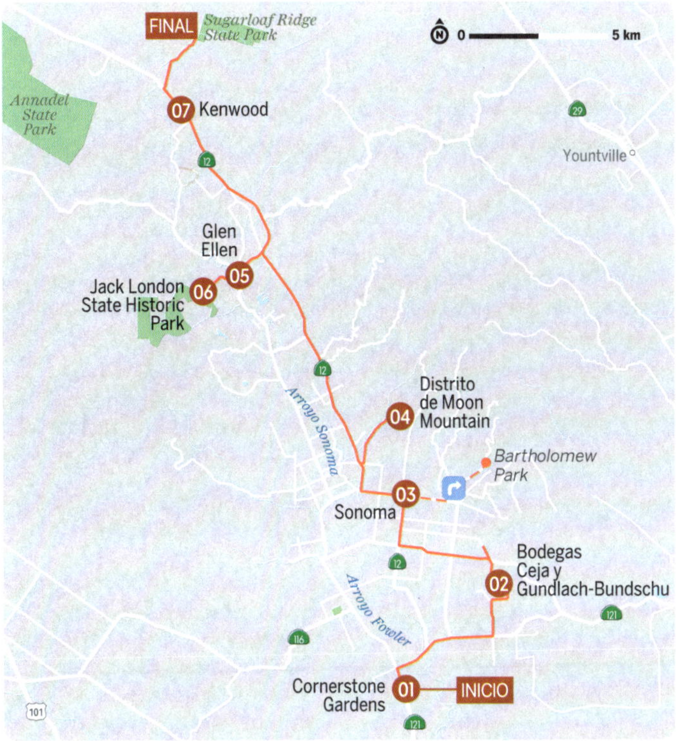

02 BODEGAS CEJA Y GUNDLACH BUNDSCHU

El circuito por los históricos viñedos del valle de Sonoma arranca en **Ceja** (cejavineyards.com), una bodega impregnada de auténtico romanticismo. Cuando Amelia Morán conoció a Pedro Ceja en 1967, ambos estaban cosechando uvas para Mondavi en Napa. Tras contraer matrimonio, tener varios hijos y lanzar ideas innovadoras durante décadas, puede decirse que Amelia es la primera mujer estadounidense de origen mexicano en presidir una bodega y que, desde hace medio siglo, su familia contribuye con su dedicación e ingenio a producir el característico pinot noir de Ceja, su chardonnay envejecido y el Vino de Casa, un sedoso tinto de corte elaborado con arneis italiana y chardonnay (25-60 US$/botella). Desde Ceja, se enfila al norte por Burndale Rd, se tuerce a la izquierda por Napa Rd y, enseguida, a la derecha por Denmark St. El castillo que se observa más adelante alberga la bodega de gestión familiar más antigua de California, **Gundlach Bundschu** (gunbun.com), donde el visitante es recibido como un rey. Seis generaciones del clan familiar han conseguido que desde 1858 fluya el gewürztraminer, sin olvidarse de innovar en cuanto a técnicas de producción sostenibles. Basta seguir un camino rural para probar su galardonado merlot (20-50 US$/botella).

AL VOLANTE
Tras tomar Denmark St de regreso a Napa Rd, se va al oeste por la Hwy 12 para, acto seguido, conducir 1,5 km en dirección norte por la Hwy 12/Broadway.

03 SONOMA

En el pasado, nativos americanos se reunían en Huichi para intercambiar bienes y canciones. Los misioneros españoles los reclutaron para construir **casas de adobe** (sonomaparks.org), pero muchos murieron por enfermedades de los colonos. Se esperaba que, bajo el dominio mexicano, las tierras regresaran a los nativos, pero los rancheros les quitaron los viñedos de la misión de Sonoma.

En 1846, tras una noche de jarana, juerguistas tomaron los **barracones de Sonoma,** confiscaron el coñac del general mexicano Vallejo en su **residencia** (sonomaparks.org) y proclamaron la República de California. Tropas estadounidenses se adueñaron de Sonoma un mes después. Vallejo se convirtió en ciudadano de EE UU y en el primer senador de Sonoma, convirtiendo los cuarteles en una bodega. Una entrada da acceso al mismo día a la misión, barracones, la casa de Vallejo y el **museo del Toscano Hotel.**

Su principal baza es la **plaza mayor** (sonomaplaza.com), la más grande de su estilo de toda California, donde cada martes se monta un célebre **mercado de productos frescos** (17.30-20.00).

A la vuelta de la esquina, **Vella Cheese** (vellacheese.com) lleva casi un siglo elaborando queso Dry Jack (similar al parmesano); mientras que **The Patch,** enfrente, es la huerta urbana comunitaria más antigua de California. El sistema es sencillo: se escogen los productos (siempre de temporada y libres de pesticidas), se pesan y, a la hora de pagar, se apela a la honradez del cliente, que deposita el importe en una cajita.

AL VOLANTE
Desde el centro de Sonoma se conduce unos 3 km al norte por la Hwy 12 y, después, se gira por Lomita Ave, que sube Moon Mountain hacia Hanzell Vineyard.

DESVÍO
Bartholomew Park
Inicio: 03 centro de Sonoma

Estos serenos bosques lo han visto todo: el inicio de la industria vinícola californiana impulsado por el conde húngaro Agoston Haraszthy, la devastación consecuencia de la filoxera y la bancarrota, la construcción en 1885 de un castillo para la multimillonaria filántropa Kate Johnson y sus 42 gatos, y su transformación en 1919 en un centro para mujeres delincuentes antes de que un incendio lo arrasara por completo.

De las cenizas surgió **Bartholomew Estate** (bartholomewestate.com), cuyos viñedos, pese a los incendios del 2017 y el 2019, han vuelto a producir sauvignon blanc, cabernet sauvignon y zinfandel ecológicos certificados.

Se permite hacer pícnics en el parque privado de la finca, abierto al público en general de 11.00 y 16.30, con un sendero de 5 km que zigzaguea entre viñedos y secuoyas. Pasados un molino y un estanque, se llega a un mirador con vistas hasta la bahía de San Francisco.

04 DISTRITO DE MOON MOUNTAIN

En el centro de Sonoma, Moon Mountain, una AVA (Área Vitivinícola Americana) reciente, cultiva uvas desde hace un siglo en sus laderas pronunciadas y neblinas misteriosas. Hay que reservar para visitar **Hanzell Vineyards** (hanzell.com) y disfrutar de chardonnay y pinot noir excepcionales. Desde allí, se divisa San Francisco, a 80 km al sur.

Colina abajo aguarda **El Molino,** un restaurante de inspiración yucateca donde darse un buen festín a base de productos locales con una certera carta de caldos ecológicos, producidos en Sonoma y Moon Mountain.

La foto
Inmortalizar un pícnic en la histórica plaza mayor de Sonoma.

AL VOLANTE
Para ir a Glen Ellen hay que seguir 8 km al norte por la Hwy 12.

05 GLEN ELLEN

El viajero sabrá que ha llegado al centro de esta diminuta localidad cuando vea unas gárgolas hechas con herrumbrosas piezas de tractor que sonríen desde el portón de entrada de **Chuck Gillet's Cyclops Iron Works** (Brazen Estates; 13 623 Arnold Dr), cuya verja de más de 2 m de altura fue realizada con metal reciclado por el propio Gillet, un abogado de Sonoma con vocación de escultor. Pese a ser propiedad privada, echar un vistazo es gratis, según reza el letrero junto a un estrafalario murciélago que mira tímidamente desde la hiedra.

Cruzando la calle hay una casita dedicada de lleno a la producción de pinot noir. Se trata de **Talisman** (talismanwine.com), un proyecto encabezado por Scott y Marta Rich, quienes trabajaron en grandes bodegas de Napa antes de establecerse aquí y colaborar con legendarios productores de pinot de Sonoma para obtener singulares caldos muy solicitados. La sesión de catas es gratis comprando un mínimo de tres botellas (38-85 US$ la unidad); llamar previamente.

AL VOLANTE
Desde Glen Ellen hay que conducir 2,5 km al oeste por London Ranch Rd para llegar al Jack London State Historic Park.

06 JACK LONDON STATE HISTORIC PARK

Pionero del *bestseller* con *La llamada de lo salvaje* y viajero incansable, Jack London (1876-1916) siempre reivindicó como su mayor logro haber rescatado un terreno de 565 Ha que estuvo a punto de sucumbir a las prácticas de tala y quema de los primeros colonos.

Hoy es un **parque** (jacklondonpark.com) donde el Beauty Ranch permanece casi como lo dejó el autor. Desde la granja, un corto sendero accidentado lleva a la tumba de London y las ruinas de la Wolf House, su casa construida en piedra y madera de secuoya, que ardió en 1913, pocos días antes de completarse.

Su viuda, la también escritora de espíritu aventurero Charmian Kittredge, aprovechó los sillares de la Wolf House para erigir la **House of Happy Walls,** hoy convertida en un **museo;** no hay que perderse las cartas de rechazo de London en la librería escaleras abajo ni los fabulosos vestidos estilo *flapper* de Kittredge en el vestidor de la planta superior. Sus

SUNDRY PHOTOGRAPHY/SHUTTERSTOCK ©

Sugarloaf Ridge State Park.

perspicaces muestras abarcan los trepidantes viajes del autor y sus controvertidas ideas de corte comunista y darwinista, centrándose también en el estilo literario sorprendentemente moderno de Kittredge, su feminismo sin complejos y su desafiante papel como editora de su propio marido. Jack también fue un pionero de la agricultura ecológica y, de hecho, construyó una granja porcina circular para producir fertilizantes naturales. Se puede subir a pie hasta la granja o patear una sencilla ruta en bucle de 3 km hasta el lago London.

AL VOLANTE

Para ir al jardín botánico de Quarryhill hay que conducir 4 km al este por Arnold Dr hasta la Hwy 12 y torcer a la derecha por Miller Lane.

07 KENWOOD, RETIROS ENTRE NATURALEZA

Un rápido desvío permite dejar atrás los viñedos de la Hwy 12 y adentrarse en la vegetación de inspiración asiática del **Quarryhill Botanical Garden,** donde, a lo largo de 30 años, su fundadora Jane Davenport Jansen y un comprometido equipo de conservacionistas ha dado forma a este espacio natural con visos artísticos compuesto por magnolias tulíperas, cornejos, lirios y arces. Este jardín botánico de 10 Ha es una belleza en cualquier época del año.

Yendo más al norte por la Hwy 12 se sigue Adobe Canyon Rd colina arriba hasta el **Sugarloaf Ridge State Park** (sugarloafpark.org), fantástico para practicar senderismo y ciclismo en sus 40 km de panorámicos senderos. Los incendios del 2017 calcinaron el 80% de esta reserva de 1335 Ha, y reforestarla está suponiendo un esfuerzo titánico para los voluntarios y particulares de la zona de Sonoma.

La naturaleza comienza a dar muestras de recuperación. En días despejados, las vistas desde el monte Bald se dilatan hasta el Pacífico. El Brushy Peaks Trail (3 h i/v), una ruta de senderismo de exigencia moderada, ofrece magníficas panorámicas del valle de Napa. Paseos guiados por el bosque y sesiones de observación de estrellas en el **observatorio Robert Ferguson** son opciones menos extenuantes. Consúltese la programación y el estado de las rutas en el centro de visitantes.

08

Healdsburg y alrededores

DURACIÓN	DISTANCIA	IDEAL PARA
2-3 días	215 km	Viñedos, naturaleza

CUÁNDO IR	Abril, mayo, septiembre y octubre: días soleados y sin lluvias, temperaturas suaves.

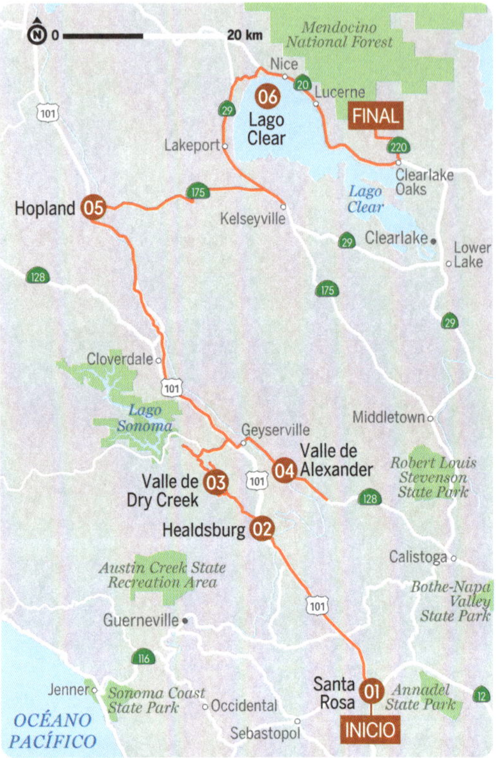

Disfrutar de sublime comida y maridajes en este plácido y soleado rincón del Wine Country sin que el atuendo sea un impedimento. Aunque informales, estas bodegas en granjas son pioneras en producción ecológica, rodeadas de maravillas naturales y con elogiados bistrós. Solo hay que sacudirse el polvo de los tejanos, ponerse cómodo y dejarse seducir por la ensoñadora California.

Sigue en ruta

06 Valle de Napa

Desde Geyserville, se conduce 39 km en dirección sureste por la Hwy 128 hacia Calistoga, donde comienza el despliegue de bodegas y grandes restaurantes del valle de Napa.

10 Mendocino y valle de Anderson

Hopland es el inicio de una ruta por los viñedos y campos de manzanas del valle de Anderson que culmina en el Pacífico.

01 SANTA ROSA

El mayor centro del Wine Country es un clásico americano, donde los vecinos se saludan agitando la mano entre rosales. Los escaparates de mediados de siglo atraen a visitantes en Old Courthouse Sq, y Railroad Sq, con vías tendidas por trabajadores chinos en 1870, recibe a los recién apeados.

Parece el escenario de una tira animada de época; de hecho, aquí vivió, soñó y garabateó Charles Schulz, el creador de las historietas de *Snoopy*. El **Museo Charles M. Schulz** (schulzmuseum.org) captura con tino su adorable legado con dibujos originales de Charlie Brown y compañía, más una

ZRFPHOTO/GETTY IMAGES ©

GASTRONOMÍA

Reservar con antelación en los restaurantes de Healdsburg.

Casa y jardines de Luther Burbank, Santa Rosa.

recreación del estudio de su casa. Deambulando por las arboladas calles engalanadas con murales del **SofA** (South of A St Art District) es imposible no reparar en el aroma de las flores, muchas de ellas varietales atemporales que en su día brotaron en la **casa y jardines de Luther Burbank** (lutherburbank.org), un pionero horticultor (1849-1926) que en el transcurso de 50 años llegó a cultivar 800 híbridos de plantas.

Actualmente reina tal calma en la frondosa Santa Rosa que cuesta creer que haya sobrevivido a dos terremotos y varios incendios. Dicho esto, la ciudad, que recibe el nombre de la patrona de los servicios de emergencia, se construyó en tierra otorgada en 1841 a una resuelta madre soltera, doña María Ygnacia López de Carrillo, quien diseñaría Santa Rosa con ayuda de su hijo Julio para disfrute del mundo entero.

AL VOLANTE
Recorridos unos 22 km en dirección norte por la Hwy 101 desde el centro de Santa Rosa, se toma el desvío 503 (Healdsburg Ave) y, una vez superado un lento tramo final de 800 m hacia el norte, se llega a Healdsburg Plaza.

02 HEALDSBURG

Auténtica oda al encanto del Oeste, con plaza mayor, tiendas antiguas, hotelitos victorianos y B&B de pan de jengibre. Aunque cuesta más de 300 US$ la noche en el centro, es ideal para disfrutar de restaurantes y catas.

Se impone reservar con tiempo para disfrutar de una comida sin igual en **SingleThread,** de maridajes de inspiración italiana en **Idlewild** (idlewildwines.com) y de rústicos pinot en **Lioco** (liocowine.com). Fiel a los orígenes de Healdsburg, los mejores caldos locales tienen una pizca de tozudez, un innegable toque romántico y una gotitas de escándalo.

AL VOLANTE
Desde Healdsburg Plaza se conduce 1,5 km al norte por Healdsburg Ave. Después, se pone rumbo oeste

por Dry Creek Rd, una vía sin apenas tráfico. Y al cabo de 9 km se llega a Truett Hurst. Para visitar las bodegas de West Dry Creek Rd (una ondulada carretera comarcal sin línea de separación de carriles, ideal para ir en bici), gírese por Lambert Bridge Rd a la altura de la Dry Creek General Store.

03 VALLE DE DRY CREEK

El viajero creerá haber retrocedido en el tiempo con solo cruzar la carretera que lo separa de Healdsburg. El paisaje es muy similar al de hace 150 años, cuando la **Dry Creek General Store** (drycreekgeneralstore1881.com) abrió las puertas de su *saloon*. Tras surtirse de provisiones para hacer un pícnic digno de un *cowboy* (café, pecho de ternera asado, tarta recién horneada...), lo indicado es hacer la ronda de las rústicas bodegas sostenibles de Dry Creek.

La coqueta **Preston Farm & Winery** (prestonvineyards.com) promete pistas de petanca y pan recién hecho y aceite de oliva ecológico prensado en frío que van de maravilla con un sauvignon blanc bajo un nogal. Las ovejas balan en **Reeve** (reevewines.com), en cuyo patio se disfrutará de tablas de queso y embutido maridadas con pinot. El nuevo tinto preferido de estos autores se sirve en una cabaña en **Unti** (untivineyards.com), donde su distintivo sangiovese y un radical rosado de mourvedre llevan el sabor del Mediterráneo al Pacífico.

AL VOLANTE
Hay que seguir Dry Creek Rd en dirección norte hasta Canyon Rd, que pasa por debajo de la Hwy 101. Torciendo a la derecha por Geyserville Ave (Hwy 128) se llega a Geyserville.

DIANE MILLER/GETTY IMAGES ©

Plantas de mostaza y vides en Healdsburg.

LA ROCAMBOLESCA HISTORIA DE HEALDSBURG

Todo empezó con un amor prohibido en 1829, cuando Josefa Carrillo se enamoró de Henry Fitch, capitán de barco. Por entonces, California formaba parte de México, que a su vez estaba controlado por España, con lo cual para que Harry pudiera casarse con Josefa, este debía obtener la ciudadanía y convertirse al catolicismo. Sin embargo, el gobernador de California, también enamorado de Josefa, impidió el matrimonio. La joven persuadió a sus hermanos para que la ayudaran a escaparse.

El trágico amor de Josefa y Henry fue el primer gran escándalo de California. El gobernador tuvo que ser demandado para reconocer el matrimonio. La pareja obtuvo permiso para un rancho de 19,500 Ha en tierras wappo en Sonoma. Sin embargo, en 1849, Henry murió de neumonía, dejando a Josefa viuda con 11 hijos y un rancho sin desarrollar.

Josefa era una Carrillo. Había nacido en el seno de una familia de mujeres célebres por su arrojo, incluida su madre, doña María Ygnacia, la ranchera fundadora de Santa Rosa. Con determinación, emprendió un peligroso viaje de 1125 km en carreta y al llegar a su destino, se enteró del fallecimiento de su madre y se enfrentó a disputas por las tierras con buscadores de oro estadounidenses, ya que las mujeres no podían acreditar títulos de propiedad según la ley de la época.

Mientras Josefa luchaba en tribunales por sus derechos, George Heald, un usurpador, ocupó sus tierras, resistiéndose a irse hasta siete años después. Surgieron conflictos territoriales, llamados las Healdsburg Wars. En la década de 1870, tras calmar las disputas, la comunidad se centró en combatir incendios y cultivar uvas. El destacado departamento de bomberos y los viñedos han cautivado a los visitantes de Healdsburg.

04 VALLE DE ALEXANDER

Al llegar a Geyserville (862 hab), uno se pregunta por los géiseres. Paseando por sus pasarelas de madera, se respira el auténtico carácter del Salvaje Oeste y se encuentra **Diavola Pizza** y vino cortesía de los vecinos, pero no hay rastro de las maravillas geotérmicas que atrajeron tantos visitantes en 1847.

Geyserville, precursor en energía geotérmica, genera el 20% de la energía renovable de California gracias a 350 fumarolas en las colinas. Es buena idea ponerse a remojo en las vastas piscinas de agua termal de la **bodega Francis Ford Coppola** (francisfordcoppolawinery.com), sobre una colina.

Geyserville cuenta con una moderna estación de bomberos que vela por la localidad y sus viñedos. En la Hwy 128, se puede visitar las salas de cata de **Soda Rock** (sodarockwinery.com), en un viejo granero chamuscado, brindando por la labor del cuerpo de bomberos.

Después, se continúa por la Hwy 128 y se gira por Chalk Hill Rd, donde proliferan incombustibles viñedos de la AVA Chalk Hill en **Sutro** (sutrowine.com) y **Carpenter** (carpenterwine.com), dos bodegas independientes dirigidas por mujeres. Hay que reservar con antelación para probar los aterciopelados pinot de Carpenter y los sauvignon blanc ricos en minerales de Sutro.

AL VOLANTE
Tras cruzar Geyserville en dirección norte por la Hwy 128, se toma la Hwy 101 también hacia el norte, y después de un trayecto de 37 km (vía Cloverdale) se llega al pueblecito de Hopland.

La foto

El resplandeciente lago Clear desde lo alto de Hopland Grade.

05 HOPLAND

Aún en las lindes del Wine Country, Hopland es la puerta de entrada a la región vinícola del condado de Mendocino.

En 1866, la mayoría de las plantaciones eran de lúpulo, esencial para la cerveza. Tras la Ley Seca, los agricultores optaron por cultivos más rentables, como la vid y el cánnabis. Al sur del centro, destaca el revolucionario **Solar Living Center,** con paneles solares desde 1978. Sus exposiciones fomentan la permacultura sostenible y hay un dispensario de cánnabis legal donde ver cómo se cultiva la marihuana.

Main St está llena de las salas de catas que facilitan mapas con las bodegas locales. **Brutocao Cellars** (brutocaocellars.com) atrae con audaces tintos y chocolate: una combinación infalible. Al norte, Graziano Family of Wines (grazianofamilyofwines.com) se especializa en vinos "Cal-Ital" (variedades italianas en California). Sobran motivos para no añorar el lúpulo en Hopland.

AL VOLANTE
Prepararse para un sinuoso trayecto, tan espectacular como estremecedor, en dirección este desde Hopland por la Hwy 175. Tras ascender la pronunciada Hopland Grade, el viajero se verá recompensado con vistas del lago Clear y el monte Konocti. Recorridos 29 km desde Hopland, se tuerce a la derecha y se permanece en la Hwy 175, que se incorpora a la Hwy 29 y, al cabo de 8 km hacia el sur, recala en Kelseyville.

06 LAGO CLEAR

Con más de 160 km de litoral, el "lago Claro" es el más grande de California. En verano, sus cálidas aguas se llenan de algas que, si bien impiden bañarse, propician el hábitat ideal para peces y decenas de miles de aves. El monte Konocti, un volcán inactivo de 1310 m, se ve reflejado en la superficie.

Kelseyville, que bien podría ser un decorado de un wéstern en la vida real, augura una batiburrillo de salas de catas de bodegas familiares, máquinas de refrescos *vintage*, ferreterías y cafés. 6,5 km al noreste del centro, **Clear Lake State Park** (clearlakeestatepark.org) es perfecto para el senderismo, la pesca, la vela y la acampada junto a la orilla sur del lago. Consúltese el estado de las rutas al llegar: hay senderos que podrían estar cortados tras haber sufrido un incendio.

Se sigue por Soda Bay Rd en dirección oeste, de vuelta a la Hwy 29, que discurre hacia el norte hasta Lakeport. Después, se toma Nice-Lucerne Cutoff Rd para hacer una ruta paisajística por la Hwy 20, que avanza en paralelo a la orilla norte del lago, pasando junto a las antiguas casitas blancas de la "Pequeña Suiza" californiana.

Unos 16 km al este de Lucerne se tuerce por la empinada High Valley Rd hacia la panorámica **Brassfield Estate** (brassfield estate.com), cuyo tinto Eruption se elabora en la finca a partir de uvas cultivadas en sus laderas volcánicas.

09

FAUNA SALVAJE

Avistar ballenas en Bodega Head en invierno y primavera.

Río Ruso y Bohemian Highway

DURACIÓN	DISTANCIA	IDEAL PARA
2 días	120 km	Naturaleza, vino

CUÁNDO IR	
	Junio-septiembre: días calurosos, propicios para zambullirse en los ríos.

Bosque de secuoyas, río Ruso.

La indómita Sonoma occidental, por más de un siglo, ha sido un lugar aparte. El estilo de vida a orillas del río Ruso, inicialmente impulsado por la producción de sidra y luego por el vino espumoso, destaca con viñedos de pinot noir. Este refugio invita a encontrarse uno mismo remando, caminando por senderos rurales o explorando bosques de secuoyas.

Sigue en ruta

08 Healdsburg y alrededores

Al este de Guerneville cabe seguir River Rd (que se convierte en Eastside Rd) o la pintoresca Westside Rd 28 km hasta Healdsburg.

07 Valle de Sonoma

Si apetece catar más vinos, desde Sebastopol se puede ir al este unos 30 km por la Hwy 12, y tras cruzar Santa Rosa, dirigirse al valle de Sonoma.

01 SEBASTOPOL

A destacar por su tradicional espíritu libre, en el s. XIX, campesinos pomo independientes y jornaleros migrantes de manzanas crearon un municipio en la tierra ancestral pomo de Bitakomtara. Se dice que el nombre de Sebastopol cuajó tras producirse una trifulca monumental en un bar que varios compararon jocosamente con la guerra de Crimea.

Mientras el resto del Wine Country empezó a cultivar uvas, Sebastopol siguió dedicándose a las manzanas y a las flores silvestres desarrolladas

por Luther Burbank en la **Gold Ridge Experiment Farm** (wschs.org). Tras cerrar la planta procesadora de manzanas, las viejas casetas se adaptaron para crear **The Barlow** (thebarlow.net), un colectivo de productores independientes.

Los *hippies* trajeron novedosas ideas al oeste de Sonoma, incluida la agricultura ecológica, la apicultura doméstica y el cultivo de marihuana. Se pueden visitar muchas granjas locales pioneras con ayuda de la **Sonoma County Farm Trails Guide** (farmtrails.org) y admirar el fruto de su trabajo en el **Farmers Market** (sebastopolfarmmarket.org), en la tienda apícola **BeeKind** (beekind.com) o en el dispensario de cánnabis **Solful** (solful.com).

Una buena forma de codearse con los lugareños es asistiendo a las *jam sessions* organizadas en **People's Music** (peoplesmusic.com), por donde suele dejarse ver Mickey Hart, batería de los míticos Grateful Dead.

También se puede pasear por Florence, flanqueada por las esculturas a partir de materiales reciclados obra de **Patrick Amiot** (patrickamiot.com).

AL VOLANTE
Desde el cruce en pleno centro de las ctras. 116 y 12, se va 10 km al oeste por Bodega Ave (señalizada Bodega Bay), pasando por huertos de manzanas de camino a Freestone.

02 BOHEMIAN HIGHWAY

Avanzando hacia el norte desde Freestone, la evocadora Bohemian Hwy discurre entre marchitos graneros antes de cruzar densos bosques de secuoyas y emerger en el pueblecito de Monte Rio, a la vera del río Ruso.

En **Freestone** es obligado probar las delicias horneadas de **Wild Flour Bread** y, si el tiempo lo permite, gozar de un reconfortante baño de virutas de cedro fermentadas en **Osmosis** (osmosis.com). 5 km al norte, en **Occidental,** se pueden ver las curiosas creaciones de los artistas locales en **Hinterland & Neon Raspberry** (hinterlandempire.com). En verano y otoño, nadie se pierde el **mercado de los viernes** (occidentalcommunityfarmersmarket.com). En **Monte Rio,** en cambio, lo que prima es la **playa** (mrrpd.org/monteriobeach.html).

AL VOLANTE
En el centro de Occidental se gira al oeste por la bien señalizada Coleman Valley Rd.

03 COLEMAN VALLEY ROAD

La ruta más paisajística del condado de Sonoma no discurre entre viñedos, sino por el sinuoso trazado de 16 km que une Occidental con el mar. Es mejor acudir a última hora de la mañana, cuando la neblina ya se ha retirado. Tras alcanzar la línea montañosa por Coleman Valley Rd, se vira a la izquierda por Joy Rd y a la derecha por Fitzpatrick Lane para dar con un tesoro oculto: el **Grove of the Old Trees** (landpaths.org), un apacible bosque de secuoyas de casi 20 Ha, en tiempos perteneciente a los leñadores locales. Tras la movilización de los ecologistas, que lograron salvar los árboles, el bosque pasó a manos de varias organizaciones sin ánimo de lucro.

Paseando por una ruta circular de 1,5 km se verán borrosas marcas azules pintadas en los árboles que iban a ser talados y hoy proliferan en esta zona protegida.

De vuelta a Coleman Valley Rd, se desciende hacia exuberantes valles cuajados de fantasmagóricos abetos de Douglas cubiertos de musgo. Luego, se asciende entre nudosos robles y escarpadas formaciones rocosas hasta que se atisba el descomunal océano Pacífico.

AL VOLANTE
La carretera termina en la costera Hwy 1 en medio del Sonoma Coast State Park, que se extiende 27 km desde Bodega Head hasta la zona inmediatamente al norte de Jenner. Desde la Hwy 1, se va 4 km al sur, luego al oeste por Eastshore Rd. En la señal de stop se tuerce a la derecha por Bay Flat Rd y se continúa por el puerto hasta el final de la carretera.

04 BODEGA BAY

Esta población anuncia la llegada al **Sonoma Coast State Park,** donde una sucesión de cabos rocosos ejerce de separación de calas escondidas conectadas por rutas de senderismo que avanzan entre riscos tapizados de flores silvestres. En el extremo de la península aguarda **Bodega Head,** 80 m por encima del mar, que seduce con sus vistas del océano y las **ballenas** e invita a volar cometas.

AL VOLANTE
Tras volver a la Hwy 1 se sigue la carretera costera 13 km al norte hacia Jenner para, luego, girar a la izquierda por Goat Rock Rd.

La foto

Abrazar una secuoya gigante en Armstrong Woods.

DESVÍO
Los pájaros de Hitchcock
Inicio: 04 Bodega Bay

Alfred Hitchcock rodó aquí *Los pájaros* (1963), y a la vista de las escandalosas gaviotas que revolotean sobre las granjas que salpican el litoral, es fácil entender por qué. En el pueblecito de Bodega, 8 km tierra adentro (al sur por la Hwy 1), se encuentran dos iconos de la película: la escuela (hoy una vivienda particular) y la iglesia de Santa Teresa de Ávila, ambos exactamente igual que en el mítico filme.

05 JENNER

En la desembocadura del río Ruso, junto al océano, se sitúa este encantador pueblo de pescadores. Al final de Goat Rock Rd se gira a la izquierda hacia **Blind Beach,** donde asoma amenazante Goat Rock y Arched Rock se adentra en el mar. A continuación, se da media vuelta y se tuerce a la izquierda (norte) hacia **Goat Rock Beach,** donde una ruidosa colonia de focas recibe al viajero; las crías nacen entre marzo y agosto. Como mejor se ve a estas criaturas es en kayak con **Water Treks EcoTours** (watertreks.com), que también organiza rutas fluviales.

AL VOLANTE
Tras cruzar el último puente sobre el río Ruso antes de que vierta su caudal al mar, se va al este por la Hwy 116/River Rd, una carretera comarcal bien asfaltada, encajonada entre el río y las pendientes que llevan a Guerneville.

06 GUERNEVILLE

El mayor centro turístico del río Ruso casi duplica su población los fines de semana con buen tiempo y cada vez que los veraneantes descienden sobre él ávidos de recorrer sus bosques de secuoyas, practicar kayak y tomar cócteles.

Lleva más de un siglo siendo un destino vacacional muy del gusto de la comunidad LGTBIQ+, y, desde la década de 1950, parada obligada de motoristas aguerridos.

El centro urbano está trufado de cafés, tiendas independientes, bares gais aptos para heterosexuales, restaurantes sencillos e inspiradoras salas de catas, como **Equality Vines** (equalityvines.com).

En verano y otoño, nada como hacer el descenso del río Ruso sobre un flotador gigante, en un bote de *rafting* o en un flamenco hinchable. **Johnson's Beach** (johnsonsbeach.com) alquila kayaks a los más competitivos.

AL VOLANTE
Siguiendo Main St en dirección este desde el centro de Guerneville, se topa con River Rd que, al cabo de 5 km, recala en Korbel.

07 BODEGAS DEL VALLE DEL RÍO RUSO

A menos de 20 min en coche de Guerneville hay unas 50 bodegas. En la **AVA del río Ruso** se producen los caldos predilectos de California (pinot noir y chardonnay) gracias a las brumas costeras nocturnas

JOE BECERRA/SHUTTERSTOCK ©

Viñedos del valle del río Ruso.

que se arremolinan entre las secuoyas antes de esfumarse, al día siguiente, creando espectaculares aureolas plateadas.

Las bodegas se concentran en el tramo de Westside Rd entre Guerneville y Healdsburg. Justo donde Westside Rd vira al noreste, a 8 km de Guerneville, se encuentra la discreta **Porter Creek** (portercreekvineyards.com), en cuyo cobertizo llevan sirviéndose pioneros caldos biodinámicos desde la década de 1930. Con las uvas de sus viñedos familiares, Alex Davis elabora sensacionales pinot noir, syrah, viognier y chardonnay sostenibles.

Tras deshacer 1,5 km de camino hacia el sur por Westside Rd, se gira a la izquierda por Wohler Rd y luego a la derecha para regresar a River Rd, antes de tomar Mirabel Rd con rumbo sur hacia la aldea de **Forestville.** Después, hay que girar a la derecha por Hwy 116 y conducir 6,5 km al oeste hasta el desvío a Mays Canyon Rd que precede al valle escondido donde se encuentra **Porter-Bass** (porterbass.com).

A la sombra de un nogal, la vinicultora Sue Bass sirve una copa de vino que captura este espléndido paisaje de uvas sauvignon blanc, chardonnay, pinot noir y zinfandel, de cultivo ecológico, con las que se elaboran caldos biodinámicos.

Se vuelve a la Hwy 116 hacia el este, y recorridos 1,5 km, se tuerce a la derecha por la serpenteante Green Valley Rd. Se sigue otros 13 km hasta Thomas Rd, y tras superar tres curvas, se llega a **Iron Horse Vineyards** (ironhorsevineyards.com).

Subiendo hasta el granero situado en lo alto de la colina se disfrutará de unas vistas fabulosas del condado y, de paso, se podrá brindar con un espumoso pinot noir.

10

Mendocino y valle de Anderson

EXCURSIONISMO

Ver bosques pigmeos en Van Damme State Park y pasear en barca por el Big River.

DURACIÓN	DISTANCIA	IDEAL PARA
3-4 días	170 km	Comida, bebida, actividades al aire libre

CUÁNDO IR	En otoño, cuando el cielo está despejado y se recoge la manzana.

Viñedos cerca de Philo.

Esta ruta discurre entre viñedos familiares, silenciosos bosques de secuoyas y pueblos pintorescos a caballo entre las onduladas colinas de la costa californiana y los escarpados acantilados del Pacífico. Lo bastante alejado de la zona de la bahía para seguir su propio ritmo sin prisas, es un viaje inolvidable lleno de pinot noir, días soleados y románticas noches brumosas.

Sigue en ruta

03 Carreteras de la costa del Pacífico

Los viajeros ávidos de más playas y acantilados pueden unirse a la Hwy 1 para un viaje épico.

12 Lost Coast y bosques de secuoyas del sur

El extremo norte de esta ruta discurre por la costa más salvaje de California. Para enlazar con esta ruta se continúa por la Hwy 101.

01 HOPLAND

Cuando ya se han visto Napa y Sonoma, se puede poner rumbo a la pequeña y adorable Hopland, el centro vinícola del condado de Mendocino. A solo 160 km al norte de San Francisco, esta región vinícola desconocida ofrece un estilo más ligero y delicado de pinot noir y chardonnay. En la céntrica vinatería **Sip Mendocino** (sipmendocino.com) se pueden degustar vinos de muchas granjas familiares de la ruta. Su experto personal sirve vinos seleccionados a mano que incluyen reservas raros que quizá no se pueden probar en las propias bodegas.

AL VOLANTE En dirección norte por la Hwy 101 hay unos 16 km antes de salir por la Hwy 253, una bonita y sinuosa carretera que cruza las colinas hacia el suroeste. La Hwy 253 acaba en la Hwy 128, al sur de Boonville junto a la cervecera.

02 BOONVILLE

Al descender las colinas se encuentra el soleado Boonville, que tiene una calle principal corta con edificios históricos, *boutiques* y helados artesanales. Pero el sabor más popular del pueblo está a 1,5 km, en la **Anderson Valley Brewing Company** (avbc.com). La cervecera de estilo bávaro se encuentra en una amplia finca con vistas al valle y consta de una sala de catas con escaso mobiliario, cubas de cerveza de cobre y caballos pastando. También hay un campo de disc golf y los jugadores pueden comprar cerveza en la sala de catas para beber mientras juegan. Las credenciales ecológicas de la cervecería incluyen paneles solares que generan gran parte de su energía.

AL VOLANTE Se sale de la ciudad en dirección norte por la Hwy 128, pasando por varias bodegas familiares y puestos de fruta. La mejor fruta está más adelante, en Philo, 9,6 km al norte de Boonville.

03 PHILO

La preciosa **Philo Apple Farm** (philoapplefarm.com) parece sacada de un cuento: un rincón verde de ensueño, con un personal amable y aroma a manzanos en flor. Merece la pena probar este puesto (y los restantes de la ruta) por las conservas ecológicas, *chutneys,* manzanas y peras. Si está cerrado, suele haber un tarro para dejar unos dólares por la mercancía.

También se ofrecen clases de cocina con algunos de los mejores chefs del Wine Country. Para darse un baño, las aguas rocosas y poco profundas del río Navarro están a escasa distancia carretera arriba.

AL VOLANTE
Se toma la Hwy 128 hacia el oeste que zigzaguea por majestuosos bosques de secuoyas envueltos en niebla hasta la Hwy 1. Se sigue esta carretera hacia el norte por la ciudad costera de Albion y hacia el Van Damme State Park.

04 VAN DAMME STATE PARK

Tras salir a uno de los tramos más plácidos de la Hwy 1 de California, es imperativo dar un paseo por la playa. 5 km al sur de Mendocino, este extenso **parque** (mendoparks.org/parks/van-damme-state-park) atrae a bañistas, buceadores y piragüistas a su playa de fácil acceso, y a excursionistas a su bosque pigmeo. Este último es un lugar único y precioso, donde el suelo ácido y una impenetrable capa de alio han creado un bosque enano de árboles centenarios.

Se llega por el moderado **Fern Canyon Scenic Trail,** de 3,2 km, que cruza de un lado a otro el río Little y pasa por Cabbage Patch, una ciénaga de coles de mofeta con abundante fauna. El **centro de visitantes** cuenta con exposiciones y programas sobre naturaleza.

AL VOLANTE
Un corto trayecto de 3 km hacia el norte por la Hwy 1 conduce al puente sobre el Big River. Justo antes del puente, se gira a la derecha en Comptche Ukiah Rd.

05 BIG RIVER

Remar por el Big River permite contemplar de cerca la frontera entre la tierra y el mar, un lugar donde nutrias, leones marinos y garzas azules acompañan al viajero en silencio. Aunque la zona cercana a la

H ROBERSON PHOTOGRAPHY/SHUTTERSTOCK ©

Viñedos, valle de Anderson.

LAS MEJORES BODEGAS DEL VALLE DE ANDERSON

Las noches frescas del valle dan lugar a vinos muy ácidos, afrutados e ideales para maridajes. Florecen las uvas pinot noir, chardonnay y gewürztraminer. La mayoría de las **bodegas del valle de Anderson** (avwines.com) están en las afueras de Philo. Muchas son familiares y ofrecen catas, y algunas organizan visitas guiadas. Destacan las siguientes:

Toulouse Vineyards (toulousevineyards.com) Para degustar pinot gris, valdiguié y pinot noir excepcionales (y ecológicos) en una impresionante sala de catas rodeada de bosque en una colina.

Navarro Vineyards (navarrowine.com) Una de las más acogedoras, con pinot noir y gewürztraminer seco galardonados; ofrece dos visitas gratuitas por día (10.30 y 14.00).

Pennyroyal Farm (pennyroyalfarm.com) Esta granja brinda lo más destacado del valle, quesería y viñedos sostenibles, para maridar quesos artesanos con vinos de estilo alsaciano.

desembocadura del río es excelente para contemplar las olas o ver la puesta de sol, los más aventureros también pueden alquilar bicicletas, kayaks y piraguas en **Catch A Canoe & Bicycles, Too!** (catchacanoe.com), un establecimiento de la orilla, para recorrer los 20 km del estuario mareal del Big River, el más largo e intacto del norte de California, gracias a años de esfuerzos conservacionistas que han mantenido a raya la urbanización. Es buena idea llevar un pícnic y una cámara para disfrutar de las marismas, las playas sembradas de troncos, la abundante fauna y los destartalados restos de caballetes de tren centenarios.

AL VOLANTE
La siguiente parada, Mendocino, está justo al norte del puente sobre el Big River.

06 MENDOCINO

Mendocino es la joya de la costa norte, en un bello promontorio, con alojamientos, rosaledas, vallas blancas y torres de agua de madera de secuoya al estilo de Nueva Inglaterra.

En la zona de la bahía se puede pasear por el promontorio entre zarzas y flores silvestres, con cipreses que se alzan sobre vertiginosos acantilados. La visita a este pueblecito de ensueño es uno de los mejores momentos del viaje por la región. Para apreciar el próspero panorama artístico local, visítese el **Mendocino Art Center** (mendocinoartcenter.org), un centro de artes visuales, musicales y teatrales. También alberga la **Mendocino Theatre Company** (mendocinotheatre.org), que ofrece obras contemporáneas en el teatro Helen Schoeni, con 81 butacas. La ciudad está repleta de galerías, y el segundo sábado de cada mes se hacen inauguraciones, abriendo las puertas a los amantes del arte y el vino: Mendocino se llena de vida.

La foto
Nutrias en el Big River.

El entorno natural es en sí una obra de arte. El espectacular **Mendocino Headlands State Park** (parks.ca.gov) rodea el pueblo, con senderos que surcan acantilados y calas rocosas. En el **Ford House Museum** (mendoparks.org) hay un **centro de visitantes** con información sobre rutas guiadas de fin de semana, que incluyen paseos entre flores silvestres y observación de ballenas.

AL VOLANTE
Al sur de la ciudad se gira hacia el interior en Comptche Ukiah Rd, trazando un bucle que lleva al punto de partida de esta ruta. Las curvas de los siguientes 48 km hacen lenta la marcha hacia el este, pero hay soberbias vistas.

07 MONTGOMERY WOODS STATE NATURAL RESERVE

A 3 km al oeste de Orr, este **parque** (parks.ca.gov) de 460 Ha protege algunas de las mejores arboledas de secuoyas centenarias a un día en coche de San Francisco. Un sendero circular de 3 km, que arranca de las mesas de pícnic y los lavabos, cruza el arroyo y serpentea por el bosque. Está apartado, por lo que los visitantes lo disfrutan casi en solitario. Los árboles son impresionantes –algunos de 90 m–, pero conviene admirarlos desde el sendero, para proteger las raíces de los árboles y también a uno mismo del roble venenoso, presente en todo el parque.

AL VOLANTE
Se siguen 3,2 km al este por Comptche Ukiah Rd (Orr Springs Rd en algunos mapas) hasta Orr Hot Springs.

08 ORR HOT SPRINGS

Tras la jornada de actividad, un baño en las aguas termales de **Orr Hot Springs Resort** (orrhotsprings.org) es ideal para relajarse.

Aunque no es para tímidos –llevar ropa es opcional–, es muy apreciado por locales, *hipsters*, mochileros y turistas de mentalidad abierta.

Dispone de bañeras privadas, sauna, piscina con fondo de roca alimentada por manantiales, baños de vapor, masajes y unos preciosos jardines. Sumergirse en las bañeras de la azotea para contemplar las estrellas en una noche despejada es mágico. Casi siempre es necesario reservar, incluso para visitas de un día.

11

Lost Coast y bosques de secuoyas del sur

DURACIÓN	DISTANCIA	IDEAL PARA
3-4 días	170 km	Familias, naturaleza

CUÁNDO IR	De mayo a septiembre, cuando el tiempo es más fiable.

Con senderos solitarios y playas vírgenes, la preciosa Lost Coast (costa perdida) es una de las zonas costeras más vírgenes del estado con emocionantes rutas de senderismo. La región se 'perdió' cuando la red de carreteras estatales la olvidó en el s. xx, y desde entonces ha desarrollado una cultura protagonizada por políticos radicales, cultivadores de marihuana y amantes de la naturaleza. En el interior, se descubren los grandes árboles del mayor parque de secuoyas de California.

Sigue en ruta

12 Bosques de secuoyas del norte

Este viaje se puede combinar con una excursión a los bosques del Redwood National Park siguiendo hacia el norte pasado Ferndale por la Hwy 101.

03 Carreteras de la costa del Pacífico

Se sigue la costa del Pacífico de California, bien en dirección norte hacia el Redwood National Park o sur hasta San Diego.

01 GARBERVILLE

La primera parada de una excursión por la Lost Coast es la pequeña Garberville, la primera localidad después de la "Redwood Curtain" (cortina de secuoyas) del condado de Humboldt. Posee una atractiva actitud de *laissez-faire*, aunque ello no agrada a todo el mundo. La relación entre los leñadores de la vieja guardia y los *hippies*, muchos de los cuales llegaron en la década de 1970 para cultivar marihuana cuando los federales los echaron de Santa Cruz, es incómoda. El pequeño centro de la localidad está bien para comer y aprovisionarse antes de ir a la costa.

AHTURNER/SHUTTERSTOCK ©

LA COSTA

Excursión a Needle Rock para ver una costa californiana virgen.

Senderismo, Lost Coast.

AL VOLANTE

Hay que tomárselo con calma y conducir despacio en la empinada y tortuosa carretera de Briceland Rd (que al final se convierte en Shelter Cove Rd), ya que recorrer los 33 km que separan Redway de Shelter Cove es todo un reto. Hay que hacer caso a las señales de "No Trespassing" (prohibido el paso) en esta parte del camino, ya que los cultivadores de marihuana no ven con buenos ojos a los extraños.

02 SHELTER COVE

Al final de la carretera –y de lo que parece el fin del mundo– se encuentra la aislada comunidad de Shelter Cove, puerta de entrada a la **Lost Coast.** El minúsculo reducto de restaurantes y tiendas parece estar habitado por humanos y alces de Roosevelt a partes iguales. Aunque es útil como punto de partida para visitar los bosques cercanos, también es un destino para relajarse por méritos propios. Desde la ciudad, se pueden otear las aguas en busca de ballenas grises migratorias (incluso madres con crías a principios de primavera) y explorar las marismas repletas de cangrejos, caracoles, estrellas de mar y esponjas.

AL VOLANTE

Hay senderos para explorar el Lost Coast Trail al norte y al sur de la ciudad. Hay que prescindir del coche; el sendero se recorre a pie.

03 LOST COAST

El destino para mochileros de la costa norte es un tramo escarpado y sorprendente, con senderos que cruzan picos costeros y playas volcánicas de arena negra. La **King Range** alcanza los 1000 m a 5 km de la costa, que se 'perdió' cuando el sistema de carreteras del estado consideró intransitable la zona a mediados del s. xx.

Formada por el **Sinkyone Wilderness State Park** y la **King Range National Conservation Area,** la mejor forma de explorarla es en una excursión de varios días. Partiendo de Shelter Cove, una excursión de tres días hacia el norte por el Lost Coast Trail termina en la desembocadura del río Mattole. El sendero, arduo y gratificante por igual, pasa por el faro abandonado de Punta Gorda. Se puede contratar un servicio de transporte de vuelta al coche con **Lost Coast Adventure Tours** (lostcoastadventures.com). Desde Shelter Cove, se puede hacer una excursión de un día a Black Sand Beach o pernoctar en el **Needle Rock Campground** (parks.ca.gov), 9 km al sur de Hidden Valley Trailhead. El **centro de visitantes** (parks.ca.gov) brinda preciosas vistas del litoral.

AL VOLANTE
Regresando a Garberville, hay que seguir rumbo norte por la Hwy 101 y salir en la señal de "Avenue of the Giants", a 10 km, cerca de Phillipsville, el corazón de la región de los grandes árboles. Se recomienda recoger una guía de conducción gratuita en el puesto junto a la salida.

04 AVENIDA DE LOS GIGANTES Y HUMBOLDT REDWOODS STATE PARK

El increíble tramo de autopista de 51,5 km y dos carriles conocido como **Avenida de los Gigantes** es uno de los recorridos más célebres de California, capaz de dejar a los viajeros boquiabiertos y con la vista fija en el dosel arbóreo. La ruta conecta varias ciudades pequeñas con moteles de mediados del s. xx, cafeterías que sirven "almuerzos de leñador" y aparcamientos con Harleys. Los visitantes no deben pasar por delante de estas majestuosas arboledas sin detenerse en el **California Federation of Women's Clubs Grove,** con una interesante chimenea de cuatro lados diseñada por la arquitecta Julia Morgan, y en el **Founders Grove**, donde en 1991 el Gigante de Dyerville, de 113 m, fue derribado por la caída de otro árbol.

Gran parte de la Avenida de los Gigantes entra y sale del **Humboldt Redwoods State Park** (parks.ca.gov). Con 21 200 Ha (de las cuales 6800 son bosques centenarios) comprende tres cuartas partes de los 100 árboles más altos del mundo. Estas arboledas rivalizan con las del Redwood National Park, más al norte.

Los más de 160 km de senderos se pueden recorrer a pie, a caballo o en bicicleta y varían en dificultad desde el **Drury-Chaney Loop Trail,** apto para niños, hasta el accidentado **Grasshopper Peak Trail,** que asciende hasta un mirador contra incendios (1300 m). El primigenio **bosque Rockefeller,** 7 km al oeste de la avenida por la pintoresca Mattole Rd, está igual que hace un siglo. Es el mayor bosque continuo de secuoyas del mundo, y contiene el 20% de todos los árboles que quedan de este tipo.

CONSEJO:

Acceso a la Lost Coast

Los mochileros que desean recorrer toda la Lost Coast suelen hacerlo de norte a sur para evitar los vientos del norte. Muchos parten del Mattole Campground, al sur de Petrolia, en el extremo norte de la King Range.

AL VOLANTE
Desde la Avenida de los Gigantes, hay que seguir las indicaciones hacia las arboledas del parque. Se atraviesan varios pueblecitos que no son más que trampas turísticas de mediados del s. xx, con albergues y enormes bosques. La Avenida de los Gigantes termina en la Hwy 101, cerca de Pepperwood, desde donde hay 8 km al norte hasta Scotia.

05 SCOTIA

Durante años, Scotia fue la última "población empresarial" de California, gestionada por la Pacific Lumber Company, que construía casas en serie y despreciaba sin tapujos a los forasteros melenudos que se interponían entre sus sierras y los grandes árboles. La empresa quebró en 2008, vendió el aserradero a otra empresa de secuoyas y, aunque el pueblo conserva un inquietante aire de *El show de Truman*, ya no hay que atenerse al código de conducta empresarial.

En Rio Dell, al otro lado del río desde Scotia, hay restaurantes de mala muerte y un par de bares. En otro tiempo, aquí reinaba el libertinaje: al no ser una ciudad empresarial, **Rio Dell** tenía salones y prostitutas. En 1969, la autopista esquivó la ciudad y esta se marchitó.

AL VOLANTE
Se prosigue por la Hwy 101 hacia el norte unos 13 km hasta la salida 687 a Kenmar Rd. En el extremo sur de la ciudad, en Fortuna, se gira a la derecha en Alamar Way.

06 FORTUNA

La penúltima parada es **Eel River Brewing Company** (eelriverbrewing.com) en Fortuna, para tomar una cerveza bien fría. Perfectamente integrada en su entorno natural, fue la primera cervecera con certificación ecológica de EE UU y utiliza energía 100% renovable (resulta irónico que elabore la mayor parte de su cerveza en un antiguo molino de secuoyas que perteneció a la Pacific Lumber Company). El jardín y las excelentes hamburguesas la convierten en una parada ideal.

La foto

Queen Charlotte Sound desde el Snout Track.

AL VOLANTE

De vuelta a la Hwy 101, se siguen unos 3 km hacia el norte y se toma la salida 691 hacia Fernbridge/Ferndale. Luego se sigue la Hwy 211 durante 8 km al suroeste pasando por granjas lecheras hasta Ferndale.

07 FERNDALE

El viaje termina en una de las ciudades con más encanto de la región, con impecables casas victorianas, conocidas como "palacios de la nata", ya que se construyeron gracias a la riqueza generada por la industria láctea. Toda la ciudad es **patrimonio histórico regional** con varios enclaves históricos catalogados a nivel nacional. Un paseo por Main St ofrece una muestra de la América rural, desde galerías a emporios del viejo mundo y dispensadores de bebidas. A 800 m del centro por Bluff St, se pueden dar cortos paseos por campos de flores silvestres, junto a estanques y un bosque de abetos de Sitka en **Russ Park,** de 44,5 Ha. El cementerio, también en Bluff St, tiene tumbas del s. XIX y vistas al Pacífico.

Para terminar, el fin de semana del Memorial Day (fin may) se pueden ver los extravagantes artefactos autopropulsados de la carrera anual **Kinetic Grand Championship** (kineticgrand championship.com) de Arcata a Ferndale. Con forma de peces gigantes y ovnis, estos coloridos montones de chatarra circulan por carretera, agua y marismas en un evento de tres días.

Ferndale.

12

Bosques de secuoyas del norte

DURACIÓN	DISTANCIA	IDEAL PARA
3-4 días	175 km	Naturaleza

CUÁNDO IR De abril a octubre para disfrutar de cielos despejados y el clima más cálido de la región.

Esta ruta está inspirada en los grandes viajes de mediados del s. xx, con atracciones como una enorme estatua de Paul Bunyan, árboles gigantescos y grasientos puestos de hamburguesas. En esta tierra de místicos y ancestrales bosques de secuoyas, carreteras con curvas y senderos con niebla conducen a los visitantes por exuberantes maravillas naturales sin parangón.

Sigue en ruta

11 Lost Coast y bosques de secuoyas del sur

Hay que ir al sur por la Hwy 101 desde Eureka para ver más secuoyas y la intacta Lost Coast, con las mejores rutas de senderismo de la costa norte.

13 Trinity Scenic Byway

Adentrarse desde Arcata por la Hwy 299 y perderse en el paisaje virgen de las montañas del norte de California.

01 PENÍNSULA DE SAMOA

Aunque esta ruta se centra en bosques primigenios, el comienzo ofrece una muestra de contrastes: dunas cubiertas de hierba y playas azotadas por el viento en la península de Samoa, de 16 km. En el extremo sur, la **Samoa Dunes Recreation Area** (blm.gov), parte de un sistema de dunas de 54 km, es ideal para ir de pícnic o pescar, y el avistamiento de animales es excelente. También se puede tomar un crucero con **Harbor Cruise** (humboldtbay maritimemuseum.com) a bordo del *Madaket* de 1910, el barco de pasajeros en activo más antiguo de EE UU.

RUTA PANORÁMICA

Adentrarse en bosques de secuoyas en Howland Hill Rd.

Patrick's Point State Park.

Antes de que se construyera el puente Samoa (1971), el barco salía del pie de la C St, en la cercana ciudad de Eureka, y transportaba a los trabajadores de las fábricas. El crucero al atardecer (15 US$) sirve cócteles en el bar con licencia más pequeño del estado.

AL VOLANTE
Hay que ir al norte por la Hwy 101 desde Eureka, pasando por la bahía de Humboldt. 24 km al norte de Arcata, se toma la primera salida de Trinidad. Atención: en el corredor entre Eureka y Arcata hay controles de velocidad.

02 TRINIDAD

Trinidad conserva un aire de lugar poco frecuentado a pesar del flujo constante de visitantes. El plano gratuito disponible en el diminuto **Trinidad Museum** (trinidadmuseum.org) es útil para orientarse por las tiendas y los senderos, entre los que destaca Trinidad Head, con vistas de la costa, y el **avistamiento de ballenas** (dic-abr).

Si el tiempo acompaña, se puede pasear por la bella cala de **Trinidad State Beach.**

AL VOLANTE
Se regresa al norte de la ciudad por Patrick's Point Dr para bordear la costa durante algo más de 8 km.

03 PATRICK'S POINT STATE PARK

Los acantilados costeros se adentran en el mar en el **Patrick's Point State Park** (parks.ca.gov) de 259 Ha, donde las playas de arena se tocan con los rocosos cabos. El fácil acceso a los acantilados costeros lo convierte en la mejor opción para familias, aunque cualquier edad es buena para deleitarse escalando formaciones rocosas, buscando ballenas, navegando por las marismas y escuchando el grito de los leones marinos.

En el parque también está **Sumêg,** una reproducción auténtica de un poblado indígena yurok, con construcciones de madera roja tallada a mano. El **Rim Trail** (3,2 km), un antiguo sendero yurok, rodea la punta por enormes salientes rocosos. No hay que dejar de ver Wedding Rock, uno de los rincones más románticos del parque, ni Agate Beach, donde algunos afortunados encuentran trozos de jade y ágata pulidos por el mar.

AL VOLANTE
Se regresa a la Hwy 101 a través de espesos bosques de secuoyas. En 5 min hacia el norte se llega al inesperado claro de Big Lagoon, parte del Humboldt Lagoons State Park. En 10 km más al norte se alcanza el centro de visitantes, que está cerrado, pero tiene aseos y un panel informativo.

04 HUMBOLDT LAGOONS STATE PARK

El Humboldt Lagoons State Park, con kilómetros de costa, posee largas playas de arena y varias lagunas costeras. **Big Lagoon** y la hermosa **Stone Lagoon** son ideales para navegar en kayak y observar aves. El crepúsculo es espectacular, sin edificios a la vista. En el **centro de visitantes de Stone Lagoon,** en la Hwy 101, hay baños y un tablón informativo. Al sur, la diminuta **Dry Lagoon** (una marisma de agua dulce) ofrece una fantástica excursión de un día. Se aparca en la zona de pícnic de Dry Lagoon y se camina por el sendero sin señalizar que va al norte hasta Stone Lagoon. El sendero, en su mayor parte llano, bordea la orilla suroeste y termina en el océano, atravesando bosques y marismas llenos de fauna (3 km ida).

La foto

Secuoyas envueltas en niebla aferradas a acantilados en el Del Norte Coast Redwoods State Park.

AL VOLANTE
Siguiendo al norte por la Hwy 101, se empieza a perder toda perspectiva entre los árboles más altos del mundo. Este es el tramo más pintoresco de toda la ruta; se sale de las brumosas costas a las sinuosas carreteras de dos carriles a través de sensacionales bosques de secuoyas.

05 REDWOOD NATIONAL PARK

Hacia el norte, el **Redwood National Park** (nps.gov/redw) es el primero del mosaico de parques estatales y federales gestionados por el Redwood National & State Parks. Un mapa del **centro de visitantes Thomas H Kuchel** (nps.gov/redw) ofrece propuestas de senderismo. Siguiendo al norte por la Hwy 101, un trayecto hacia el interior por Bald Hills Rd conduce al **Lady Bird Johnson Grove,** con un sendero circular de 2,5 km apto para niños, o invita a perderse en la aislada placidez del **Tall Trees Grove.**

Para proteger este último bosque, se limita el acceso de vehículos por día; el centro de visitantes

MODOC STORIES/GETTY IMAGES ©

Redwood National Park.

expide permisos gratuitos. Se puede hacer una excursión de medio día, con una recompensa tras el difícil recorrido: unos 10 km por un antiguo camino forestal tras una verja cerrada, y después una caminata de 7,5 km (i/v) moderadamente dura.

AL VOLANTE
De vuelta a la Hwy 101, unos 3 km al norte de Bald Hills Rd, se gira a la izquierda en Davison Rd, que zigzaguea durante 11 km (la mayor parte sin asfaltar) hasta Gold Bluffs Beach.

06 PRAIRIE CREEK REDWOODS STATE PARK

Un corto paseo hasta Gold Bluffs Beach conduce a un rincón ideal para un pícnic. Pasado el *camping*, se puede hacer una excursión más larga más allá del final de la carretera hasta **Fern Canyon,** cuyas paredes rocosas cubiertas de helechos de 18 m de altura aparecen en *El mundo perdido: Parque Jurásico*. Es uno de los lugares más fotografiados de la costa norte, de color verde esmeralda, húmedo y frondoso, y merece la pena mojarse los pies para verlo.

De vuelta a la Hwy 101, se recorren 3 km hacia el norte y se sale por la Newton B Drury Scenic Pkwy, de 13 km, que discurre paralela a la autopista por magníficos bosques vírgenes de secuoyas centenarias. De los aparcamientos junto a la carretera parten senderos naturales indicados para familias, como el Big Tree Wayside, accesible en silla de ruedas, y otros que comienzan junto al **Prairie Creek Redwoods State Park Visitor Center** (parks.ca.gov), como el Revelation Trail para visitantes con discapacidad visual.

TRES ÁRBOLES QUE SE PUEDEN ATRAVESAR

Con su encanto *kitsch* de mediados del s. xx, los siguientes destinos son un retorno a los lejanos días de los grandes viajes por carretera en EE UU.

Trees of Mystery (treesofmystery.net) En Klamath, es difícil no ver las estatuas gigantes de Paul Bunyan y Babe, the Blue Ox, elevándose sobre esta descarada, aunque adorable, trampa para turistas. Un teleférico atraviesa las copas de las secuoyas.

Chandelier Drive-Thru Tree Park (drivethrutree.com) Hay que plegar los retrovisores y avanzar despacio; luego aguarda la tienda de regalos *kitsch* de Leggett.

Shrine Drive Thru Tree Hay que mirar al cielo mientras se cruza, en la Avenida de los Gigantes, a la altura de Myers Flat. Es el más antiguo, pero el menos impresionante de los tres árboles.

AL VOLANTE
Se sigue la sinuosa Newton B Drury Scenic Pkwy a través de hermosos bosques interiores con vistas a crestas y valles. Al volver a la Hwy 101, hay que dirigirse al norte hacia Klamath, con el puente del oso. El Del Norte Coast Redwoods State Park está a pocos minutos al norte.

07 DEL NORTE COAST REDWOODS STATE PARK

Caracterizado por abruptos cañones y densos bosques, este **parque** (nps.gov/redw) comprende 24 km de rutas de senderismo y varios antiguos caminos madereros que son el sueño de cualquier ciclista de montaña. Los altos árboles se aferran a las paredes de los cañones que caen hacia la costa, salpicada de troncos. Es casi imposible llegar al agua, salvo por el empinado **Damnation Creek Trail** o el Footsteps Rock Trail. El primero solo tiene 6 km (i/v), pero el desnivel de 335 m y las secuoyas de los acantilados lo convierten en la mejor excursión del parque.

AL VOLANTE
Al salir del Del Norte Coast Redwoods State Park y continuar por la Hwy 101, se entra en la pequeña y gris Crescent City, aceptable para repostar o comer algo, pero donde no merece la pena demorarse. A unos 6 km al noreste de la ciudad, hay que dejar la Hwy 101 y seguir la Hwy 199 hacia el este durante 10 km hasta Hiouchi, punto de entrada al Jedediah Smith Redwoods State Park.

08 JEDEDIAH SMITH REDWOODS STATE PARK

El parque más septentrional posee la población más densa de secuoyas y el mayor río natural de California, el resplandeciente Smith. El **Jedediah Smith Redwoods State Park** (nps.gov/redw) es un regalo para los sentidos. Los grupos de secuoyas son tan densos que pocas rutas de senderismo penetran en el parque. Hay que conducir los 16 km de Howland Hill Rd hacia Crescent City, una carretera accidentada y sin asfaltar. Uno se siente como en Liliput bajo los colosales troncos. Para pasar la noche, se puede reservar en el magnífico *camping* a orillas del río.

13

EN FAMILIA

La excursión a las cavernas del lago Shasta.

Trinity Scenic Byway

DURACIÓN	DISTANCIA	IDEAL PARA
3 días	395 km	Paisajes literarios

CUÁNDO IR	De junio a octubre, cuando los lagos y ríos están llenos y el aire es fresco.

Monte Shasta.

Los autóctonos, los amantes de la naturaleza y los escapistas *new age* de este remoto rincón del norte de California presumen de contar con los dedos de una mano el número de semáforos y los locales de comida rápida. Un viaje épico por la Trinity Scenic Byway parte de una de las montañas más singulares de California hasta la costa del Pacífico y recorre maravillas naturales y sofisticados pueblecitos.

Sigue en ruta

12 Bosques de secuoyas del norte

Hay que ir al norte por la Hwy 101 desde Arcata para enlazar este épico viaje de montaña con una visita a los rodales de secuoyas de la costa norte.

14 Volcanic Legacy Byway

Recorrer la intacta naturaleza volcánica del norte de California yendo al este de Redding por la Hwy 44.

01 MONTE SHASTA

"Cuando lo vi por primera vez, estaba a 80 km, a pie, solo y agotado. Sin embargo, toda mi sangre se volvió vino, y desde entonces no he vuelto a cansarme", escribió el naturalista John Muir en 1874 sobre el monte Shasta. Aunque no es el más alto de California (es el quinto, con 4322 m), la imagen de este pico solitario es embriagadora. El viaje comienza cerca de la cima: se puede recorrer casi todo el camino por la Everitt Memorial Hwy (Hwy A10) para disfrutar de unas vistas exquisitas en cualquier época del año. Cuando se alcanza Bunny Flat (1860 m), las vistas (y la

escasez de aire) cortan la respiración, pero si no hay nieve en la carretera, el ascenso continúa con nuevas y alucinantes vistas. Al sur se divisa el pico Lassen. Al oeste se obtiene un anticipo del resto de esta ruta, hacia las montañas Marble y las verdes colinas de la Trinity Scenic Byway. Para información sobre excursiones, la **estación de guardabosques del monte Shasta** (fs.usda.gov/stnf) emite permisos y buenos consejos.

AL VOLANTE

Se sigue la Everitt Memorial Hwy montaña abajo. El descenso a Mt Shasta City, una ciudad *new age* que merece un vistazo, son 30 min. Luego se sigue hacia el sur por la I-5 más de 64 km hasta el lago Shasta.

DESVÍO

Lava Beds National Monument
Inicio: 01 Monte Shasta

Construida por la Central Pacific Railroad, Dunsmuir (1570 hab.) originalmente se llamó Pusher, por las locomotoras auxiliares que impulsaban las pesadas locomotoras de vapor por la empinada cuesta de la montaña. Su fama sigue ligada a los trenes, por lo que es una parada obligada para los aficionados al ferrocarril. Además, aquí se puede apagar la sed con "la mejor agua del mundo". Quizá sea el agua la que hace que la cerveza de **Dunsmuir Brewery Works** (dunsmuirbreweryworks.com) sea tan buena. Para llegar hay que ir hacia el sur desde Mt Shasta por la I-5 durante casi 13 km y tomar la salida 730 hacia el centro de Dunsmuir.

02 LAGO SHASTA

El embalse más grande de California cuenta con la mayor población de águilas calvas del estado, una interminable red de senderos y magnífica pesca. En la orilla norte se pueden visitar las **cavernas del Shasta** (lakeshastacaverns.com), que incluyen un paseo en barca ideal para familias (conviene abrigarse, pues hace frío). El **centro de visitantes de la presa de Shasta** (usbr.gov/mp/ncao/shasta-dam.html), al sur, facilita mapas de rutas de senderismo e información de la presa de Shasta. La colosal presa, de 15 millones de toneladas, solo es superada en tamaño por la de Hoover de Nevada; su aliviadero de 148 m es casi tres veces más alto que las cataratas del Niágara. En el centro de visitantes ofrecen visitas guiadas gratuitas por el estruendoso interior de la estructura.

AL VOLANTE
Hay que volver a la I-5 y dirigirse al sur unos 15 km hasta Redding.

03 REDDING

Con grandes centros comerciales y amplias urbanizaciones, Redding desentona con la maravillosa naturaleza del norte, pero es el inicio de la Trinity Scenic Byway, que arranca del oeste de la ciudad. Merece la pena detenerse en el **Turtle Bay Exploration Park** (turtlebay.org). El complejo, que ocupa más de 120 Ha, posee un museo de arte y de ciencias naturales con exposiciones interactivas para niños, amplios jardines, un mariposario y un acuario fluvial transitable de 83 m^3 con fauna acuática local. El futurista **puente Sundial,** diseñado por Santiago Calatrava, conecta el parque con la orilla norte del río Sacramento.

AL VOLANTE
El tramo estrella del viaje empieza aquí: la Trinity Scenic Byway (Hwy 299) parte del oeste de Redding y se adentra en las montañas por una sinuosa carretera hasta la costa del Pacífico. Bosques, lagos de montaña, cabañas en ruinas y ríos caudalosos acompañan la conducción.

04 WHISKEYTOWN NATIONAL RECREATION AREA

Un antiguo pueblo minero prestó su nombre al **lago Whiskeytown** (nps.gov/whis), un precioso embalse multiusos. Gran parte de los apacibles 56 km de frondosa orilla quedó arrasada en el incendio de Carr (2018), pero poco a poco el lugar se está recuperando para acampar, nadar, navegar, montar en bicicleta de montaña y buscar oro. El **centro de visitantes,** en el extremo noreste, ofrece información y mapas gratuitos. Desde aquí, la excursión a la rugiente **cascada Whiskeytown** (5,5 km i/v) sigue una antigua carretera maderera. En el lado oeste, el **Tower House Historic District** contiene las ruinas de la mina El Dorado y la casa pionera de Camden, abierta al público en verano. En invierno, es un lugar evocador para explorar.

La foto
El futurista puente Sundial de Santiago Calatrava.

AL VOLANTE
Al salir del lago Whiskeytown, la Hwy 299 se adentra en una zona más remota. A unos 16 km al oeste del lago, la carretera se empina con curvas cerradas y excelentes vistas del lago. En Trinity Dam Blvd se ataja hacia el norte hasta Lewiston.

05 LEWISTON

La pequeña localidad de Lewiston no es más que un conjunto de edificios junto a un caudaloso tramo del río Trinity célebre por la pesca. Se puede parar en el **Country Peddler,** un viejo granero lleno de antigüedades. Los dueños, apasionados excursionistas, conocen la zona a la perfección.

El **lago Lewiston** está unos 2 km al norte de la ciudad y es una apacible alternativa a los demás lagos de la zona. A primera hora de la tarde se pueden ver águilas pescadoras y **águilas calvas** en busca de peces. Sin embargo, las mejores vistas se encuentran más lejos, sobre todo en la **Trinity Alps Wilderness,** al oeste de la Hwy 3. Cuenta con excelentes rutas de senderismo y acampada, y más de 900 km de senderos que cruzan picos de granito y bordean profundos lagos alpinos.

AL VOLANTE
Se toma Lewiston Lake Rd hacia el sur hasta la Hwy 299, luego hacia el oeste unos 19 km hasta Weaverville, el siguiente pueblo de esta ruta.

06 WEAVERVILLE

Las paredes del **Weaverville Joss House State Historic Park** (parks.ca.gov) realmente hablan: su interior está empapelado con libros de donaciones de 150 años de antigüedad de la antaño próspera comunidad china, testimonio de la rica cultura de los inmigrantes que construyeron las infraestructuras del norte de California. El rico santuario taoísta azul y dorado contiene un altar ornamentado de 3000 años, traído aquí desde China. Lamentablemente, los problemas presupuestarios ponen en duda el futuro de este parque, aunque es una joya dentro de esta lejana comunidad de montaña.

AL VOLANTE
Se aconseja repostar y prepararse para las fabulosas vistas de las montañas de granito, el salvaje río Trinity y los soleados bosques. No hay desvíos; solo hay que dirigirse hacia el oeste por la Hwy 299.

Lago Whiskeytown, Whiskeytown National Recreation Area.

07 WILLOW CREEK

Hay que ir con cien ojos al conducir por la carretera hacia Willow Creek. En esta remota comunidad se capturaron algunas de las imágenes caseras más convincentes de un *sasquatch*. Por ello, una parada obligatoria es el **Willow Creek–China Flat Museum** (bigfootcountry.net) para visitar la divertida exposición Big Foot, que incluye moldes de huellas enormes y fotos provocativas (aunque borrosas).

Es difícil no ver la escultura de 7 m en madera de secuoya de la bestia peluda en el aparcamiento. Willow Creek es también el comienzo de la ruta Bigfoot Scenic Byway (Hwy 96), que serpentea hacia el norte por impresionantes montañas y ríos, con el mayor número de avistamientos de Bigfoot del país.

AL VOLANTE

A unos 16 km al oeste de Willow Creek, se pasa por Berry Summit Vista Point (28,4 km) y se inicia el descenso hacia el Pacífico. Se continúa algo más de 40 km por la Hwy 299 hasta la Hwy 101, girando hacia el sur hasta Arcata.

08 ARCATA

Finalmente se llega a Arcata, una ciudad universitaria a orillas del Pacífico en plena zona de secuoyas.

Tras aparcar en **Arcata Plaza** (northcoastgrowersassociation.org), se recorre el centro histórico y se aprovecha para comer en alguno de sus magníficos restaurantes o se explora el campus de la **Humboldt State University** (ccat.humboldt.edu), sede de un programa de sostenibilidad de primer nivel.

14

Volcanic Legacy Byway

AVENTURA

Alquilar un barco y viajar a Ahjumawi Lava Springs.

DURACIÓN	DISTANCIA	IDEAL PARA
3 días	360 km	Familias, naturaleza

CUÁNDO IR	
	Julio y agosto, cuando la nieve desaparece de los puertos más altos.

Lassen Volcanic National Park.

Recorrer las grandes zonas verdes del mapa es ideal para hacer senderismo, pescar, acampar o perderse. Aquí pocos se aventuran, pero los que lo hacen regresan con historias para contar. Los pueblos de esta zona son poco más que lugares para repostar y comprar *jerky* (cecina), que es justo lo que atrae a los aventureros. Esta es la auténtica frontera final de la California virgen.

Sigue en ruta

25 Feather River Scenic Byway

Vale la pena realizar este épico viaje de montaña 64 km al sureste del Lassen National Park, en Chester, en un recorrido interior por la Hwy 70 y el río.

13 Trinity Scenic Byway

Desde el monte Shasta, se recorren los escarpados Trinity Alps hasta el mar, por la Hwy 299 a través de parajes vírgenes.

01 LASSEN VOLCANIC NATIONAL PARK

Mientras se conduce por los campos aledaños, salpicados de rocas volcánicas, el **Lassen Volcanic National Park** (nps.gov/lavo) resplandece en la distancia. El pico Lassen se eleva 610 m sobre el paisaje circundante y supera los 3100 m sobre el nivel del mar. El domo de Lassen tiene un volumen de 2 km^3, siendo uno de los volcanes con domo de lava más grandes del mundo. Su erupción más reciente tuvo lugar en 1915.

Al acercarse al parque, la carretera comienza a ascender, adentrándose en corredores de densos bosques, y se llega al **centro de visitantes de Kohm**

Yah-mah-nee, con certificación LEED de platino. Aquí se pueden recoger mapas y el práctico diario del parque, con los *campings* y los 240 km de rutas de senderismo. Yendo hacia el norte, se puede ver las laderas rojizas de Sulfur Works, fáciles de reconocer por el intenso olor del aire y las explosiones gaseosas. La moderada caminata de 2,5 km a **Bumpass Hell** atraviesa una zona geotérmica activa sembrada de pozas de colores y nubes de vapor.

AL VOLANTE
Se sigue por la Hwy 89 durante 46,4 km, al este del pico Lassen. Se gira a la derecha en la Hwy 299 hacia Fall River Mills, donde se puede alquilar un kayak o una canoa. Al entrar en McArthur, se gira a la izquierda por Main St junto al recinto ferial Inter-Mountain, se cruza un canal y se continúa por un camino de tierra hasta el embarcadero de la granja Rat.

02 AHJUMAWI LAVA SPRINGS STATE PARK

De todas las paradas de esta ruta, ninguna es más remota y gratificante que el **Ahjumawi Lava Springs State Park** (parks.ca.gov). Visitar este recóndito rincón es todo un alarde, ya que sus manantiales, bahías e islotes aguamarina y torrentes de lava basáltica están lejos de todos los caminos y solo se alcanzan en barco. La mejor forma de visitarlo es en barco o kayak, que pueden alquilarse en pueblos cercanos, como **Fall River Mills.** Las excursiones son maravillosas: hay afloramientos de basalto, tubos de lava, manantiales burbujeantes y formaciones volcánicas. Para más información sobre alquiler de barcas y acampada libre, hay que contactar con el McArthur-Burney Falls Memorial State Park.

AL VOLANTE
Hay que retroceder más de 32 km al oeste de McArthur por la Hwy 299, luego girar a la derecha en la Hwy 89 y tomarla unos 10 km al norte hasta el McArthur-Burney Falls Memorial State Park.

03 MCARTHUR-BURNEY FALLS MEMORIAL STATE PARK

Después de las rocas volcánicas y los prados de azufre, el **McArthur-Burney Falls Memorial State Park** (parks.ca.gov) resulta reconfortante. Alimentadas por un manantial, las cascadas de 39 m fluyen a la misma temperatura (5,5°C) todo el año. Los guardas se apresuran a señalar que quizás no sea la cascada más alta de California, pero sí la más hermosa. El agua, clara y filtrada por la roca volcánica, brota de la cima y también de los manantiales de la pared de la cascada. Las rutas de senderismo incluyen una parte del Pacific Crest Trail, que continúa hacia el norte hasta el Castle Crags State Park. El sendero **Burney Falls Trail** (2 km) merece visitarse. Mejorado con barandillas, es un circuito fácil para familias y permite ver de cerca el agua que brota de la roca.

AL VOLANTE
Se continúa hacia el noroeste por la Hwy 89 unos 64 km hasta McCloud.

04 MCCLOUD

McCloud, un antiguo pueblo maderero, se asienta en la ladera sur del monte Shasta, cuyo pico asoma en la distancia. Es un lugar tranquilo que permite explorar la naturaleza virgen que lo rodea. El diminuto **McCloud River Loop** es un sendero circular parcialmente asfaltado, que comienza junto a la Hwy 89, unos 18 km al este de McCloud, mientras que el **McCloud River Trail** pasa por tres cascadas en la parte baja del monte Shasta. Este asequible sendero de 2,9 km atraviesa cascadas preciosas y solitarias, y llega a Bigelow Meadow, un precioso entorno ideal para la observación de aves. Otro sendero destacable es el **Squaw Valley Creek Trail** (no confundir con la estación de esquí cercana al lago Tahoe), un fácil circuito de 8 km al sur de la ciudad, con opciones para nadar, pescar y hacer pícnic.

AL VOLANTE

La Hwy 89 asciende para llegar al pueblo de Mt Shasta. Por el camino se pasa por el Mt Shasta Ski Park, que cuenta con pistas de esquí y *snowboard* que, en verano, funcionan como pistas de ciclismo de montaña.

DESVÍO

Lava Beds National Monument

Inicio: 04 McCloud

El **Lava Beds National Monument** (nps.gov/labe), encaramado a un volcán en escudo, es un paraje realmente extraordinario de 188 km^2: torrentes de lava, cráteres, conos de ceniza y asombrosos tubos de lava. En el lugar se han encontrado casi 750 cuevas con una temperatura media de 13°C, con independencia de la temperatura exterior. Por el parque también se ven petroglifos de los nativos americanos. Desde McCloud, hay que seguir hacia el sureste por la Hwy 89 y luego tomar Harris Spring Rd hacia el noreste; la ida dura unas 2¼ h.

La foto

El monte Shasta nevado al atardecer.

05 MONTE SHASTA

El **monte Shasta** (fs.usda.gov/stnf), todavía considerado un volcán activo, es un imán para los místicos, que acuden atraídos por las supuestas propiedades cósmicas del pico de 4300 m. Esta veneración por la gran montaña no es nueva: durante siglos, los nativos americanos la han venerado como sagrada, considerándola nada menos que la morada del Gran Espíritu.

Para alcanzar su punto más alto se atraviesa el pueblo de Mt Shasta hasta Everitt Memorial Hwy, que conduce a **Bunny Flat,** uno de los puntos de acceso más bajos de la montaña con excelentes excursiones. Un paseo por la localidad permite visitar librerías y magníficos restaurantes.

Los visitantes también pueden llenar sus botellas de agua en la **cabecera del río Sacramento** junto a Mt Shasta Blvd, 1,5 km al norte del centro. El agua pura brota del suelo en un fresco manantial en medio de un parque urbano con senderos, merenderos y un parque infantil.

AL VOLANTE

Desde el lado norte del monte Shasta se conducen 16 km al norte por la I-5, pasado Weed hasta la salida de Edgewood. Luego se gira a la izquierda en Stewart Springs Rd y se siguen las indicaciones.

06 STEWART MINERAL SPRINGS

Stewart Mineral Springs es un popular establecimiento alternativo (léase, ropa opcional), situado a orillas de un arroyo de montaña, donde los huéspedes se sumergen en bañeras privadas con patas o se cuecen en saunas de madera seca. También se ofrecen masajes, envolturas corporales, una cabaña de sudación al estilo nativo americano y una terraza para tomar el sol junto al río.

Hay que reservar con antelación en las salas de vapor y de baño, sobre todo los fines de semana. Se puede aprovechar la estancia para estimular los otros sentidos en **Mt Shasta Lavender Farms** (facebook.com/MtShastaLavenderFarms), unos 30 km al noreste de Weed, junto a la Hwy 97. Aquí se puede cosechar lavanda francesa en la temporada de floración (jun-jul).

AL VOLANTE

Se llega al lago Castle conduciendo hacia el sur por la I-5 y tomando la salida 736. Se pasa por debajo de la autopista y de la vía de servicios hacia el norte en el lado oeste de la autopista para conectar con Castle Lake Rd. El lago está unos 11 km más allá del lago Siskiyou. El camino atraviesa Ney Springs y un breve desvío a Faery Falls.

07 LAGO CASTLE

El Castle es un lago de montaña cristalino y de fácil acceso, rodeado de formaciones de granito y pinares. A lo lejos se divisan dos de las montañas más reconocibles del norte de California: Castle Crags y Mt Shasta. En verano se puede nadar, pescar, acampar y hacer pícnic.

Cataratas del río McCloud.

Shasta-Trinity National Forest
Red Bluff
Lassen National Forest
Lago Honey
Lago Pyramid
25
Quincy
Paradise
Chico
Oroville
Downieville
Mendocino National Forest
Carson Sink
Fallon
Reno
Nevada City
Truckee
20
Lago Tahoe
Carson City
NEVADA
Grass Valley
Yuba City
Clearlake
Auburn
South Lake Tahoe
Placerville
Lago Walker
Woodland
Markleeville
Sacramento
Davis
Santa Rosa
Vacaville
24
Sutter Creek
Inyo National Forest
26
Fairfield
23
22
Bodie
Port Costa
Murphys
Stockton
Yosemite National Park
Lee Vining
Sausalito
Sonora
Berkeley
San Francisco
Oakland
Manteca
Yosemite Village
White Mountain (4342 m)
Pacífica
Modesto
Mammoth Lakes
Wawona
Turlock
San Jose
Merced
Bishop
16
Los Banos
Death Valley National Park
21
Gilroy
Santa Cruz
Watsonville
Madera
Kings Canyon National Park
Cedar Grove
Monterrey
Salinas
Fresno
Río Kings
Lone Pine
Monte Whitney (4421 m)
Reedley
17
Sequoia National Park
Visalia
King City
Coalinga
15
Sequoia National Forest
Porterville
Gorda
Big Sur
Ragged Point
Paso Robles
18
Lake Isabella
Point Piedras Blancas
OCÉANO PACÍFICO
Morro Bay
San Luis Obispo
Bakersfield
Río Kern
Taft
Pismo Beach
Mojave
Santa Maria
Guadalupe
Ventucopa
Los Olivos
Los Alamos
Lompoc
19
Palmdale
Point Conception
Santa Bárbara
0
100 km

JAMES O'NEIL/GETTY IMAGES ©

Puente de Willow Creek (p. 94).

Centro de California

Explorar

Centro de California

El legendario tramo de costa entre San Francisco y Los Ángeles es el sueño de cualquier fanático de las rutas por carretera. A rebosar de playas hermosas, faros históricos y sublimes bosques de secuoyas, inspira tanto a emprender aventuras como a dedicarse a la contemplación.

En el corazón agrícola del centro de California se puede probar lo mejor de la tierra, desde carnosas fresas y espinosas alcachofas a unos vinos de primera, a destacar los de las zonas de Santa Bárbara y Santa Cruz. Más al este se erige la Sierra Nevada, siempre azotada por el viento y la lluvia. Y para serenar el espíritu, nada como sus maravillas naturales, desde el valle de Yosemite al lago Tahoe.

Principales poblaciones

Aunque el recorrido puede empezar o terminar en la bahía o en Los Ángeles, es buena idea volar directo a un núcleo regional con aeropuertos más pequeños, menos tráfico y servicios variados para reducir tiempos de viaje.

Monterrey

Punto de acceso a Big Sur y enclaves más al sur, su mayor reclamo es su excelente acuario orientado a la bahía de Monterrey, con una extraordinaria variedad de vida marina. Cannery Row, sus tiendas de recuerdos y restaurantes mediocres tras fachadas de falso estilo clásico son una trampa para turistas. Para algo auténtico, caminar hasta justo después del conjunto de edificios restaurados de la época colonial.

Sacramento

La capital del estado de California es una ciudad de contrastes. Antigua población ganadera con diputados y granjeros colapsando las carreteras en hora punta, también tiene sofisticadas *boutiques* y flamantes *lofts* entre tradicionales tiendas de mediados de siglo. Buena parada entre la zona de la bahía y la zona del lago Tahoe para el viajero.

Lago Tahoe

Conducir alrededor de los hechizantes 115 km de costa del lago Tahoe (el segundo más profundo del país y, con 1903 m sobre el nivel del mar, uno de los situados a mayor altitud de EE UU) constituye una tarea bastante laboriosa. La orilla norte es, en particular, tranquila y lujosa; la oeste,

CUÁNDO IR

En la costa central, lo esperable son inviernos suaves y veranos entre cálidos y sofocantes; las precipitaciones se concentran entre diciembre y abril (200 mm de promedio). En el lago Tahoe, los inviernos traen consigo nevadas, mientras que en verano la media diurna es de 27°C, con noches frescas. Consúltese el estado de la nieve antes de cruzar un puerto de montaña; el uso de cadenas es a veces obligatorio.

escarpada y de sabor pretérito; la este, sin urbanizar; y la sur, ajetreada y prosaica, con moteles avejentados y escandalosos casinos, cual antesala de la cercana Reno, en Nevada.

Santa Bárbara

En el extremo sur de la costa central, agazapada entre altos cerros y el centelleante Pacífico, los tejados de tejas rojas, edificios de estucado blanco y el regusto mediterráneo de la distinguida Santa Bárbara contribuyen a que presente sus credenciales como la "Riviera de EE UU". Aquí se viene a repantigarse en la playa, comer y beber de maravilla, ir de compras y dejar las preocupaciones de lado. Para moverse sin coche cabe recurrir a los autobuses urbanos eléctricos, a su red de bicis y a sus ecológicos circuitos por bodegas. Si se opta por internarse en la naturaleza, esta devolverá el cariño con un sinfín de oportunidades para practicar senderismo, ciclismo, surf, kayak, buceo y demás.

TRANSPORTE

El centro de California se sitúa entre las principales puertas de entrada al estado: los aeropuertos de Los Ángeles (LAX) y de San Francisco (SFO). De los aeródromos de Sacramento (SMF) y Reno-Tahoe (RNO) salen unos cuantos vuelos internacionales.

El ferrocarril Pacific Surfliner de Amtrak California conecta San Diego y LA, antes de continuar hacia Santa Bárbara y San Luis Obispo (LA-Santa Bárbara/SLO: desde 30/44 US$). Los convoyes de Capitol Corridor unen Emeryville (zona de la bahía) y Sacramento (desde 29 US$).

AGENDA

Santa Barbara International Film Festival

Ofrece más de 200 filmes y charlas en febrero.

Elevation Gay Ski Week

En Mammoth en marzo.

Paso Wine Fest

Más de 150 bodegas de Paso Robles deleitan a los asistentes en mayo.

Monterey Jazz Festival

Conciertos a cargo de grandes figuras internacionales; en septiembre.

Aftershock & Golden Sky

Festivales de *rock* y música *country*, celebrados en Sacramento dos fines de semana consecutivos de octubre.

Recursos

National Park Service (nps.gov) Yosemite, Sequoia y Kings Canyon.

Visit Santa Barbara (santabarbaraca.com) Desde el centro de Santa Bárbara a la región vinícola.

Visit Half Moon Bay (visithalfmoonbay.org) Alojamiento, guías de senderismo y más.

Lake Tahoe Visitors Authority (visitlaketahoe.com) Web oficial.

DÓNDE ALOJARSE

El **Post Ranch Inn,** en Big Sur, es la última palabra en alojamiento costero de lujo: un remanso de paz, solo para adultos, con vistas al océano, piscinas infinitas, *jacuzzi* en la habitación y la posibilidad de hospedarse en una "casa arbórea".

El **HI Pigeon Point Lighthouse Hostel,** en Pescadero, sorprende con una espectacular ubicación ideal para ver romper las olas mientras el faro del que recibe su nombre ejerce de guía bajo el cielo estrellado. Y en Yosemite, el **Ahwahnee** es de lo mejorcito que uno encontrará dentro de un parque nacional, con vistas a Glacier Point, el Half Dome y las cascadas Yosemite.

15

EN FAMILIA

Acampar y caminar en Pfeiffer Big Sur State Park.

Point Sur State Historic Park.

Big Sur

DURACIÓN	DISTANCIA	IDEAL PARA
2-3 días	95 km	Naturaleza, familias

CUÁNDO IR	Abril y mayo, por las cascadas y flores silvestres; septiembre y octubre, para días soleados.

Se han escrito ríos de tinta ensalzando la descarnada belleza de esta accidentada tierra enclavada entre la sierra de Santa Lucía y el Pacífico. Y pese a ello, nada prepara al viajero para el primer vistazo del agreste y virgen litoral de Big Sur. No hay semáforos, bancos ni centros comerciales, y cuando se pone el sol, solo se observa la luz de la luna y las estrellas, si es que la niebla no las ha extinguido.

Sigue en ruta

03 Carreteras de la costa del Pacífico

Big Sur es solo uno de varios tramos famosos de la Hwy 1 que recorren la costa californiana entre México y Oregón.

17 Alrededores de Monterrey y Carmel

Desde el puente Bixby hay que conducir casi 32 km con rumbo norte por la Hwy 1 hacia Monterrey para visitar uno de los mejores acuarios del planeta.

01 PUENTE BIXBY

Si bien Big Sur es más un estado mental que un lugar que se pueda señalar en un mapa, este fotogénico puente anuncia que uno al fin ha llegado. Arqueándose sobre el **Rainbow Canyon,** se trata de uno de los puentes de un solo arco más altos del mundo, culminado en 1932 por reclusos deseosos de ver reducidas sus condenas. Aparcar en el arcén está limitado a unas cuantas plazas y puede suponer un problema para el tráfico; se aconseja detenerse en otros puntos más seguros (al sur) con vistas también espectaculares.

AL VOLANTE

Desde el puente Bixby hay unos 10 km al sur por la Hwy 1, que avanza entre pastizales, hasta el Point Sur State Historic Park. Hay que estar atento a los ciclistas y usar los arcenes señalizados para dejar pasar al tráfico más rápido.

02 POINT SUR STATE HISTORIC PARK

Asomando por encima del mar, esta **reserva** (pointsur.org) parece una isla, pero está conectada al continente por un brazo de arena. En la roca volcánica se yergue el único faro de California de finales del s. XIX aún abierto al público. Las vistas se conjugan con curiosas historias acerca de su importancia a la hora de rastrear submarinos soviéticos durante la Guerra Fría. Hay que llamar antes para cerciorarse del horario y llegar temprano, ya que las plazas son limitadas y no aceptan reservas.

AL VOLANTE

Los circuitos para ver el faro salen del portón de la granja, situada 300 m al norte de la Point Sur Naval Facility. Después, se pone rumbo sur por la Hwy 1 y se conduce otros 3 km hasta el Andrew Molera State Park.

03 ANDREW MOLERA STATE PARK

Así llamado en honor al agricultor que plantó las primeras alcachofas de California, el **Andrew Molera State Park** (parks.ca.gov) es un verde mosaico en el que no faltan rutas de senderismo, acantilados y playas de arena. Una breve caminata de 1,5 km lleva a la confluencia del río Big Sur y una playa con madera de deriva desparramada, a merced del oleaje y los fuertes vientos. Desde el aparcamiento se camina hacia el **Big Sur Discovery Center** (ventanaws.org/discovery_center), al sur, donde ilustrarse acerca de los amenazados cóndores de California.

AL VOLANTE

Raramente se superan los 50 km/h en la Hwy 1, que se vuelve más angosta y sinuosa en su discurrir hacia el sur. Unos pocos kilómetros pasado el parque se llega al "village", donde se concentran las tiendas, servicios, moteles y cafés de Big Sur. Unos 8 km más al sur del Andrew Molera State Park se observa la entrada al Pfeiffer Big Sur State Park en el lado de la carretera más alejado al mar.

04 PFEIFFER BIG SUR STATE PARK

El principal reclamo de Big Sur es el **Pfeiffer Big Sur State Park** (parks.ca.gov), el mayor parque estatal de la costa, cuyo nombre homenajea a los primeros colonos europeos que llegaron en 1869 a la zona. Sus sendas atraviesan bosques de secuoyas e incluso suben a la delicada cascada Pfeiffer, con un salto de agua escondido entre vegetación a 18 m de altura, visible entre diciembre y mayo. Cerca de la entrada al parque, hay una surtidísima tienda de ultramarinos.

AL VOLANTE

3 km al sur del parque, unos cientos de metros más allá del puesto de guardabosques de Big Sur, se sale de la Hwy 1 tras girar a la derecha

hacia Sycamore Canyon Rd: una estrecha carretera parcialmente asfaltada (señalizada por un pequeño letrero amarillo que reza "Narrow Road") que serpentea en su descenso de más de 3 km hasta Pfeiffer Beach (prohibida para autocaravanas y vehículos con remolque).

05 PFEIFFER BEACH

Vale la pena acudir hasta **Pfeiffer Beach** (campone.com), una franja de arena en forma de medialuna, conocida por presentar una enorme doble formación rocosa en donde las olas rompen violentamente. El viento y el oleaje hacen que sea peligroso bañarse. Excavando bajo la húmeda superficie se encontrará arena púrpura resultado del manganeso de granate que el agua arrastra desde las colinas.

AL VOLANTE
Tras deshacer el camino por Sycamore Canyon Rd más de 3 km, se tuerce a la derecha, en dirección sur, por la Hwy 1. Y después de otros 3 sinuosos y lentos kilómetros se busca el restaurante Nepenthe a la derecha. La Henry Miller Memorial Library está algo más de medio kilómetro al sur, en una curva cerrada a la izquierda.

06 HENRY MILLER MEMORIAL LIBRARY

"¡Fue aquí, en Big Sur, donde aprendí a decir amén!", escribió Henry Miller en *Big Sur and the Oranges of Hieronymus Bosch*. El novelista residió en la zona de 1944 a 1962. Monumento conmemorativo *beat*, espacio cultural alternativo y librería, la casa que aloja la **Henry Miller Memorial Library** (henrymiller.org) nunca perteneció a Miller, sino a Emil White, un pintor amigo suyo. En su interior hay ejemplares de las obras publicadas del autor, muchos de sus cuadros y una colección de material de Big Sur y la Generación Beat. Es un buen sitio para echar un rato tomando un café o participar del bohemio carnaval de música en vivo y proyecciones de cine independiente.

La foto

Cascadas McWay precipitándose sobre el Pacífico.

AL VOLANTE
Se deja buena parte del tráfico atrás siguiendo al sur por la Hwy 1, que traza una lenta curva por vertiginosos acantilados y revela panorámicas del océano. Hay menos de 13 km al Julia Pfeiffer Burns State Park, cuya entrada está en el lado más alejado al mar de la Hwy 1.

07 JULIA PFEIFFER BURNS STATE PARK

Quienes sientan predilección por las cascadas no querrán perderse el **Julia Pfeiffer Burns State Park** (parks.ca.gov). Desde el aparcamiento, el breve Overlook Trail se precipita colina abajo hacia el mar, pasando por un túnel situado debajo de la Hwy 1. Todo el mundo se apresura a ver la estampa más clásica de Big Sur: las **cascadas McWay,** que vierten su caudal por acantilados de granito antes de caer al océano o sobre la playa, según la marea. En invierno hay ballenas surcando la costa.

AL VOLANTE
El serpenteante tramo de la Hwy 1 en dirección sur, que cruza un bosque nacional, es escarpado y recóndito y está poco poblado. Hay que asegurarse de llevar suficiente combustible en el depósito para llegar, al menos, a la cara estación de servicio de Gorda, más de 32 km al sur del Julia Pfeiffer Burns State Park.

DESVÍO
Esalen Hot Springs
Inicio: 07 Julia Pfeiffer Burns State Park
Playas y cascadas no son los únicos sitios para ponerse a remojo en Big Sur: en el Esalen Institute (esalen.org; y) hay baños que se nutren de aguas termales naturales, situados en una cornisa por encima del océano. Difícilmente uno podrá darse otro baño comparable en cuanto a vistas. Se exige reservar con antelación. La entrada está señalizada en la Hwy 1, casi 5 km al sur del Julia Pfeiffer Burns State Park.

08 LOS PADRES NATIONAL FOREST

Si aún queda algo de claridad, se aconseja seguir otros 13 km por la Hwy 1, más allá de Gorda hacia Ragged Point y las **cascadas Salmon Creek,** que suelen bajar cargadas de diciembre a mayo.

Se puede dar un corto paseo para darse un chapuzón en las pozas de la base de esta cascada de salto doble, enclavada colina arriba en un boscoso cañón. El desvío está señalizado por un pequeño letrero marrón que advierte del inicio del sendero junto a una cerrada curva de la Hwy 1.

Cascadas McWay, Julia Pfeiffer Burns State Park.

16

Por la Highway 1 hasta Santa Cruz

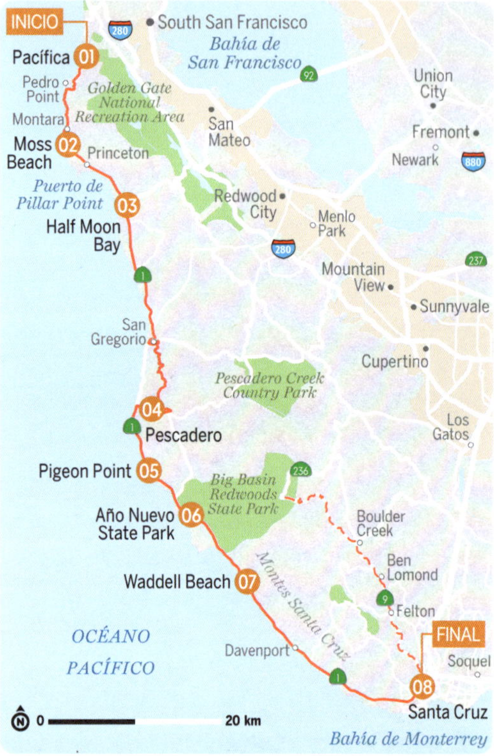

DURACIÓN	DISTANCIA	IDEAL PARA
2-3 días	120 km	Viñedos, naturaleza

CUÁNDO IR	Los días más soleados suelen darse entre julio y octubre.

La sinuosa Hwy 1 descuella por su notable belleza paisajística a lo largo de la costa de Big Sur, aunque hay quienes sostienen que el tramo más fascinante de esta emblemática carretera comienza inmediatamente al sur de San Francisco, donde serpentea hacia Santa Cruz. Casi todas las playas están azotadas por el viento y un oleaje imprevisible, lo que hace que no sean indicadas para bañarse o tomar el sol. Eso sí, ¡qué vistas...!

Sigue en ruta

04 Condado de Marin
Desde San Francisco se circula por la Hwy 1 hacia el norte, cruzando el puente Golden Gate para dar con más bosques de secuoyas, playas y faros.

17 Alrededores de Monterrey y Carmel
El sinuoso trayecto de 63 km por la Hwy 1 entre Santa Cruz y Monterrey depara más playas, puertos pesqueros y granjas.

01 PACÍFICA

A su paso por esta localidad, a menudo envuelta en niebla, la autopista de cuatro carriles que parte de San Francisco va reduciéndose al llegar a una intersección con vistas al encrespado Pacífico: anticipo de lo que aguarda más adelante. Acotada a dos carriles, la **Highway 1** enfila tierra adentro, entre tupidos bosques de eucaliptos, antes de volver a la costa. Colina abajo, en **Pacifica State Beach,** se pueden estirar las piernas mientras se respira la brisa del mar. A continuación, se cruzan los nuevos túneles que llevan a **Devil's Slide,** donde un

LYNN YEH/SHUTTERSTOCK ©

GASTRONOMÍA

Probar pan en Pescadero y leche de cabra y visitar granjas.

Half Moon Bay.

tramo de la vieja carretera se ha convertido en un popular camino de senderismo y ciclismo.

AL VOLANTE
A medida que la Hwy 1 avanza al sur, se disfruta de vistas al mar. A lo largo de los siguientes 10 km, se pasa por las playas de Gray Whale Cove y Montara State. En Moss Beach, se tuerce a la derecha por Vermont Ave y luego por Lake St hasta el final.

02 MOSS BEACH

Al sur del faro de Point Montara, la **Fitzgerald Marine Reserve** (fitzgeraldreserve.org) es el próspero hábitat de focas, con piscinas naturales aquí y allá. Caminando entre ellas durante la bajamar se verá una plétora de cangrejos, moluscos y coloridas estrellas y anémonas de mar. Está prohibido llevarse cualquier criatura, las conchas e incluso las piedras. De regreso en la Hwy 1 en dirección sur, se toma Cypress Ave (la siguiente a la derecha) y luego se gira a la izquierda por Beach Way para topar con la **Moss Beach Distillery** (mossbeachdistillery.com). Orientado a la cala en la que los contrabandistas descargaban alcohol durante la Ley Seca, su terraza climatizada con vistas al mar es insuperable.

AL VOLANTE
Pasado el aeropuerto, se sigue al sur por la Hwy 1 y, recorridos 3 km, se deja el puerto de Pillar Point a la derecha. Para ir al centro de Half Moon Bay, se continúa otros 6,5 km al sur por la Hwy 1, se tuerce a la izquierda por la Hwy 92 y, luego, a la derecha por Main St.

03 HALF MOON BAY

Frente al extremo occidental del puerto de Pillar Point, en la costa, se encuentra Mavericks, un tremendo rompiente que atrae a osados surfistas decididos a cabalgar olas de más de 15 m. Para algo menos adrenalínico, se puede remar en aguas más calmas con **Half Moon Bay Kayak** (hmbkayak.com). Más al sur por la Hwy 1, cabe desviarse hacia el interior para dar un garbeo por la pintoresca calle mayor de este centro costero victoriano, cuyas arboladas manzanas están repletas de librerías, anticuarios y cafés.

AL VOLANTE
Los siguientes 17 km en dirección sur, la Hwy 1 se ciñe al contorno del litoral. Las vistas del impetuoso oleaje, las orillas vírgenes y los afloramientos rocosos parecen inagotables. Tras virar tierra adentro por la Hwy 84 en San Gregorio, se gira a la derecha después de poco más de medio kilómetro por la angosta Stage Rd, que recorre 11 km en dirección sur hasta Pescadero.

04 PESCADERO

Con su largo litoral y suave clima, Pescadero siempre ha sido un lugar muy codiciado. Se fundó en 1856, cuando era en esencia una comunidad agrícola y ganadera en plena ruta de diligencias. Tras dar buena cuenta de las delicias horneadas de pan de **Arcangeli Grocery Co** (normsmarket.com), lo indicado es peinar los anticuarios y galerías de arte del centro. En el extremo norte de la vía principal se tuerce a la derecha por North St y se conduce 1,5 km hasta la arrebatadora **Harley Farms Goat Dairy** (harleyfarms.com), una lechería cuya tienda vende queso de cabra artesanal con fruta, frutos secos y flores comestibles. Los fines de semana ofrecen circuitos por la granja previa reserva.

La foto

Elefantes marinos retozando en las playas del Año Nuevo State Park.

AL VOLANTE
Pasada la granja, se sigue por North St hasta Pescadero Rd. Luego, se gira a la derecha y se va 3 km al oeste hasta Pescadero State Beach, pasando junto a marismas frecuentadas por amantes de la vida aviar. Después, tras girar a la izquierda para volver a la Hwy 1, se conduce casi 10 km en dirección sur, dejando atrás playas y calas hasta llegar al desvío de Pigeon Point.

05 PIGEON POINT

El **Pigeon Point Light Station State Historic Park** (parks.ca.gov) atesora uno de los faros más altos de la costa oeste: una emblemática construcción de 1872 que tuvo

MARGARETWIKTOR/SHUTTERSTOCK ©

Año Nuevo State Park.

que denegar el acceso a su lente de Fresnel cuando empezaron a caer cascotes de su cornisa. Pese a todo, su haz de luz todavía brilla con intensidad y el acantilado sobre el que se yergue es excelente para avistar ballenas grises.

AL VOLANTE
De vuelta a la Hwy 1, se gira a la derecha y se enfila al sur por la costa, recorriendo 8,5 km hacia el interior hasta la entrada principal del parque.

06 AÑO NUEVO STATE PARK

En invierno y a principios de primavera, miles de enormes y escandalosos elefantes marinos se aparean, paren, aprenden a nadar, se baten por el dominio y holgazanean en las playas del **Año Nuevo State Park** (parks.ca.gov/anonuevo).

En compañía de los guardabosques del parque se puede hacer una caminata guiada (hay que reservar) por las dunas de arena para ver de cerca a estos imponentes pinnípedos que pueden llegar a pesar el doble que un coche.

AL VOLANTE
A lo largo de los siguientes 10 km, la Hwy bordea la costa en dirección sur. Conforme se desciende una larga montaña pegada a la cara vertical de un acantilado que recuerda a Devil's Slide, búsquese Waddell Beach a la derecha.

07 WADDELL BEACH

Estos palpitantes rompientes suelen contar con la presencia de practicantes de *windsurf*, *kitesurf* y otras disciplinas no menos temerarias. Basta dar un paseo por la fría arena y exponerse al azote del viento para entender que la única forma de bañarse es con un traje de neopreno.

Cruzando la Hwy 1 está el final de la popular Skyline-to-the-Sea Trail, que baja desde las secuoyas del Big Basin State Park. El **Rancho del Oso Nature and History Center** (ranchodeloso.org), situado tierra adentro, cuenta con dos sendas entre naturaleza aptas para niños.

AL VOLANTE
La Hwy 1 va alejándose gradualmente del escarpado litoral. Se pasa junto a granjas, graneros y playas, y al cabo de 24 km, se recala en Santa Cruz.

08 SANTA CRUZ

La cultura de playa del sur de California y la contracultura del norte convergen en Santa Cruz y en su principal calle del centro, Pacific Ave.

No lejos aguarda el **Santa Cruz Beach Boardwalk** (beachboardwalk.com), el primer parque de atracciones junto al mar de la costa oeste, donde el aroma a algodón de azúcar se funde con el olor a salitre. Luego se sigue por la sinuosa W Cliff Dr que, tras 1,5 km, llega a Lighthouse Point, en cuyos acantilados siempre hay gente contemplando los jadeantes lobos marinos y a los surfistas empeñados en domar el rompiente de Steamer Lane.

El interior de este faro de la década de 1960 lo ocupa el **Santa Cruz Surfing Museum.** Y 3 km más al oeste, W Cliff Dr termina en la **Natural Bridges State Beach** (parks.ca.gov), así llamada por sus arcos marinos. Estrellas marinas, anémonas y un sinfín de criaturas habitan en las pozas de marea que se forman entre las rocas de caliza. Para saberlo todo acerca de estos seres marinos, visítese el cercano **Seymour Marine Discovery Center** (seymourcenter.ucsc.edu).

DESVÍO
Montes Santa Cruz
Inicio: 06 Santa Cruz

La Hwy 9 es una soleada ruta secundaria que se interna en los montes Santa Cruz y secciona bosques de secuoyas y un puñado de viñedos lamidos por la niebla en los que la especialidad es el pinot noir. 11 km al norte de Santa Cruz se halla el **Henry Cowell Redwoods State Park** (parks.ca.gov), con senderos que recorren retazos de secuoyas centenarias.

Cerca, en Felton, **Roaring Camp Railroads** (roaringcamp.com) gestiona trenes de vapor de vía estrecha que traquetean por el bosque. Hay otros 11 km hasta Boulder Creek, un pueblecito de montaña con sencillos cafés y una tiendecita donde surtirse de lo necesario para un pícnic.

Siguiendo la sinuosa Hwy 236 hacia el noroeste se llega a **Big Basin Redwoods State Park** (parks.ca.gov), a 16 km, donde pueden transitarse varios neblinosos senderos circulares entre enormes secuoyas.

17

EN FAMILIA

Pasar el día en el Monterey Bay Aquarium.

Alrededores de Monterrey y Carmel

DURACIÓN	DISTANCIA	IDEAL PARA
2-3 días	115 km	Naturaleza, familias

CUÁNDO IR	
	De agosto a octubre es la época más soleada; de diciembre a abril se avistan ballenas.

Monterey Bay Aquarium, Monterrey.

La turística Cannery Row no es precisamente la atracción estrella de la península de Monterrey. Las panorámicas oceánicas desde los arcenes junto al borde de la bahía, los senderos de Point Lobos o la cubierta de un barco para avistar ballenas en invierno son más memorables. La ruta exhibe sus raíces históricas, desde las construcciones coloniales españolas del centro de Monterrey a la coqueta misión católica de Carmel.

Sigue en ruta

15 Big Sur

Los vertiginosos acantilados, retiros *hippie* de la generación *beat* y bosques de secuoyas de Big Sur repartidos a lo largo de la Hwy 1 comienzan 24 km al sur de Carmel-by-the-Sea.

16 Por la Highway 1 hasta Santa Cruz

Las playas de la "Ciudad del Surf" (Santa Cruz) se encuentran unos 40 km al norte de Moss Landing por la Hwy 1, que discurre en paralelo a la bahía de Monterrey.

01 MONTERREY

Monterrey es una población obrera que vive para el mar. Su **casco antiguo** conserva raíces españolas y mexicanas de California. Está metiéndose hacia el interior desde el Municipal Wharf II, que asoma al **Monterey Bay National Marine Sanctuary,** con bosques de algas, focas, lobos marinos, delfines y ballenas. Menos de 3 km al noroeste del centro por Lighthouse Ave, **Cannery Row** fue el epicentro de la industria conservera de la sardina, el verdadero motor económico de Monterrey hasta la década de 1950, tal como inmortalizó el novelista John Steinbeck. Hoy, el **Monterey Bay Aquarium**

(montereybayaquarium.org) es un espacio con conciencia ecológica. Caminando al sur por Cannery Row, **Steinbeck Plaza,** más al sur, regala vistas de la bahía.

AL VOLANTE
Desde Cannery Row, Ocean View Blvd progresa lentamente 4 km en paralelo al frente marítimo, con rumbo oeste hasta Point Pinos para girar a la izquierda por Sunset Dr. ¡Ojo con los ciclistas!

02 PACIFIC GROVE

La familia de John Steinbeck tuvo aquí una casita de veraneo durante años. Ocean View Blvd parte de Lovers Point en dirección oeste hasta Point Pinos, cuya prolongación es Sunset Dr, que va al sur hasta **Asilomar State Beach.** Tentadores desvíos dan acceso al impetuoso oleaje, los afloramientos rocosos y las piscinas de marea.

El **faro de Point Pinos** (pointpinoslighthouse.org) advierte desde 1855 del peligro de la península.

Cerca, los golfistas abarrotan el ventoso **Pacific Grove Golf Links** (playpacificgrove.com), una versión más económica de Pebble Beach. Luego, se sigue Lighthouse Ave al este y, recorridos 800 m, se gira a la derecha por Ridge Rd. Tras aparcar, se da un paseo por el **Monarch Grove Butterfly Sanctuary** (cityofpacificgrove.org/visiting), cuyos altos eucaliptos dan cobijo entre octubre y febrero o marzo a miles de mariposas monarca antes de embarcarse en su migración anual.

AL VOLANTE
Yendo al norte por Ridge Rd se vuelve a Lighthouse Ave, que va al este hacia el arbolado centro de Pacific Grove, con sus tiendas, cafés y un museo de historia natural para niños. Para rodear el centro de esta localidad, basta tomar la primera a la derecha después de Ridge Rd y seguir por 17-Mile Dr. Luego, se conduce 1,5 km más al suroeste, cruzando Sunset Dr/Hwy 68 hasta el peaje de Pacific Grove.

03 17-MILE DRIVE

La **17-Mile Drive** (pebblebeach.com) es una carretera de peaje privada (no se permiten motocicletas) que traza un espectacular bucle por la península de Monterrey, conectando Pacific Grove con Pebble Beach y Carmel-by-the-Sea. Con el mapa que dispensan en la ventanilla del peaje, se descubrirá un maravilloso repertorio visual que comprende desde idílicas vistas del océano y los cipreses de Monterrey a la bahía donde en 1769 fondeó el explorador español Gaspar de Portolá.

AL VOLANTE
La 17-Mile Dr en verdad solo tiene 9 millas de longitud (es decir, 14,5 km) entre los peajes de Pacific Grove y Carmel. Tras abandonar la carretera de peaje, se sigue al sur hasta Ocean Ave y, luego, a la izquierda hacia el centro de Carmel-by-the-Sea.

04 CARMEL-BY-THE-SEA

Otrora colonia de artistas, este pintoresco pueblecito luce hoy el aspecto inmaculado de un club de campo. El **Carmel Beach City Park,** en su flanco occidental, junto a Scenic Rd, es un precioso tramo de arena blanca. Tierra adentro se halla la casa del poeta del s. xx Robinson

Jeffers, **Tor House** (torhouse.org), que ofrece una fascinante mirada del bohemio viejo Carmel.

Más al este, la arqueada basílica y el florido patio ajardinado de la **misión de Carmel** (carmelmission.org) harán que el viajero crea haber retrocedido a la España de la segunda mitad del s. XVIII. Fundada en 1772 por fray Junípero Serra, se trata de la segunda misión más antigua de California, y en ella descansan los restos del célebre fraile franciscano.

AL VOLANTE
Desde la misión se sigue al sureste por Rio Rd hasta el cruce con la Hwy 1. Se tuerce a la derecha y se conduce unos 3 km en dirección sur hasta el desvío al Point Lobos State Natural Reserve, a mano derecha.

05 POINT LOBOS STATE NATURAL RESERVE

Los lobos marinos son la estrella en **Punta de los Lobos Marinos,** donde un accidentado litoral propicia la formación de piscinas de marea. Varios paseos breves por la **Point Lobos State Natural Reserve** (pointlobos.org) invitan a contemplar la fauna y a explorar paisajes agrestes, entre ellos Bird Island, umbríos bosques de cipreses, la histórica Whaler's Cabin ("cabaña de los balleneros") y el Devil's Cauldron (un espectacular remolino que se forma durante la pleamar).

AL VOLANTE
De regreso a la entrada del parque, se gira a la izquierda por la Hwy 1 en dirección norte. Luego, se serpentea 4 km colina arriba, alejándose de la costa, hasta el semáforo de la intersección con Carmel Valley Rd. Tras doblar a la derecha, se sigue al este, hacia el pueblo de Carmel Valley, a unos 18 km.

La foto

El distintivo ciprés solitario de Pebble Beach.

06 CARMEL VALLEY

La visita a este bucólico pueblo es una magnífica idea para una plácida excursión paralela. En la ecológica **Earthbound Farm** (ebfarm.com) se podrán saborear frescos licuados de fruta y sopas caseras. Las bodegas más al este ofrecen catas. El pinot noir de **Boekenoogen Wines** (boekenoogenwines.com) es excelente, y tanto **I Brand & Family** (ibrandwinery.com) como la **Joyce Wine Company** (joycewineco.com) presumen de vistosas salas de catas. En Carmel Valley también abundan los cafés de primera, a destacar el **Corkscrew Cafe** (corkscrewcafe.com), donde mandan los sabores mediterráneos y la *pizza* al horno de leña.

AL VOLANTE
Tras deshacer el camino unos 3 km al oeste por Carmel Valley Rd, se gira a la derecha por Laureles Grade. Y, recorridos 10 km, se tuerce a la izquierda por la Hwy 68, con rumbo oeste para incorporarse a la Hwy 1 en dirección norte. Después de dejar atrás varias dunas de arena, zonas periféricas y campos de fresas, la Hwy 1 se dirige de nuevo hacia la costa. Se gira a la izquierda por Moss Landing Rd.

DESVÍO
Salinas
Inicio: 06 Carmel Valley

Desde los jornaleros de Salinas a los empleados de la industria conservera de Monterrey, pasando por las soleadas colinas del Valle Central y los pueblos de pescadores del litoral, el ganador del Nobel de Literatura John Steinbeck plasmó mejor que nadie aquellos paisajes que conocía a la perfección. Su pueblo natal, Salinas, queda 25 min al este de Monterrey por la Hwy 68.

El **National Steinbeck Center** (steinbeck.org) recrea las novelas del autor mediante exposiciones interactivas y cortometrajes. No hay que perderse *Rocinante,* la autocaravana con la que Steinbeck recorrió EE UU mientras escribía *Viajes con Charley.* Tampoco tiene desperdicio el discurso que pronunció el autor tras recibir el Nobel.

Varias manzanas al este se encuentra la **Steinbeck House** (steinbeckhouse.com/about-us), donde el escritor pasó su infancia: la clásica casa en estilo reina Ana, que hace las veces tanto de pequeño museo como de restaurante.

Para rendir homenaje, se puede visitar el **Garden of Memories Memorial Park** (Memory Dr), a 3 km al sureste del centro. Un cartel señala el camino a la parcela de la familia Hamilton, donde una sencilla lápida indica dónde se enterraron parte de las cenizas de Steinbeck. Unos 32 km al sureste de Salinas se sitúa el **River Road Wine Trail** (riverroadwinetrail.com).

07 MOSS LANDING

Para ver la fauna local lo mejor es alquilar un kayak en alguna de las agencias que salpican la Hwy 1 y remar junto a las focas hacia la **Elkhorn Slough National Estuarine Research Reserve** (elkhornslough.org) o apuntarse a una caminata guiada.

Desde el puerto pesquero de Moss Landing Rd, **Sanctuary Cruises** (sanctuarycruises.com) ofrece salidas para avistar ballenas y delfines en cualquier época del año en embarcaciones propulsadas por biodiésel; se recomienda reservar con antelación.

Pebble Beach (p. 103).

18

ENOFILIA

Explorar la Hwy 46 al este y al oeste de Paso Robles.

Alrededores de San Luis Obispo

DURACIÓN	DISTANCIA	IDEAL PARA
2-3 días	185 km	Naturaleza, familias

CUÁNDO IR	Los días más soleados se dan de julio a octubre.

Ruta vinícola del valle de Edna.

A medio camino entre San Francisco y Los Ángeles, la distendida ciudad universitaria de San Luis Obispo (o "SLO") es un fantástico trampolín para disfrutar de un amplio abanico de aventuras, tanto en el mar como en tierra firme, nunca demasiado lejos de la Hwy 1. Tampoco escasean los restaurantes ecológicos y los viñedos, en particular en la región vinícola de Paso Robles.

Sigue en ruta

19 Región vinícola de Santa Bárbara

Para catar más caldos, sígase la Hwy 101 72 km en dirección sur desde Pismo Beach hasta el valle de Santa Ynez.

15 Big Sur

Desde Cayucos, se circula 72 km por la Hwy 1 con rumbo norte hasta la zona sur de Big Sur, previo paso por el Hearst Castle.

01 SAN LUIS OBISPO

La periodista Oprah Winfrey la llamó la "ciudad más feliz de EE UU", y con razón. Los estudiantes universitarios de la CalPoly insuflan una saludable dosis de animación a sus calles, máxime durante el **mercado de productos frescos** (downtownslo.com) que cada fin de semana toma la céntrica Higuera St. Como tantas otras poblaciones californianas, SLO creció a partir de una misión católica española, en este caso la **misión San Luis Obispo de Tolosa** (missionsanluisobispo.org), fundada en 1772 por el misionero Junípero Serra.

El riachuelo antaño utilizado para regar sus huertas todavía fluye por el centro, junto a tranquilos senderos sombreados.

AL VOLANTE
Desde el centro de SLO se sigue Broad St/Hwy 227 4 km al sureste y, antes del aeropuerto, se gira a la izquierda por Tank Farm Rd. Después de 1,5 km, se tuerce a la derecha y se continúa por Orcutt Rd, que atraviesa varios viñedos de camino al valle de Edna.

02 VALLE DE EDNA

Arrulladas por una fértil tierra volcánica, las pujantes **bodegas del valle de Edna** (slocoastwine.com) se han granjeado fama con su vigorizante chardonnay (que en general no pasa por roble) y sus sutiles syrah y pinot noir. Se puede obtener un mapa gratuito en cualquier sala de catas. Todas están señalizadas en Orcutt Rd y Edna Rd/Hwy 227. Ambas discurren en paralelo al apacible valle, refrescado por neblinas costeras matinales que van y vienen antes de desaparecer por completo bajo el sol de la tarde.

Niven Family Wine Estates ocupa una escuela de madera del s. xx, mientras que **Edna Valley Vineyard** (ednavalleyvineyard.com) cuenta con grandes ventanales que dan a los viñedos. **Talley Vineyards** (talleyvineyards.com), más al sureste, ofrece circuitos previa reserva.

AL VOLANTE
Desde Talley Vineyards, Lopez Rd serpentea con rumbo oeste hacia Arroyo Grande, a casi 10 km. Se vira a la izquierda por Branch St y, luego, se sigue por la Hwy 101 en dirección norte hasta Pismo Beach. Se sale por Price St, que se adentra en el centro de Pismo Beach, y se baja hasta el océano por Pomeroy Ave, a la izquierda.

03 PISMO BEACH

Junto a un muelle de madera que se extiende hasta el ocaso, James Dean tuvo aquí un encuentro amoroso con Pier Angeli. Hoy, Pismo Beach es una clásica población costera californiana que parece sacada de la década de 1950. Pismo gusta de llamarse la "capital mundial de las almejas", y si bien en los últimos años se había esfumado de su ancha y arenosa playa, el suculento molusco está volviendo a proliferar.

Para cabalgar las olas, hay que alquilar una tabla y un traje de neopreno en cualquier tienda de surf, o, si se prefiere contemplar las excelentes vistas costeras, emprender una caminata por las colinas de la **Pismo Preserve** (lcslo.org).

Tras ponerse el sol se puede ir de bares o entretenerse en una bolera retro. Al día siguiente se conduce 1,5 km en dirección sur desde el centro hasta el **Monarch Butterfly Grove** (monarchbutterfly.org), donde mariposas monarca migratorias se posan sobre sus eucaliptos de noviembre a febrero. A las 11.00 y 14.00 salen interesantes circuitos guiados.

AL VOLANTE
Yendo al norte por la Hwy 1 se cruza el centro de Pismo Beach antes de seguir la señalización hacia la Hwy 101 con sentido norte a lo

largo de casi 7 km para, luego, tomar la salida 195 hacia Avila Beach Dr. En el cruce hay que mantenerse a la izquierda y, después, avanzar en dirección oeste hacia la céntrica Avila Beach, a 5 km.

04 AVILA BEACH

Como mejor se disfruta de una relajante jornada de playa es alquilando unas tumbonas y una sombrilla bajo el muelle de Avila, junto al nuevo paseo marítimo. Unos 3 km más al oeste, la carretera del litoral termina en **Port San Luis.** Los alaridos de los lobos marinos resuenan conforme uno pasa junto a puestos de marisco hasta el final del deteriorado muelle de Harford, muy propicio para contemplar el agitado mar. El **faro de Point San Luis** (pointsanluislighthouse.org), de 1890, solo puede verse con un circuito guiado (con reserva previa).

De regreso colina arriba, cerca de la Hwy 101, uno podrá recoger fruta y dar de comer a las cabras en la granja **Avila Valley Barn** (avilavalleybarn.com) u observar el firmamento inmerso en un *jacuzzi* de madera de secuoya en las fuentes termales **Sycamore Mineral Springs** (sycamoresprings.com).

La foto

La silueta de la Morro Rock al ocaso.

AL VOLANTE

De vuelta a la Hwy 101 en dirección norte hacia San Luis Obispo, recorridos 7 km se sale por Los Osos Valley Rd, que tras una zona comercial discurre entre granjas a lo largo de unos 18 km. Después de cruzar el centro de Los Osos, se gira a la izquierda por Pecho Valley Rd, que llega al Montaña de Oro State Park.

05 MONTAÑA DE ORO STATE PARK

Cada primavera, las laderas del **Montaña de Oro State Park** (parks.ca.gov) muestran un llamativo manto de amapolas de California, mostaza y demás flores silvestres que explican el nombre que recibe el parque. Por la sinuosa carretera de acceso salen al paso dunas y acantilados barridos por el viento. **Spooner's Cove** es una idílica cala de arena que en su día utilizaban los contrabandistas. Justo aquí, las placas Norteamericana y del Pacífico han levantado e inclinado capas sedimentarias de roca submarina, visibles desde el litoral.

Se recomienda caminar por la playa junto a los verdes acantilados del parque o bien conducir colina arriba, dejando atrás el centro de visitantes, para acometer el ascenso de 3,5 km al escarpado **pico Valencia,** cuya cima regala unas vistas de fábula.

AL VOLANTE

Tras salir del parque por Pecho Rd, se vira a la derecha por Los Osos Valley Rd. Al este de Los Osos, se gira a la izquierda por Bay Blvd y, luego, se avanza hacia el norte junto al estuario de Morro Bay. Antes de incorporarse a la Hwy 101, se tuerce a la izquierda por Morro Bay State Park Rd y, luego, se toma Main St hasta el centro de Morro Bay. Después de doblar a la izquierda por Marina, se desciende hasta el Embarcadero.

06 MORRO BAY

En este pueblo de pescadores se encuentra la **Morro Rock,** una mole volcánica que se eleva desde el suelo oceánico (lástima las chimeneas de la central eléctrica que tapan las vistas...). Quizá se vean focas y nutrias marinas al surcar las aguas de la bahía en un kayak alquilado en la zona del Embarcadero, repleto de puestos de marisco. También cabe conducir 1,5 km al norte del puerto y dar

WIRESTOCK CREATORS/SHUTTERSTOCK ©

Montaña de Oro State Park.

MATTHEW BAUGH PHOTOGRAPHY/SHUTTERSTOCK ©

Morro Bay.

un paseo por la base de la emblemática roca. El **Morro Bay State Park** (parks.ca.gov), al oeste del centro, alberga el **Museum of Natural History,** donde los peques podrán tocar sus maquetas interactivas del ecosistema de la bahía y animales disecados.

AL VOLANTE

Siguiendo Main St con rumbo norte, se llega a la Hwy 1, que pasa junto a playas oceánicas a lo largo de 6,5 km. En Cayucos, se gira a la derecha por Old Creek Rd, una angosta carretera que discurre entre plantaciones de cítricos y explotaciones ganaderas. Recorridos unos 15 km se tuerce a la derecha (este) por la Hwy 46, que avanza 18 km entre viñedos hasta topar con la Hwy 101 en Paso Robles.

07 REGIÓN VINÍCOLA DE PASO ROBLES

Misioneros franciscanos trajeron las primeras uvas a la región a finales del s. XVIII, pero no fue hasta la década de 1920 cuando las hoy famosas vides de zinfandel arraigaron en Paso Robles. Bordeando colinas y prados, la Hwy 46 discurre entre viñedos familiares, olivares y granjas.

Tras hacerse con un **mapa de la ruta de las bodegas** (pasowine.com) en cualquier sala de catas, lo indicado es probar los vinos de pequeños productores, como **Chronic Cellars** (chroniccellars.com), y de bodegas consolidadas, como **Eberle Winery** (eberlewinery.com). En los aledaños de su parque central hay más salas de catas, bares, restaurantes y *boutiques*.

DESVÍO

Monumento a James Dean

Inicio: 7 región vinícola de Paso Robles

En la Hwy 46, unos 40 km al este de Paso Robles, hay un monumento cerca del lugar donde en 1955 el protagonista de *Rebelde sin causa* perdió la vida, a los 24 años, tras sufrir un accidente de tráfico al volante de su Porsche.

Curiosamente, el actor había rodado poco tiempo antes una campaña de seguridad vial para concienciar a los estadounidenses del peligro de no respetar los límites de velocidad. Cerca del Jack Ranch Cafe hay un monumento de acero pulido con fotos y parafernalia del mundo del celuloide.

19

SENDERISMO

Recorrer salas de catas y 'boutiques' de Los Olivos.

Región vinícola de Santa Bárbara

DURACIÓN	DISTANCIA	IDEAL PARA
2-3 días	235 km	Comida y bebida, actividades al aire libre

CUÁNDO IR | De abril a octubre: la época más soleada.

Lago Piru, Los Padres National Forest.

Los viñedos de Santa Bárbara adquirieron mayor protagonismo tras la película *Entre copas* (una oda al estilo de vida en esta tierra de vinos visto desde la perspectiva de dos cuarentones), ganadora de un Óscar en 2004. Pero son los viticultores y vinateros quienes mantienen en lo más alto esta bella región de clima privilegiado, con más de un centenar de bodegas repartidas por su evocador paisaje y cinco pequeñas localidades cercanas.

Sigue en ruta

18 Alrededores de San Luis Obispo

Para seguir disfrutando del vino sin renunciar a la playa, se puede conducir 72 km en dirección norte por la Hwy 101 desde el valle de Santa Ynez hasta Pismo Beach.

03 Ruta de las misiones

Repasar la historia colonial española en la misión La Purísima, 29 km al noroeste de Solvang por la Hwy 246.

01 SANTA BÁRBARA

Se empieza en la hedonista Santa Bárbara, una suerte de edén costero donde el aroma a cítricos impregna el ambiente. Antes de visitar la zona vinícola, interesa acercarse a la emblemática **misión Santa Bárbara** (santabarbaramission.org). Después, lo indicado es dar un garbeo por los edificios históricos y sus museos, todos en State St (o aledaños), la calle que conduce al mar y al astillado **Stearns Wharf** (stearnswharf.org), el muelle en funcionamiento más antiguo de la costa oeste. Tierra adentro desde la playa arranca el **Urban Wine Trail**

(urbanwinetrailsb.com), un recorrido por pequeñas salas de catas que, por regla general, abren a diario de 12.00 a 18.00.

AL VOLANTE

A la mañana siguiente se circula al norte por la Hwy 101, antes de seguir la sinuosa y estrecha Hwy 154 hacia los montes Santa Ynez y el puerto de montaña de San Marcos. A unos 15 km de la Hwy 101 se gira a la izquierda por Stagecoach Rd, pasando por la 1860s Cold Springs Tavern. Y tras 3 km, se tuerce a la derecha por Paradise Rd.

02 LOS PADRES NATIONAL FOREST

Junto a Paradise Rd, las colinas cuajadas de robles del **Los Padres National Forest** (fs.usda.gov/lpnf) prometen senderos aptos para todas las edades, accesibles todos desde la Hwy 154.

Con inicio después de las zonas de acampada familiares y el cruce del río en Paradise Rd, el **Red Rock Trail** discurre a la vera de un riachuelo y, al cabo de 1,6 km, llega a varias pozas y cascadas entre rocas perfectas para un chapuzón.

AL VOLANTE

Deshaciendo el camino por Paradise Rd, se gira a la derecha y se sigue la Hwy 154 hacia el norte, pasando junto al lago Cachuma y colinas ondulantes a lo largo de más de 21 km. Luego, se tuerce a la izquierda y se circula 8 km más por la Hwy 246 seccionando el valle de Santa Ynez en dirección oeste hasta Solvang.

03 SOLVANG

Esta localidad turística danesa, cuyo nombre significa "campos soleados", se fundó en 1911 en lo que en tiempos era un rancho mexicano. Llena de tiendas de cachivaches y pintorescos moteles, es casi tan empalagosa como los dulces escandinavos que engullen los excursionistas. Sus calles peatonales están aderezadas por salas de catas y molinos. Para dar tregua a las uvas póngase la directa al diminuto bareto **Backroom** (valleybrewers.com/the-backroom), donde los lugareños saborean interesantes cervezas patrias e internacionales. En clave cultural destaca el pequeño

Wildling Museum (wildling museum.org), cuyas muestras versan sobre arte californiano y del oeste de EE UU consagrado a la naturaleza. El minúsculo **Elverhøj Museum of History & Art** (elverhoj.org) desentraña las verdaderas raíces de la vida danesa en Solvang. La **antigua misión Santa Inés** (missionsan taines.org) fue el escenario de la revuelta chumash de 1824 contra la crueldad colonial.

AL VOLANTE
Siguiendo al oeste por la Hwy 246 se pasa por ranchos ecuestres y una famosa granja de avestruces en un tramo de unos pocos kilómetros hasta Buellton. Luego, por la Hwy 101, se pone rumbo oeste hacia Lompoc.

La foto

El elegante y espectacular arco que traza Cathedral Cove.

04 COLINAS DE SANTA RITA

En lo referente a colinas ondulantes, prácticas agrícolas que miran por el medio ambiente y sublimes uvas pinot noir y chardonnay, las **colinas de Santa Rita** (staritahills.com) son difícilmente superables. Casi una docena de salas de catas abren a lo largo de esta paisajística ruta circular de 58 km enclavada al oeste de la Hwy 101. Hay que ir preparado para compartir estas carreteras con sudorosos ciclistas, moteros en Harley y algún que otro tractor. Si se va al oeste de Buellton por la Hwy 246 se encontrará la **Melville Winery** (melvillewinery.com), una bodega donde se habla de kilos por planta en vez de toneladas por hectárea. Girando a la izquierda por la Hwy 1 en dirección sur y, luego, otra vez a la izquierda por Santa Rosa Rd se da con la **Sanford Winery** (sanfordwinery.com), la primera de la zona en cultivar pinot noir; es fundamental detenerse a deleitar los sentidos con sus vinos y paisajes. Al oeste de la Hwy 101, junto a un olivar pendido de una ladera, la **Mosby Winery** depara singulares varietales "Cal-Ital" en una vieja cochera de carruajes hoy convertida en una casa.

AL VOLANTE
En el extremo oriental de Santa Rosa Rd se toma la más rápida Hwy 101 hacia el norte y, recorridos 10 km, se toma la salida de Los Olivos de la Hwy 154, siguiendo 5 km más en dirección este para descubrir más viñedos.

HANNATOR/SHUTTERSTOCK ©

05 LOS OLIVOS

El compacto centro de esta localidad ranchera está repleto de salas de catas, pequeños restaurantes, galerías de arte y tiendas a la última que bien podrían estar en el valle de Napa. En una misma tarde se puede caminar fácilmente de una sala de catas a otra. Es obligado probar los certeros caldos de producción limitada de **Blair Fox** (blairfox cellars.com) y comparar los matices inherentes al terruño en **Liquid Farm** (liquidfarm.com).

AL VOLANTE
Desde Los Olivos se va 5 km al oeste por la Hwy 154, antes de incor-

DE PRIMERA MANO: CONSEJOS PARA CATAR VINOS

Para exprimir al máximo una ruta vinícola, lo mejor es viajar en grupos reducidos con un itinerario que se centre en unas cuantas bodegas. Manténgase una actitud abierta: se desaconseja decirle al personal que uno no bebe, p. ej., chardonnay o merlot. No hay inconveniente en hacer un pícnic en la bodega si se acompaña el almuerzo con una botella de vino comprada allí. No está bien visto, en cambio, fumar ni llevar demasiado perfume. La idea es pasar un buen rato y animarse a hacer preguntas: en la mayoría de las salas de catas reciben a los principiantes con los brazos abiertos. Siempre se agradece una propina.

Foxen Canyon.

porarse a la Hwy 101, girar a la derecha por Zaca Station Rd y seguir otros 5 km en dirección noroeste hasta Foxen Canyon Rd.

06 FOXEN CANYON

En la ruta del vino de **Foxen Canyon** (foxen canyonwinetrail.net), impecables hileras de viñas bordean algunas de las bodegas más atractivas del condado de Santa Bárbara. Esta carretera rural discurre en dirección norte hasta el valle de Santa María y culmina en la **capilla de San Ramón,** de 1875, un buen punto para emprender el camino de vuelta tras recorrer unos 24 km.

La **Firestone Vineyards** (fire stonewine.com) es la bodega más antigua de Santa Bárbara (aquí es donde Miles, Jack y sus citas se meten en una nave de barricas en *Entre copas*). Hay que pedir cita para visitar la belleza escondida de **Demetria Estate** (demetriaestate.com), donde cultivan varietales del Ródano y uvas pinot mediante técnicas biodinámicas. La sostenible **Foxen** (foxenvineyard.com) descorcha botellas de chardonnay y pinot noir en una sala de catas que funciona con energía solar; y la vieja 'cabaña' de Foxen (con un tejado de chapa y de estrafalaria decoración) ofrece galardonadas varietales italianas y de estilo Burdeos.

AL VOLANTE

Retrocediendo más de 25 km por Foxen Canyon Rd, hay que mantenerse a la izquierda en la intersección de Zaca Station Rd para volver a Los Olivos. Tras girar a la izquierda por la Hwy 154 y circular 3 km en dirección sur, se tuerce a la derecha por Roblar Ave hacia Ontiveros Rd.

07 VALLE DE SANTA YNEZ

En esta cálida área hacia el interior se desarrollan mejor uvas originarias del Ródano, como la syrah y la viognier. Algunas de las salas de catas más solicitadas se arraciman entre Los Olivos, Solvang y Santa Ynez, pero los escandalosos grupos de turistas, sumados al personal desbordado y la tacañería de las catas, no contribuyen a una experiencia satisfactoria.

Por suerte, eso no es la norma en la **Beckmen Vineyards** (beckmenvineyards.com), cuyas varietales de cultivo biodinámico florecen en los incomparables terrenos del monte Purísima. En la granja de propiedad familiar **Clairmont Farms** (clairmont farms.com), a principios de verano florecen los campos de lavanda. Luego, se gira a la derecha por Refugio Rd, que atraviesa más viñedos, campos de frutales y Mission Dr/Hwy 246 de camino a la **Kalyra Winery** (kalyrawi nery.com), gestionada por un australiano que se cruzó medio mundo para combinar sus dos grandes pasiones: el surf y la viticultura. Pruébese su shiraz elaborado con uvas australianas importadas en botellas con etiquetas adornadas con arte aborigen.

20

Vuelta al lago Tahoe

AL VOLANTE

Admirar el tramo entre South Lake Tahoe y Tahoe City.

DURACIÓN	DISTANCIA	IDEAL PARA
2-3 días	170 km	Familias, naturaleza

CUÁNDO IR	De mayo a septiembre, si se quiere sol; de enero a marzo para la nieve.

Emerald Bay, lago Tahoe.

Este trepidante destino circundado de montañas es ideal para aventuras durante todo el año. En verano, sus playas de arena y las pistas forestales invitan a practicar senderismo. En invierno, sus pistas de nieve son espectaculares. La orilla norte es tranquila y selecta; la oeste, abrupta y pretérita; la este, una delicia aún sin explotar; y la sur, siempre concurrida. El lago está en la frontera entre los estados de California y Nevada.

Sigue en ruta

22 Eastern Sierra Scenic Byway

Los casinos del centro de Reno están 48 km al noreste de Truckee por la I-80.

24 Ebbetts Pass Scenic Byway

Desde South Lake Tahoe hay 32 km al sur por la Hwy 89 hasta Hope Valley, aunque el puerto de montaña de Ebbetts permanece cerrado en invierno y primavera.

01 SOUTH LAKE TAHOE

A la vera del lago y enmarcada por montañas de postal, se trata de una zona comercial hasta los topes. En invierno, los más osados acuden atraídos por las pistas negras doble diamante y los aterradores descensos verticales de la mastodóntica estación de esquí de **Heavenly** (skiheavenly.com). Su cota superior se sitúa en plena espina dorsal de la Sierra Nevada, entre montes y llanuras desérticas. En verano, para unas vistas insuperables, hay que subirse al **teleférico** de Heavenly Village. También cabe alquilar un bote a pedales en **Lake Tahoe Cruises**

(zephyrcove.com), bañarse en las aguas cerúleas de las playas locales o lanzarse a explorar a bordo de un kayak en **Zephyr Cove,** con varias playas de arena ideales para nadar, unos 5 km al norte de Stateline, donde no faltan bulliciosos casinos animados por bares, locales nocturnos y restaurantes que abren las 24 h.

AL VOLANTE
A menos que la carretera esté cortada debido a una fuerte nevada, se pone rumbo noroeste desde la intersección en "Y" de South Lake Tahoe hacia la pintoresca Hwy 89, en paralelo al lago. Se pasa junto al USFS Tallac Historic Site y el centro de visitantes de Taylor Creek (ambos con paseos entre naturaleza y exposiciones muy instructivas), antes de llegar a Inspiration Point y, más allá, al aparcamiento del Vikingsholm Castle (10 US$/vehículo).

02 EMERALD BAY Y DL BLISS STATE PARKS

Despeñaderos de granito y un recortado litoral anuncian la llegada a **Emerald Bay** (parks.ca.gov), una cala en forma de lágrima, esculpida por un glaciar, que pide a gritos ser fotografiada. Varios puntos panorámicos desperdigados por el arcén de la Hwy 89 asoman a Fannette Island, un islote deshabitado que alberga los restos de un salón de té de la década de 1920 propiedad de Lora Knight, quien también construyó el **Vikingsholm Castle** (vikingsholm.com), una mansión de estilo escandinavo erigida junto a la bahía, a la que se accede por un pronunciado camino de unos 3 km. Yendo al norte, el Rubicon Trail, de unos 7 km, se ciñe a la ribera pasando por calas escondidas hasta el **DL Bliss State Park** (parks.ca.gov), premiado con un vetusto faro y playas de arena.

AL VOLANTE
Se va al norte por la Hwy 89, dejando atrás la playa de Meeks Bay, el frondoso Ed Z'berg Sugar Pine Point State Park y las aldeas lacustres de Tahoma y Homewood. En el cruce de N Lake Blvd con Hwy 28, el meollo comercial de Tahoe City, se tuerce a la izquierda y se permanece 8 km más en la Hwy 89, en dirección noroeste, hasta Squaw Valley Rd.

03 SQUAW VALLEY

Tras comprar provisiones y repostar en Tahoe City, hay una breve subida en coche hasta **Squaw Valley Alpine Meadows** (squawalpine.com), una inmensa estación de esquí que albergó los JJ OO de Invierno de 1960 y donde, según dicen, se podría pasar un invierno entero y no bajar dos veces por la misma pista. En el teleférico hay que agarrarse con fuerza durante la subida por las cornisas de granito de la **Tram Face** hasta el **High Camp,** a 2499 m de altura, donde se puede tomar un cóctel con vistas del lago. En verano se llenan de familias tanto las piscinas al aire libre como los campos de disc golf, tirolinas y rutas de senderismo y ciclismo de montaña que parten de High Camp. Los amantes de la escalada no querrán perderse la trepidante **Tahoe Via Ferrata** (tahoevia.com), una red de cables y anclajes de acero que asciende la Tram Face por encima del pueblo.

AL VOLANTE
Tras deshacer el camino para salir de Squaw Valley, se gira a la izquierda por la Hwy 89, que ha de seguirse unos 13 km en dirección norte. Antes de llegar a la I-80, se vira a la derecha por W River St y, al cabo de 1,5 km, se llega al centro de Truckee.

04 TRUCKEE

Este pueblecito acurrucado entre montañas y bosques destila historia del Viejo Oeste. El ferrocarril lo puso en el mapa y, tras enriquecerse con la industria maderera y del hielo, en 1924 alcanzó la fama en Hollywood con el rodaje de *La quimera del oro,* de Charles Chaplin.

Ese ambiente del ayer aún se respira en su minúsculo centro, donde los trabajadores del ferrocarril y los leñadores alternaban, ya fuera en sus escandalosas tabernas, prostíbulos o casas de apuestas. Sin embargo, la llegada de emprendedores y jóvenes residentes de la zona de la bahía de San Francisco y más allá ha insuflado energía al pueblo. Casi todos los edificios del s. XIX ahora están ocupados por vivaces restaurantes y bares o por *boutiques* de nivel.

Truckee queda a mano de una docena de estaciones de esquí alpino y de fondo, a destacar **Northstar California** (northstarcalifornia.com), cuyos remontes transportan en verano a senderistas y ciclistas hasta las tierras altas.

AL VOLANTE
Después de cruzar las vías del tren y el río en el centro de Truckee, se sigue Brockway Rd 2,5 km en dirección sureste. Luego, se gira a la derecha por la Hwy 267 de regreso al lago Tahoe, pasando por la estación de esquí de Northstar antes de bajar hasta Kings Beach, a 16 km, junto al lago.

La foto
Inspiration Point sobre Emerald Bay.

DESVÍO
Lago Donner
Inicio: 04 Truckee

En Donner Summit es donde la Expedición Donner quedó atrapada durante el atroz invierno de 1846-1847. Su macabro relato de supervivencia –y canibalismo– se narra en el centro de visitantes del **Donner Memorial State Park** (parks.ca.gov), cuyo lago, Donner Lake (donnerlakemarina.com), ofrece playas de arena respaldadas por árboles. Más al oeste, la concurrida **West End Beach** (tdrpd.com) cuenta con una zona de baño acotada pensada para los peques y alquiler de kayaks, botes a remos y tablas de surf de remo. Una buena parada en el viaje entre West End Beach y Truckee es la **Little Truckee Ice Creamery** (truckeeicecream.com), con delicioso helado artesano. Tanto el parque estatal como la ribera del lago están unos pocos kilómetros al este de Truckee por Donner Pass Rd.

05 KINGS BEACH Y TAHOE VISTA

Los fines de semana de verano, los amantes del sol se congregan en la pintoresca **Kings Beach State Recreation Area** (parks.ca.gov), provista de mesas de pícnic, barbacoas y servicio de alquiler de botes. **Adrift Tahoe** (standuppaddletahoe.com) alquila kayaks, piraguas y tablas de surf de remo, además de impartir clases y ofrecer circuitos. Hacia el interior, el **Old Brockway Golf Course** (oldbrockwaygolf.com), diseñado en la década de 1920, propone *greens* entre pinos donde en tiempos se codeaban las celebridades de Hollywood. Al sureste por la Hwy 28, Tahoe Vista se jacta de tener más playas públicas que ninguna otra población ribereña. Un buen sitio para huir del gentío son las rutas de senderismo y el campo de disc golf del **North Tahoe Regional Park** (northtahoeparks.com), donde, en invierno, hay pistas para trineos, de esquí de fondo y para paseos con raquetas de nieve.

AL VOLANTE
Al este de Kings Beach, la Hwy 28 enseguida cruza la frontera entre California y Nevada, pasando junto a los casinos de Crystal Bay de camino a Incline Village, pocos kilómetros más allá.

06 CRYSTAL BAY E INCLINE VILLAGE

Es cruzar a Nevada y los neones empiezan a brillar al tiempo que los viejos templos del juego asaltan al viajero. Se puede probar suerte apostando o asistir a un espectáculo en directo en el **Crystal Bay Casino** (crystalbaycasino.com). En plena frontera se encuentra el **Cal-Neva Resort & Casino** (actualmente cerrado), que evoca una pintoresca historia de fantasmas, mafiosos e incluso Frank Sinatra, su antiguo propietario. En el 2018 lo adquirió el multimillonario Larry Ellison y hay planes para la construcción de un nuevo *resort.*

Incline Village, una de las comunidades más chic de Lake

MATT GUSH/SHUTTERSTOCK ©

Truckee.

Tahoe, es el trampolín a las estaciones de esquí. En verano se puede visitar el excéntrico **Thunderbird Lodge** (thunderbirdtahoe.org), una mansión histórica solo accesible en autobús, barco o kayak. Otra opción es conducir al noreste por la Hwy 431 hasta **Mt Rose Wilderness,** lugar de paso hacia kilómetros de terreno virgen, que incluyen sencillos paseos entre flores silvestres en Tahoe Meadows. La flamante **East Shore Trail** (tahoefund.org) es una pista asfaltada de 5 km que une Incline Village con el Sand Harbor State Park. Apta para senderistas y ciclistas, la ruta asoma al lago y está tachonada de miradores.

AL VOLANTE
Superado el tráfico de Incline Village, la Hwy 28 serpentea hacia el sur ofreciendo vistas de la orilla este del lago y zonas para detenerse en el arcén desde donde los lugareños descienden hasta playas escondidas. El trayecto de 21 km en dirección sur hasta Spooner Lake es lento.

07 LAKE TAHOE-NEVADA STATE PARK

Con playas prístinas y kilómetros de senderos entre naturaleza, el **Lake Tahoe-Nevada State Park** (parks.nv.gov) es el mayor reclamo de la costa este del lago. En verano, las huestes se abaten sobre sus cálidas aguas turquesa y toman el sol en las playas de arena blanca salpicadas de pedruscos de **Sand Harbor,** pocos kilómetros al sur de Incline Village.

El **Flume Trail** es el santo grial de los apasionados del ciclismo de montaña: una ruta de 24 km con inicio más al sur, en Spooner Lake, muy del gusto de los aficionados a la pesca y donde es mejor no bañarse: ¡hay sanguijuelas! Está justo al norte del cruce con la Hwy 50.

21

Yosemite, Sequoia y Kings Canyon

RUTA PANORÁMICA

Viajar desde Kings Canyon Scenic Byway hasta Cedar Grove.

Pico Cathedral, Yosemite National Park.

DURACIÓN	DISTANCIA	IDEAL PARA
5-7 días	725 km	Naturaleza, familias

CUÁNDO IR	
	Abril y mayo para ver cascadas; de junio a septiembre para el acceso a las tierras altas.

Valles esculpidos por glaciares bajo cumbres espectaculares hacen de Yosemite un paraíso para todas las edades. Se puede contemplar cascadas, trepar por cúpulas de granito y acampar en las praderas tapizadas de flores silvestres en verano. Los parques nacionales de Sequoia y Kings Canyon albergan el cañón más profundo de EE UU y el árbol más grande del planeta, y justifican desviarse más al sur, a Sierra Nevada, bautizada "cordillera de la luz" por John Muir.

Sigue en ruta

22 Eastern Sierra Scenic Byway

Desde Tuolumne Meadows, en Yosemite, se atraviesa el puerto de montaña de Tioga y se baja al lago Mono (32 km).

23 Highway 49 por el Gold Country

En el trayecto entre el valle de Yosemite y Tuolumne Meadows, se gira al oeste por la Hwy 120 y luego se sigue por la Hwy 49 hacia el norte hasta Sonora (113 km).

01 TUOLUMNE MEADOWS

Tuolumne Meadows es una impresionante introducción a la zona de Yosemite. Son las mayores praderas subalpinas de Sierra Nevada, con campos de flores silvestres, impetuosos arroyos, escarpados picos de granito y temperaturas más frescas a 2600 m. Es un paraíso para hacer senderismo o disfrutar de un pícnic en praderas surcadas por arroyos.

Conviene recordar que, en invierno, la ruta que cruza la sierra, Tioga Rd, un camino de carretas del s. XIX y ruta comercial de los nativos americanos,

está cerrada por la nieve. Se reabre en mayo o junio y es transitable hasta octubre o noviembre.

Unos 15 km al oeste de las praderas, una playa de arena en forma de media luna rodea el **lago Tenaya,** invitando a nadar en las gélidas aguas. Los bañistas se tumban en las rocas que bordean la orilla norte. Un poco más al oeste, se aconseja parar en **Olmsted Point,** con vistas a un paisaje lunar de granito esculpido por un glaciar, desde donde se divisa el Tenaya Canyon y la parte trasera del Half Dome.

AL VOLANTE
Desde Tuolumne Meadows hay 80 km hasta el valle de Yosemite, siguiendo Tioga Rd (Hwy 120), girando hacia el sur por Big Oak Flat Rd y luego hacia el este por El Portal Rd. Antes de entrar en el valle propiamente dicho, es obligado parar en Tunnel View: sígase Wawona Rd al oeste durante unos kilómetros, donde se bifurca con Southside Dr. Uno sabe que ha llegado cuando ve todos los coches aparcados.

02 TUNNEL VIEW

Tunnel View permite echar un primer vistazo al espectacular valle de Yosemite, que ha inspirado a pintores, poetas, naturalistas y aventureros durante siglos. A la derecha, la **cascada Bridalveil** crece con el deshielo tras la primavera, pero al final del verano no es más que un murmullo que el viento alza en volandas. Abajo se extienden los pinares y praderas del fondo del valle, con la escarpada cara de El Capitán a la izquierda y, a lo lejos, la granítica Half Dome.

AL VOLANTE
Se retrocede con cuidado hasta Wawona Rd, hacia el este, que desciende al valle de Yosemite, lleno de confusos cruces de carreteras de un solo sentido. Se conduce hacia el este junto al río Merced por Southside Dr pasado el desvío de la cascada Bridalveil. Casi 10 km después de Tunnel View, se gira a la izquierda y se cruza el puente Sentinel hasta los aparcamientos del pueblo de Yosemite. Varias lanzaderas gratuitas recorren el valle.

03 VALLE DE YOSEMITE

Visto desde abajo, este espectacular valle atravesado por el ondulado río Merced es un espectáculo: suaves praderas, altos pinos, frías pozas que reflejan monolitos de granito y cascadas de gélida agua blanca.

En el ajetreado pueblo de Yosemite, se empieza por el **centro de visitantes del valle de Yosemite** (nps.gov/yose), con interesantes exposiciones sobre historia y naturaleza, y proyecciones gratis de la película *Spirit of Yosemite*. En el cercano **Yosemite Museum** (nps.gov/yose), se exponen pinturas de paisajes del Oeste, junto a cestas y prendas con abalorios de los nativos americanos.

Las famosas cataratas del valle son atronadoras en mayo, pero meros hilillos a finales de julio. La **cascada Yosemite,** con tres niveles, es la más alta de Norteamérica, aunque la cascada Bridalveil no es menos impresionante. Una escalera agotadora y a menudo resbaladiza junto a la **cascada Vernal** conduce hasta arriba de todo, donde el arcoíris asoma en la neblina. Se puede seguir subiendo por el Mist Trail hasta la cima de la **cascada Nevada,** una emocionante excursión de 9 km (i/v).

En pleno verano se puede alquilar una balsa en Curry Village y deslizarse por el río Merced. El apacible trecho entre el puente Stoneman y Sentinel Beach es apto para niños. También se puede organizar una excursión familiar al **Nature Center at Happy Isles,** al este de Curry Village.

AL VOLANTE
Northside Dr da la vuelta para retomar Wawona Rd. Se sigue Wawona Rd/Hwy 41 hasta salir del valle. Tras 15 km, se gira a la izquierda en Glacier Point Rd, en el cruce de Chinquapin. En 24 km más se llega a Glacier Point.

04 GLACIER POINT

En poco más de 1 h se puede pasar del valle de Yosemite a **Glacier Point.** Hay que tener en cuenta que los últimos 16 km de Glacier Point Rd están cerrados por nieve en invierno (de noviembre a abril o mayo). En invierno, la carretera permanece abierta hasta la estación de esquí de Badger Pass, pero pueden necesitarse neumáticos de nieve y cadenas.

A más de 900 m sobre el fondo del valle, el espectacular Glacier Point (1714 m) sitúa al visitante casi a la altura del Half Dome. Esta fue la vista que John Muir y el presidente Theodore Roosevelt contemplaron al acampar aquí en 1903: el valle de Yosemite cubierto de cascadas y los lejanos picos que rodean Tuolumne Meadows.

Para huir de las multitudes, se puede realizar un trecho del **Panorama Trail,** al sur del mirador principal. A la vuelta de Glacier Point, se puede dedicar un rato a subir a Sentinel Dome o a Taft Point (3 km) para disfrutar de increíbles panorámicas.

La foto

El valle de Yosemite desde el panorámico Tunnel View.

AL VOLANTE
Se retrocede cuesta abajo hasta pasar Badger Pass Ski Area, se gira a la izquierda en el cruce de Chinquapin y se continúa hacia el sur a través de la espesura de Wawona Rd/Hwy 41. Tras casi 21 km de curvas se llega a Wawona, con un refugio, centro de visitantes, tienda y gasolinera, todo a mano izquierda.

05 WAWONA

En Wawona, a 45 min en coche al sur del valle, se visita el **Pioneer Yosemite History Center,** con un puente cubierto, edificios de la época de los pioneros y unas históricas oficinas de Wells Fargo.

En verano, un corto y accidentado viaje en diligencia transporta al viajero al pasado. En el **centro de visitantes de Wawona** se recrea el estudio del artista del s. XIX Thomas Hill, con románticos cuadros de paisajes de Sierra Nevada. En las noches de verano, se puede disfrutar de un cóctel en el salón del vestíbulo del **Wawona Hotel.**

AL VOLANTE
Se sigue la Wawona Rd/Hwy 41 al sur durante 7 km hasta la entrada sur del parque, donde se deja el coche en el nuevo aparcamiento. Una lanzadera gratuita lleva a Mariposa Grove.

06 MARIPOSA GROVE

Un paseo por Mariposa Grove permite descubrir el **Grizzly Giant,** de 1800 años, y otras 500 monumentales secuoyas. Los senderos naturales están muy concurridos, pero a primera hora de la mañana o al atardecer se puede evitar el gentío. A pesar de que en 1895 lo mutilaron a hachazos, el **California Tunnel Tree** todavía sobrevive y se puede atravesar a pie. Si quedan fuerzas, se puede dar un paseo circular hasta el **Wawona Tunnel Tree** en la arboleda superior.

AL VOLANTE
Desde la entrada sur de Yosemite, hay 185 km hasta el Kings Canyon National Park (3 h). Se sigue la Hwy 41 hacia el sur unos 100 km hasta Fresno, y luego al este por la Hwy 180 otros 80 km, saliendo del Valle Central y volviendo a las montañas. En el cruce de la Hwy 198 hay que permanecer a la izquierda y seguir por la Hwy 180 hacia Grant Grove.

07 GRANT GROVE

En los **parques nacionales de Sequoia** y **Kings Canyon** (nps.gov/seki), las carreteras apenas permiten apreciar la belleza de estos parques gemelos. Para poder contemplar su esplendor, hay que salir y estirar las piernas. Al norte de la entrada de Big Stump, en Grant Grove Village, se gira a la izquierda y se baja hasta **General Grant Grove** con varias de las secuoyas gigantes del parque en un sendero pavimentado. Se puede atravesar el **Fallen Monarch,** un enorme tronco hueco debido

Ruta por el valle de Yosemite hasta Glacier Point.

SORANAT CHANRUANG/SHUTTERSTOCK ©

SENDERISMO POR EL HALF DOME Y ALREDEDORES DEL VALLE DE YOSEMITE

Los más de 1200 km de senderos del **Yosemite National Park** se adaptan a excursionistas de todos los niveles. Desde un sencillo paseo de 800 m por el fondo del valle o bajo gigantescas secuoyas hasta todo un día en busca de miradores, cascadas y lagos de alta montaña.

Algunas de las excursiones más populares comienzan en el **valle de Yosemite** (en la imagen), como la que lleva a la cima del Half Dome (26 km, i/v), la más famosa de todas. Sigue un tramo del **John Muir Trail** y es agotadora y difícil, por lo que conviene abordarla en dos días, pernoctando en el valle de Little Yosemite.

Solo se puede llegar a la cima en verano, cuando los guardas del parque ya han instalado los cables fijos; según la nieve, esto sucede a finales de mayo y se descuelgan a mediados de octubre. Para limitar los bloqueos de personas en los cables, el parque exige ahora un permiso de un día a los excursionistas, pero la ruta sigue siendo angustiosa por la necesidad de compartir los cables. Los permisos se ponen a la venta por sorteo a principios de la primavera y, ya en temporada, se sortea otro número limitado de permisos con dos días de antelación. Las normas y los precios cambian constantemente; consúltese la **web del parque** (nps.gov/yose).

Los menos ambiciosos o quienes no estén en buena forma física disfrutarán siguiendo el **Mist Trail** hasta la cascada Vernal (4 km, i/v), a la cima de la **cascada Nevada** (8,8 km, i/v) o el idílico valle de **Little Yosemite** (12,8 km, i/v). El **Four Mile Trail** (14,5 km, i/v) hasta el mirador de Glacier Point es agotador, pero gratificante. Si se viaja con niños, hay agradables y sencillos paseos por el valle hasta el **lago Mirror** (3,2 km, i/v) y los miradores en la base de la **cascada de Yosemite** (1,6 km, i/v) y la cascada **Bridalveil** (800 m, i/v).

a un incendio que ha servido de cabaña, hotel, taberna y establo. Para disfrutar de las vistas de Kings Canyon y los picos de la Great Western Divide, se sigue una estrecha carretera secundaria (cerrada en invierno; no apta para caravanas ni remolques) que comienza detrás del John Muir Lodge y llega hasta Panoramic Point (3 km) (solo en verano).

AL VOLANTE

El tortuoso tramo de la Hwy 1 en dirección sur está escasamente poblado, es accidentado y remoto, y atraviesa un bosque nacional. Hay que asegurarse de tener suficiente combustible en el depósito para llegar, al menos, hasta la costosa gasolinera de Gorda, más de 32 km al sur del Julia Pfeiffer Burns State Park.

08 CEDAR GROVE

La Hwy 180 desciende, serpenteando entre paredes de roca esculpida salpicadas de cascadas, hasta el **río Kings,** donde el rugido de las aguas blancas rebota en los riscos de granito del cañón más profundo de Norteamérica, técnicamente hablando.

A medio camino hay que detenerse en el **mirador de Junction View** y luego seguir bajando por el río hasta Cedar Grove Village. Al este del pueblo, **Zumwalt Meadow** permite observar aves, ciervos mulos y osos negros.

Si hace calor y se dispone de bañador, se puede pasear desde Road's End hasta **Muir Rock,** una gran roca plana en la que John Muir dio charlas al aire libre y que hoy es un popular lugar para bañarse. Desde Road's End, una popular excursión asciende 6 km por ambos lados hasta la cascada Mist, atronadora al final de la primavera.

AL VOLANTE
Desde Road's End se retroceden casi 50 km por la Hwy 180. Luego, se gira a la izquierda en Hume Lake Rd. Se rodea el lago, pasando por playas y *campings*, y se gira a la derecha en 10 Mile Rd. En la Hwy 198, se gira a la izquierda y se sigue la Generals Hwy (a menudo cerrada de enero a marzo) hacia el sur unos 35 km hasta el desvío de Wolverton Rd a mano izquierda.

DESVÍO
Mirador de Buck Rock
Inicio: 08 Cedar Grove

Para subir a uno de los miradores contra incendios más evocadores de California, hay que conducir al este de la Generals Hwy por Big Meadows Rd hacia el Sequoia National Forest, entre Grant Grove y el Giant Forest. Se siguen las señales hasta el mirador Buck Rock Fire (buckrock.org). Construido en 1923, este activo observatorio contra incendios ofrece panorámicas desde una diminuta cabaña que domina el horizonte a 2500 m sobre una elevación de granito, a la que se accede por 172 angostos peldaños. No es apto para personas con vértigo. El horario varía según la estación y cierra si hay tormenta o incendio.

09 GIANT FOREST

Es imposible rodear con los brazos los árboles del Giant Forest, una arboleda de 777 Ha que protege a los ejemplares más gigantescos del parque. Se aparca a la salida de Wolverton Rd y se baja a pie hasta el árbol vivo más grande del mundo, el **General Sherman Tree,** de 84 m. Con los brazos doloridos y los dedos pegajosos de savia, se pueden dejar atrás las multitudes por alguno de los numerosos senderos cercanos. La red de senderos se extiende hacia el sur, hasta Crescent Meadow, un paseo de 8 km (ida).

En coche, se conducen 3 km hacia el sur por la Generals Hwy para aprender sobre la ecología y los ciclos de incendios de las secuoyas en el **Giant Forest Museum** (nps.gov/seki).

Desde el museo, Crescent Meadow Rd realiza un circuito circular de 10 km en el Giant Forest, pasando por Tunnel Log. Para disfrutar de panorámicas de la Great Western Divide, se sube la empinada escalera de 400 m hasta **Moro Rock.** Nota: Crescent Meadow Rd cierra al tráfico por nieve en invierno; en verano, se pueden utilizar las lanzaderas gratis que recorren el circuito.

POR QUÉ ME GUSTA ESTA RUTA

Michael Grosberg, escritor

Cuando la ciudad se vuelve claustrofóbica, la región de Sierra Nevada me atrae. Este viaje discurre por paisajes sacados de un cuadro de Albert Bierstadt o de una versión animada del Oeste americano. Al salir del coche y adentrarse en la naturaleza, uno se vuelve contemplativo y las únicas preocupaciones son el ritmo de la marcha y la dificultad del terreno.

AL VOLANTE
La Generals Hwy se estrecha y desciende más de 24 km por las faldas de Sierra Nevada, pasando por Amphitheater Point y saliendo del parque más allá del centro de visitantes de Foothills. Antes de llegar a Three Rivers, se gira a la izquierda por Mineral King Rd, una vertiginosa carretera de 40 km (en parte sin asfaltar, no se permiten remolques ni autocaravanas y está cerrada en invierno) que regresa al valle de Mineral King.

10 VALLE DE MINERAL KING

Tras más de 700 curvas cerradas y 1½ h de trayecto se llega al **valle de Mineral King** (2286 m), un campamento minero y maderero del s. XIX y, más tarde, refugio de montaña. Los senderos comienzan al final de Mineral King Rd, donde históricas cabañas privadas salpican el fondo del valle, flanqueado por enormes montañas.

El destino final está a poco más de 1,5 km pasado el puesto del guardabosques, donde el valle exhibe toda su belleza y parten senderos hacia picos de granito y lagos alpinos.

Mineral King Rd solo abre de finales de mayo a finales de octubre. En verano, las marmotas de Mineral King acuden a mordisquear los coches aparcados, así que hay que envolver los bajos del vehículo con lona y cuerda (de venta en la ferretería de Three Rivers, aunque no muy baratas).

22

Eastern Sierra Scenic Byway

DURACIÓN	DISTANCIA	IDEAL PARA
3-5 días	580 km	Familias, naturaleza

CUÁNDO IR	
	De junio a septiembre para días calurosos y paseos por la montaña sin casi nieve.

Puerta de entrada a la mayor extensión de naturaleza salvaje de California, la Hwy 395 (o Eastern Sierra Scenic Byway) bordea imponentes montañas, brillantes lagos y los interminables bosques del este de Sierra Nevada. Toda una gama de actividades al aire libre se despliega más allá del asfalto (partes del cual se colapsa en verano), y desolados pueblos fantasma del Viejo Oeste, formaciones geológicas únicas y manantiales termales aguardan a ser explorados.

Sigue en ruta

21 Yosemite, Sequoia y Kings Canyon

En Lee Vining, se conduce al oeste por la Hwy 120 para entrar en el Yosemite National Park por el puerto de montaña de Tioga (3031 m).

31 Vida en el Valle de la Muerte

Desde Lone Pine hay que ir al sureste por la Hwy 136 y la Hwy 190 hasta Panamint Springs, punto de acceso occidental al Valle de la Muerte.

01 LONE PINE

El diminuto Lone Pine es la puerta sur a las escarpadas joyas del este de Sierra Nevada. En el extremo meridional, el **Museum of Western Film History** (museumofwesternfilmhistory.org) alberga exposiciones de objetos de más de 450 películas rodadas en la zona. Hay proyecciones ocasionales en la sala de cine y un Cadillac descapotable en el vestíbulo.

A las afueras del centro de la ciudad, en Whitney Portal Rd, el místico brillo anaranjado de **Alabama Hills** las convierte en un lugar ineludible para

NATURALEZA

Recorrer senderos y acampar en Mammoth Lakes.

M. VINUESA/SHUTTERSTOCK ©

Museum of Western Film History, Lone Pine.

contemplar una puesta de sol a cámara lenta. Escenario habitual de películas de vaqueros y de la serie de TV *El llanero solitario*, los montículos redondeados de color tierra destacan sobre el gris acerado de las laderas y los pináculos dentados de la sierra.

AL VOLANTE
Desde Lone Pine, los dentados incisivos de Sierra Nevada se elevan en todo su esplendor. Se continúa hacia el oeste y pasado Alabama Hills hay que prepararse para el vertiginoso ascenso hasta el final de la carretera, 20 km desde la Hwy 395. Las White Mountains se alzan al este con el espectacular valle de Owens a sus pies.

02 WHITNEY PORTAL

El celestial **monte Whitney** (fs.usda.gov/inyo), un gigante de granito de 4421 m, es el pico más alto de los estados contiguos de EE UU (sin contar Alaska) y la obsesión de miles de excursionistas cada verano. El único modo de subir es con uno de los codiciados permisos, que se asignan por sorteo previo, aunque los excursionistas de un día pueden subir a la montaña hasta la cota del lago Lone Pine (9 km, i/v) por el Whitney Trail.

Si hay hambre, en **Whitney Portal Store** (facebook.com/WhitneyPortalStore) venden enormes hamburguesas y tortitas.

Mientras se reposa en este majestuoso megalito rodeado de pináculos más pequeños, no hay que olvidar que el punto más bajo del país está a solo 124 km (en línea recta) al este: Badwater, en el Valle de la Muerte.

AL VOLANTE
Se regresa a Lone Pine y se conducen 14,5 km hacia el norte por la Hwy 395. Arbustos y plantas rodadoras ocupan el valle entre las estribaciones de Sierra Nevada y White Mountain. Manzanar se encuentra en el lado oeste de la carretera.

03 MANZANAR NATIONAL HISTORIC SITE

Monumento a uno de los episodios más oscuros de la

historia de EE UU, el campo de Manzanar se extiende por una tierra árida y ventosa, rodeada de picos nevados. En plena II Guerra Mundial, el Gobierno federal internó aquí a más de 10 000 personas de ascendencia japonesa tras el ataque a Pearl Harbor. Aunque poco queda del campo de concentración, el antiguo auditorio del instituto alberga un **centro de interpretación** (nps.gov/manz). Se recomienda ver el documental de 22 min y las exposiciones, que invitan a la reflexión, sobre las familias que languidecieron aquí y, aun así, construyeron una activa comunidad. Después se puede realizar una visita autoguiada de 5 km en coche, que incluye la recreación de una cantina y barracones, vestigios de edificios y jardines y el inquietante cementerio del campo.

La foto

El amanecer o el ocaso en Alabama Hills, con Sierra Nevada al fondo.

A menudo confundido con el monte Whitney, el monte Williamson, de 4382 m, se alza sobre esta llanura polvorienta, una extensión solitaria que se llena de flores silvestres en primavera.

AL VOLANTE

Se continúan 9,6 km al norte por la Hwy 395 hasta la pequeña localidad de Independence. En el centro, hay que buscar el juzgado del condado de Inyo y girar a la izquierda en W Center St. Luego, se conducen seis manzanas por una zona residencial hasta el final de la carretera.

04 INDEPENDENCE

Este aletargado pueblo de carretera ha sido capital del condado desde 1866 y alberga el **Eastern California Museum** (inyocounty.us/ecmsite). Se trata de un excelente archivo de la historia y la cultura del este de Sierra Nevada, con una de las colecciones más completas de cestas paiute y shoshone del país, así como fotografías históricas de escaladores locales a las cumbres de la Sierra (incluido el monte Whitney) con enormes mochilas y sin arneses. También destacan objetos de Manzanar y una exposición sobre la lucha para evitar que el suministro local de agua se desviara a Los Ángeles.

Los admiradores de Mary Austin (1868-1934), autora de

MANAMANA/SHUTTERSTOCK ©

Alabama Hills (p. 124).

La tierra de la lluvia escasa y contraria a la desertificación del valle de Owens, pueden visitar su **antigua casa** en 253 Market St.

AL VOLANTE
Se sale hacia el norte por la Hwy 395 mientras la civilización da paso a las montañas de granito, colinas y (durante la mayor parte del año) un brillante cielo azul. De vez en cuando se ven junto a la carretera tobas de roca volcánica ennegrecida. Se atraviesa el pueblo de Big Pine y se llega a Bishop.

DESVÍO
Ancient Bristlecone Pine Forest
Inicio: 04 Independence

Para conocer algunos de los seres vivos más antiguos de la tierra hay que dedicar al menos medio día al **Ancient Bristlecone Pine Forest** (fs.usda.gov/inyo). Estos nudosos y fantásticos árboles crecen por encima de los 3000 m en las áridas e inhóspitas White Mountains, cadena que antaño fue más alta que Sierra Nevada. Se calcula que uno de los árboles más antiguos, llamado Matusalén, tiene más de 4700 años, superando en dos siglos a la Gran Esfinge de Guiza.

Para llegar a los bosques, se toma la Hwy 168 hacia el este 19 km desde Big Pine hasta White Mountain Rd, luego se gira a la izquierda (norte) y se sube por la tortuosa carretera 16 km hasta Schulman Grove, llamada así por el científico que descubrió la bíblica edad de los árboles en la década de 1950. El trayecto dura 1 h aprox. desde Independence. Hay senderos autoguiados cerca del **centro de visitantes de Schulman Grove,** que funciona con energía solar (fs.usda.gov/inyo). White Mountain Rd suele estar cerrada de noviembre a abril.

05 BISHOP

Bishop, la segunda ciudad más grande del este de la sierra y a un tercio de camino entre Lone Pine y Reno, atrae a excursionistas, ciclistas, pescadores y escaladores. Para hacerse una idea de lo que les trae aquí, hay que dirigirse a las zonas de Happy y Sad Boulders, en las singulares mesetas de roca volcánica, no muy lejos al norte de la ciudad.

Cuando la Hwy 395 vira hacia el oeste, se continúa 7 km al noreste por la Hwy 6 hasta el **Laws Railroad Museum & Historic Site** (lawsmuseum.org), un vestigio de la línea de ferrocarril de vía estrecha Carson and Colorado, que cerró en 1960. Los aficionados a los trenes disfrutarán con la colección de vagones antiguos, y a los niños les encanta explorar el almacén de 1883 y tocar la campana de latón. Docenas de edificios históricos de la región se han reconstruido con piezas de la época creando una cápsula del tiempo en el pueblo.

AL VOLANTE
De vuelta a la Hwy 395, se conducen más de 65 km hacia el norte hasta la Hwy 203, pasando por el lago Crowley y los tramos meridionales de la zona sísmica de Long Valley Caldera. En la Hwy 203, antes de llegar al centro de la localidad, se recomienda parar en el Mammoth Lakes Welcome Center, con excelente información local y regional.

06 MAMMOTH LAKES

Con una soberbia ubicación a 2400 m, Mammoth Lakes es una activa localidad de recreo al aire libre todo el año, rodeada de naturaleza alpina y con los 3369 m del **monte Mammoth** (mammothmountain.com) de fondo. Este complejo turístico cuenta con 945 m verticales para la práctica de cualquier deporte de nieve y una temporada larga (de noviembre a junio). Cuando se derrite la nieve, se transforma en el colosal **Mammoth Mountain Bike Park,** con más de 130 km de pistas bien cuidadas y fantásticos circuitos para bicicleta.

Todo el año, un vertiginoso **telesilla** conduce a los visitantes a la cima con vistas impresionantes de las cumbres nevadas.

AL VOLANTE
Se aconseja aparcar el coche en Mammoth Mountain y tomar la lanzadera a Reds Meadow desde el edificio Gondola. No obstante, también se pueden conducir 3,2 km al oeste y volver por la Hwy 203 hasta Minaret Vista para contemplar las panorámicas de la sierra de Ritter, los dentados Minarets y los remotos confines del Yosemite National Park.

07 REDS MEADOW

Uno de los paisajes más bellos y variados cerca de Mammoth es el valle de Reds Meadow, al oeste del monte Mammoth. Su atracción más fascinante es la formación volcánica de 10 000 años del **Devils Postpile National Monument** (nps.gov/depo). Las cortinas de columnas de basalto de 18 m y seis lados, casi verticales, se formaron cuando ríos de lava fundida se ralentizaron, se enfriaron y se agrietaron con una simetría desconcertante. El diseño en forma de panal se aprecia mejor desde arriba, adonde se accede por un corto sendero. Las columnas se encuentran a unos 800 m del puesto de guardabosques de Devils Postpile.

Desde el monumento, una caminata de 3,2 km a través de un bosque calcinado conduce a la **cascada Rainbow,** donde el río San Joaquín se precipita sobre un acantilado de basalto de más de

30 m de altura. Las posibilidades de ver el arcoíris que se forma en la neblina aumentan a mediodía. También se puede llegar a la cascada a pie desde la parada del autobús lanzadera de Reds Meadow.

AL VOLANTE
De vuelta a la Hwy 395, se sigue al norte hasta la Hwy 158 para disfrutar de las vistas de los lagos alpinos y los picos del June Lake Loop.

08 JUNE LAKE LOOP

A la sombra del gigantesco pico Carson (3325 m), el impresionante June Lake Loop (Hwy 158), de 26 km, discurre por un cañón en forma de herradura a través de la tranquila localidad de **June Lake** y cuatro lagos de aguas cristalinas repletos de peces: Grant, Silver, Gull y June. El entorno es especialmente bello en otoño, cuando los álamos dorados iluminan la cuenca. En invierno, los escaladores suben por las cascadas heladas. El lago June está rodeado por la Ansel Adams Wilderness, que se adentra en el Yosemite National Park. Desde el lago Silver, los lagos Gem y Agnew ofrecen espectaculares **excursiones de un día,** y se pueden alquilar barcas y montar a caballo.

AL VOLANTE
Se retoma la Hwy 395 hacia el norte, donde los redondeados cráteres Mono salpican el reseco paisaje de matorral y asoma la cuenca del lago Mono.

09 LAGO MONO

El segundo lago más antiguo de Norteamérica es una plácida extensión de aguas azules, cuya superficie vítrea refleja los irregulares picos de Sierra Nevada, los jóvenes conos volcánicos y las sobrenaturales torres de toba que hacen tan peculiar el lago. Las tobas, que sobresalen del agua como castillos de arena, se forman a partir del calcio de los manantiales subterráneos en combinación con el carbonato de las aguas alcalinas del lago.

Por desgracia, los niveles de salinidad y alcalinidad son demasiado altos para bañarse. Es mejor navegar en kayak o canoa por las erosionadas torres de toba, disfrutar de las vistas del **campo volcánico de cráteres de Mono** y observar las aves acuáticas que habitan en este singular entorno.

El **centro de visitantes de la Mono Basin Scenic Area** (fs.usda.gov/inyo), 800 m al norte de Lee Vining, cuenta con exposiciones interpretativas, una librería y una película de 20 min sobre el lago Mono.

AL VOLANTE
Unos 16 km al norte de Lee Vining, la Hwy 395 alcanza su punto más alto, la cima de Conway (2483 m). Desde el mirador se divisa el lago Mono, enmarcado por los cráteres Mono y las montañas June y Mammoth. Otros

AGUAS TERMALES DEL ESTE DE SIERRA NEVADA

Entre las White Mountains y Sierra Nevada, cerca de Mammoth, hay una serie de pozas naturales con vistas panorámicas de cimas nevadas (en la imagen). Cuando las noches de verano se vuelven frías y los coyotes aúllan, resulta imposible marcharse. Unos 15 km al sureste de Mammoth Lakes, Benton Crossing Rd se desvía hacia el este de la Hwy 395, dando paso a una serie de fuentes termales.

Para pasar la noche con su propia bañera de hidromasaje privada, hay que dirigirse al hotel de **Benton Hot Springs** (bentonhotsprings.org), un pequeño complejo histórico en una antigua ciudad minera de plata de 150 años de antigüedad, en las White Mountains.

Para indicaciones y mapas se recomienda el excelente libro de Matt Bischoff *Touring Hot Springs California and Nevada: A Guide to the Best Hot Springs in the Far West* o véase mammothweb.com/recreation/hottubbing.cfm.

BILL45/SHUTTERSTOCK ©

Lago Mono.

13 km al norte, se toma la Hwy 270 (cerrada en invierno) 21 km al este; los últimos 5 km no están asfaltados.

10 BODIE STATE HISTORIC PARK

Para retroceder en el tiempo hasta la época de la fiebre del oro, **Bodie** (parks.ca.gov/bodie) es uno de los pueblos fantasma más auténticos y mejor conservados del Oeste. Aquí se descubrió oro en 1859, y el lugar pasó de ser un simple campamento minero a una anárquica ciudad en auge de 10 000 habitantes.

Había peleas y asesinatos casi a diario, alimentados por el licor de 65 salones, algunos de los cuales eran también burdeles, salas de juego o fumaderos de opio.

En las décadas de 1870 y 1880 se extrajeron de las colinas oro y plata por valor de unos 35 millones de US$, pero cuando la producción cayó en picado, Bodie fue abandonada y unos 200 maltrechos edificios permanecen congelados en el tiempo en este inhóspito y ventoso valle. Al asomarse por las polvorientas ventanas, se ven tiendas abastecidas, casas amuebladas, una escuela con pupitres o la cárcel. El antiguo **edificio del sindicato minero** alberga hoy un museo y un centro de visitantes, y los guardabosques organizan visitas gratuitas en verano.

AL VOLANTE

Se retoma la Hwy 395 y enseguida se llega al enclave de Bridgeport. Desde aquí, hay 2 h hasta Reno por un precioso tramo de dos carriles de la carretera que bordea el río Walker.

11 RENO

La segunda ciudad más grande de Nevada se ha labrado una reputación como lugar de recreo al aire libre todo el año. El río Truckee divide esta ciudad rodeada de montañas y, en verano, el **Truckee River Whitewater Park** (reno.gov) se llena de bañistas con flotadores y piragüistas urbanos. Dos circuitos en kayak rodean Wingfield Park, una pequeña isla fluvial que acoge conciertos gratis en verano. **Sierra Adventures** (wildsierra.com) ofrece alquiler de kayaks, excursiones y clases.

23

Highway 49 por el Gold Country

DURACIÓN	DISTANCIA	IDEAL PARA
3-4 días	322 km	Familias, naturaleza

CUÁNDO IR	De mayo a octubre para días soleados.

Al adentrarse en el Gold Country una tarde soleada, la promesa de aventuras recuerda los días en que los periódicos anunciaban los hallazgos de oro y nacía el Golden State. Hoy, esta región rural brinda una riqueza diferente: explorar tabernas que se desmoronan, parques mineros oxidados, bodegas en las estribaciones de Sierra Nevada y un desfile de mojones kilométricos históricos con pátina de bronce por la Hwy 49, una de las carreteras con más encanto paisajístico de California.

Sigue en ruta

24 Ebbetts Pass Scenic Byway
Desde Columbia, se conducen 21 km al noroeste por Parrots Ferry Rd y la Hwy 4 hasta Murphys, en la región vinícola del condado de Calaveras.

26 Delta del Sacramento y Lodi
Sacramento está a 1 h o menos en coche de ciudades como Placerville por la Hwy 50, o Auburn por la I-80.

01 SONORA

Fundada en 1848 por mineros mexicanos, Sonora no tardó en convertirse en un centro cosmopolita con vistosas tabernas frecuentadas por jugadores, borrachos y buscadores de oro. El centro está tan bien conservado que suele ser escenario de películas de Hollywood, como *Sin perdón*, dirigida por Clint Eastwood. Asimismo, el **Railtown 1897 State Historic Park** (parks.ca.gov) y las colinas de Jamestown, unos 6 km al suroeste de Sonora por la Hwy 49, han sido escenario de más de 200 películas de vaqueros y programas de televisión.

AL AIRE LIBRE

Bañarse y nadar en el South Yuba River State Park.

SENATOREK/GETTY IMAGES ©

South Yuba River State Park (p. 135).

Algunos fines de semana y festivos se puede subir al ferrocarril de vía estrecha que antaño transportaba minerales, madera y mineros. Es el mejor circuito en tren de Gold Country, de 10 km y 45 min. El parque está cinco manzanas al este de la pequeña Main St de Jamestown.

AL VOLANTE
Se sigue la Hwy 49 unos 3 km al norte de Sonora y se gira a la derecha por Parrots Ferry Rd en la señal de Columbia. El parque estatal está a 3 km por esta carretera secundaria de dos carriles.

02 COLUMBIA

El **Columbia State Historic Park** (parks.ca.gov), cerca de la llamada "joya de las minas del sur", es como una Disneylandia en miniatura de la fiebre del oro, pero más auténtico. Se han conservado cuatro manzanas de la antigua ciudad, por las que deambulan voluntarios vestidos como en el s. XIX que hacen demostraciones de criba de oro.

La herrería, el teatro, los hoteles y el *saloon* son ventanas al pasado de California. Esta ilusión del pasado en Main St solo queda interrumpida por las tiendas de golosinas y cuando suena el móvil de los músicos de banjo o los actores callejeros. En el **Columbia Museum** (parks.ca.gov) dentro de la Knapp's Store, se puede aprender más sobre técnicas mineras.

Según el director y antiguos huéspedes, en el pintoresco **Fallon Hotel** hay dos fantasmas. Para comprobarlo, hay que pasar la noche.

AL VOLANTE
Se retrocede al sur por Parrots Ferry Rd, torciendo a la derecha y luego girando a la derecha para seguir por Springfield Rd algo más de 1,5 km. Se vuelve a tomar la Hwy 49 en dirección norte, que cruza un largo puente sobre un embalse artificial. Tras unos 19 km, la Hwy 49 se convierte en Main St en la pequeña localidad de Angels Camp.

03 ANGELS CAMP

En el tramo sur de la Hwy 49 destaca un gigante de la literatura: Samuel Clemens, también conocido como Mark Twain, que cosechó su primer éxito con el relato *La célebre rana saltarina del condado de Calaveras*, escrito en 1865 y ambientado en Angels Camp. Con una mezcla de edificios victorianos y *art déco*, este pueblo minero del s. XIX saca el máximo partido de su vínculo con Twain.

Se puede visitar el interesante **Angels Camp Museum** (angelscamp.gov/museum) para conocer la historia de Twain y de la época minera local. La **Calaveras County Fair & Jumping Frog Jubilee** (frogtown.org) se celebra anualmente en el recinto ferial, al sur de la ciudad, el tercer fin de semana de mayo. Uno puede ganar 5000 US$ si su rana bate el récord mundial de salto (más de 6 m) establecido por "Rosie the Ribeter" en 1986.

La foto

Sutter's Mill, el primer yacimiento de oro de California.

AL VOLANTE

La Hwy 49 se dirige al norte de Angels Camp a través de granjas y ranchos en las laderas de las colinas. Pasado San Andreas, hay que dar un pequeño rodeo por Mokelumne ('Moke') Hill, otra histórica ciudad minera. En Jackson, se gira a la derecha por la Hwy 88 al este. Tras 14,4 km se gira a la izquierda en Pine Grove-Volcano Rd y se conducen 4,8 km hasta Volcano, pasando por Indian Grinding Rock State Historic Park.

DESVÍO

California Cavern

Inicio: 03 Angel's Camp

A 20 min en coche al este de San Andreas por Mountain Ranch Rd, junto a la Hwy 49, y a unos 20 km al norte de Angels Camp, el **California Cavern State Historic Landmark** (cavetouring.com) ofrece el sistema más extenso de cavernas subterráneas naturales. John Muir las describió como "graciosos pliegues que fluyen profundamente doblados como rígidas cortinas de seda". Las visitas regulares duran entre 60 y 80 min. También se puede reunir un grupo y reservar con antelación una "Middle Earth Expedition" (3-5 h), que incluye espeleología en serio (solo mayores de 16 años) o una "Mammoth

MARC VENEMA/SHUTTERSTOCK ©

Sutter Creek.

Expedition" (3 h). El circuito a pie Trail of Lakes, solo durante la estación húmeda en invierno y primavera, es mágico.

04 VOLCANO

Aunque este pueblo produjo en su día toneladas de oro y fue escenario de intrigas durante la guerra de Secesión, hoy languidece en soledad. Las enormes rocas de arenisca que bordean el arroyo Sutter se extraían de las colinas circundantes mediante un proceso hidráulico antes de rasparlas para obtener oro. La minería hidráulica tuvo graves consecuencias para el medio ambiente, pero en su apogeo los mineros ganaban casi 100 US$ al día.

Menos de 1 km al sureste, la **Black Chasm Cavern** (caverntouring.com) tiene pinta de trampa turística, pero un vistazo a los cristales de helictita (formaciones blancas brillantes en raros grupos horizontales) hace soportables las multitudes.

Para ver llamativas formaciones rocosas justo fuera de la caverna, hay que visitar el **Zen Garden,** donde un corto sendero serpentea a través de un grupo de losas de mármol al estilo de Tolkien. 3 km al suroeste de la ciudad, en el **Indian Grinding Rock State Historic Park** (parks.ca.gov), hay un afloramiento de piedra caliza cubierto de petroglifos y más de 1000 *chaw'se* (agujeros de mortero) utilizados para moler bellotas y hacer harina. Se puede aprender más sobre las tribus indígenas de Sierra Nevada en el museo del parque, con forma de *hun'ge* (casa redonda) de los nativos americanos.

AL VOLANTE
Se retrocede por Pine Grove-Volcano Rd, girando a la derecha en la Hwy 88 unos 800 m y luego se gira a la derecha en Ridge Rd, que serpentea durante unos 13 km de vuelta a la Hwy 49. Se gira a la derecha y luego al norte durante 1,6 km aprox. hasta Sutter Creek.

POR QUÉ ME GUSTA ESTA RUTA

Amy C Balfour, escritora

La Highway 49 atraviesa pueblos del Viejo Oeste y antiguos emplazamientos mineros, todos ellos con el mismo aspecto que tenían durante el apogeo de la fiebre del oro, que ofrecen una fascinante ventana al pasado. Los viñedos y bodegas cerca de Plymouth, Sutter Creek y Placerville son magníficos para saborear la historia, las uvas de viñas añejas y las vistas de Sierra Nevada.

05 SUTTER CREEK

Desde el balcón de alguno de los edificios restaurados de Main St se puede ver esta joya del Gold Country, con aceras elevadas y soportales, y edificios de balcones altos y fachadas falsas, exponente de la arquitectura fronteriza californiana del s. XIX.

En el **centro de visitantes** (suttercreek.org) facilitan mapas de recorridos autoguiados a pie y en coche. El cercano **Sutter Creek Theatre** (suttercreektheater.com), un *saloon* y sala de billar de la década de 1860, acoge ahora conciertos de música en vivo y, a veces, obras de teatro, películas y actos culturales.

El resto de la calle principal alberga anticuarios, *boutiques*, cafeterías y bares de vinos regionales y licores artesanales. El acogedor **Yorba Wines** (yorbawines.com) es un buen lugar para empezar la degustación. Se puede aprender más sobre el pasado minero de la localidad en el **Miner's Bend Park** (suttercreekfoundation.org), en el extremo sur del centro, que cuenta con antiguos equipos mineros y carteles informativos.

AL VOLANTE
Hay que seguir Main St al norte de Sutter Creek durante 5 km a través de la pintoresca Amador City. De vuelta a la Hwy 49, se gira a la derecha y se prosigue al norte hacia Plymouth y Shenandoah Valley Rd.

06 REGIÓN VINÍCOLA DEL CONDADO DE AMADOR

El condado de Amador es una de las regiones vinícolas menos conocidas de California, pero un circuito por sus acogedoras bodegas permite degustar grandes vinos sin ninguna pretensión, provenientes de las vides de zinfandel más antiguas de California.

A lo largo de Shenandoah Valley Rd y sus ramificaciones hay numerosas bodegas. Si se busca un auténtico negocio familiar con más de 150 años de historia, hay que detenerse en **Deaver Vineyards** (deavervineyards.com), donde casi todas las botellas llevan su apellido. Al final de la carretera se encuentra la elegante **Iron Hub Winery** (ironhubwines.com). Sobre una colina y con vistas de las estribaciones de Sierra Nevada, es un bonito lugar para degustar vinos y socializar.

Se sigue al este por Shenandoah Rd hasta **Sobon Estate** (sobonwine.com), una finca familiar respetuosa con el medio ambiente cuya historia se remonta a la década de 1850. También hay un pequeño museo de historia local. Luego se retrocede hasta **Jeff**

Runquist Wines (jeffrunquistwines.com), que encabeza cada año la lista de ganadores de dos medallas de oro en el concurso de vinos San Francisco Chronicle. En su producción destacan el zinfandel y el barbera.

AL VOLANTE
Se gira a la izquierda de nuevo en Shenandoah Rd durante 4,8 km y luego a la derecha en la Hwy 49 hacia el norte. A unos 30 km, después de varias subidas y bajadas, se llega al centro de Placerville, al sur de la Hwy 50.

07 PLACERVILLE

Fue apodada "Old Hangtown" por los ahorcamientos que tuvieron lugar aquí en 1849. La mayoría de los edificios de Main St datan de la década de 1850. Se pueden curiosear los anticuarios o **Placerville Hardware,** la ferretería más antigua en activo al oeste del río Misisipi. Los bares cutres del centro se sanean todos los años en Navidad y son ideales para codearse con personajes extravagantes.

Para divertirse en familia, hay que dirigirse 1,5 km al norte del centro por Bedford Ave hasta **Hangtown's Gold Bug Park & Mine** (goldbugpark.org), donde se puede descender con casco a un pozo minero del s. XIX o buscar gemas con una batea (2 US$/h).

Cerca de Placerville, el terreno montañoso y el suelo volcánico del condado de El Dorado se combinan con el intenso calor del verano y las frescas brisas nocturnas de Sierra Nevada para producir notables vinos. Algunas bodegas de Apple Hill, al norte de la Hwy 50, son **Lava Cap Winery** (lavacap.com), que vende cestas de pícnic surtidas, y **Boeger Winery** (boegerwinery.com), cuyos primeros viñedos se plantaron durante la fiebre del oro.

AL VOLANTE
De vuelta a la Hwy 49 en dirección norte, se recorre uno de los tramos más pintorescos de la ruta histórica del Gold Country. A la sombra de robles y pinos, la Hwy 49 discurre por las estribaciones de Sierra Nevada durante 14,5 km hasta Coloma.

08 COLOMA

En el bucólico **Marshall Gold Discovery State Historic Park** (parks.ca.gov), un sencillo sendero de tierra conduce al lugar, a orillas del río de los Americanos, en el que James Marshall descubrió pepitas de oro debajo de Sutter's Mill el 24 de enero de 1848.

Hoy, varios edificios históricos reconstruidos y reformados se encuentran a poca distancia caminando por senderos cubiertos de hierba que recorren maquinaria minera, una herrería, casas de pioneros y el **Gold Discovery Museum & Visitor Center** (marshallgold.com).

SUNDRY PHOTOGRAPHY/GETTY IMAGES ©

PERSIGUIENDO AL ELEFANTE

Todos los buscadores de oro de las laderas de Sierra Nevada (en la imagen) venían a "ver el elefante", un coloquialismo que resumía la esencia de la fiebre del oro.

Los que recorrían el California Trail por tierra "seguían las huellas del elefante" y, cuando se hacían ricos, decían haber visto a la bestia "desde la trompa hasta la cola". Al igual que cazar a un animal salvaje poco común, recorrer las colinas de Gold Country era un riesgo único en la vida, con la posibilidad de una enorme recompensa.

Marshall Gold Discovery State Historic Park, Coloma.

En **Bekeart's Gun Shop** siempre se busca oro. Frente al cementerio de pioneros, se puede subir a pie o en coche por la Hwy 153 (el cartel dice que es la carretera estatal más corta de California, pero en realidad no lo es) hasta el lugar donde el monumento a James Marshall señala su última morada. Irónicamente, murió insolvente y bajo la tutela estatal.

AL VOLANTE
En dirección norte, la Hwy 49 muestra la belleza de la región en los 29 km siguientes. En Auburn, se cruza la I-80 y se sigue por la Hwy 49 al norte durante otros 35 km, ganando altura mientras se dirige hacia Grass Valley. Se sale por Empire St y se gira a la derecha siguiendo las indicaciones al centro de visitantes del Empire Mine State Historic Park.

09 ALREDEDORES DE NEVADA CITY

El **Empire Mine State Historic Park** (parks.ca.gov), la mina de roca dura más grande y rica de California, produjo 5,8 millones de onzas de oro entre 1850 y 1956. El recinto está repleto de maquinaria minera y edificios construidos con roca de desecho.

Retrocediendo hacia el oeste y siguiendo por la Golden Chain Hwy (Hwy 49) unos 8 km hacia el norte se llega a Nevada City. El **National Exchange Hotel** (thenationalexchangehotel.com) se construyó en 1856 en la calle principal de la ciudad, la empinada Broad St. Fue reformado y reabrió sus puertas en el 2021. En el histórico **Firehouse Nº 1 Museum** (nevadacountyhistory.org), objetos de los nativos americanos se unen a muestras sobre los trabajadores chinos y reliquias de la Expedición Donner. Por último, lo mejor es darse un baño en el **South Yuba River State Park** (parks.ca.gov), con pozas y senderos por el bosque cerca de Bridgeport, el puente de madera cubierto más largo de EE UU. Está a 30 min en coche al noroeste de Nevada City o Grass Valley.

24

Ebbetts Pass Scenic Byway

EN FAMILIA

Practicar esquí y senderismo en verano en Bear Valley.

DURACIÓN	DISTANCIA	IDEAL PARA
2 días	155 km	Naturaleza, familias

CUÁNDO IR De junio a octubre, cando el puerto de montaña está abierto.

Calaveras Big Trees State Park.

Extendiéndose sobre una ruta minera de la fiebre del oro, la Hwy 4 atraviesa unas cuantas aldeas de montaña y bosques antes de cruzar el puerto de montaña de Ebbetts, solo abierto en verano y otoño. Para los amantes de la naturaleza, esta ruta es un sueño hecho realidad: senderismo entre secuoyas gigantes y en Sierra Nevada, remo en lagos tranquilos, escalada de peñascos graníticos, baños en pozas en verano y esquí o raquetas de nieve en invierno.

Sigue en ruta

20 Vuelta al lago Tahoe

Desde Hope Valley, hay 32 km hacia el noroeste por la Hwy 89, pasando por praderas surcadas por arroyos hasta las playas y estaciones de esquí del sur del lago Tahoe.

23 Highway 49 por el Gold Country

Desde Murphys, se conducen 21 km por la Hwy 4 y Parrots Ferry Rd hasta el antiguo Columbia State Historic Park.

01 MURPHYS

Con sus vallas blancas, la “Reina de la Sierra” del s. XIX es una de las ciudades más pintorescas del tramo sur del Gold Country. Main St muestra su encanto histórico, además de salas de cata, galerías de arte, *boutiques* y cafés.

Estas laderas volcánicas de Sierra Nevada son célebres por el zinfandel y el syrah, que se pueden catar en una docena de bodegas, la mayoría concentradas en cuatro manzanas del centro. El fin de semana es preferible llegar temprano. Se recomienda el chenin blanc “Drama Queen” de **Newsome Harlowe** (nhvino.com). Luego, se conduce hasta **Ironstone**

Vineyards (ironstonevineyards.com), con una enorme sala de catas, una cascada natural y un anfiteatro para conciertos al aire libre.

AL VOLANTE
La Hwy 4 asciende por la pequeña ciudad de Arnold, que tiene algunos cafés y moteles de carretera 19 km al este de Murphys. Tras otros 5 km colina arriba, se gira a la derecha en Calaveras Big Trees State Park.

02 CALAVERAS BIG TREES STATE PARK

El **Calaveras Big Trees State Park** (parks.ca.gov) es el hogar de las secuoyas gigantes. Son los árboles más grandes del planeta y solo crecen en la zona occidental de Sierra Nevada. Estos vestigios de la era mesozoica, que alcanzan los 80 m de altura con troncos que pueden llegar a los 10 m de diámetro, pesan más de 2000 toneladas. Cerca de la entrada del parque, el **North Grove Big Trees Trail** es un recorrido circular autoguiado de 2,4 km, donde el aire fresco huele a pino, abeto y cedro. Para alejarse de las multitudes, se conducen 13,6 km por la sinuosa carretera del parque hasta el inicio del **South Grove Trail.** Este sendero circular de 5,6 km asciende hasta una arboleda de secuoyas protegidas; otro sendero de 2,4 km (i/v) que parte del principal lleva hasta el Agassiz Tree, el abuelo de todos ellos. En verano es posible bañarse en el arroyo Beaver, bajo la pasarela del sendero, o en el río Stanislaus, paralelo a la carretera principal del parque.

AL VOLANTE
De vuelta a la Hwy 4, se gira a la derecha y se asciende la colina pasando por Dorrington, una parada de diligencias del s. XIX y estación de peaje, con parada en Hell's Kitchen Vista Point para contemplar el paisaje volcánico glaciar. 35 km al noreste del parque estatal se encuentra Bear Valley.

03 BEAR VALLEY

Sin duda, la mejor diversión familiar al aire libre: escalada, ciclismo de montaña y senderismo, a poca distancia de Bear Valley Village, que cuenta con gasolinera, tiendas y restaurantes informales. En invierno, la emoción está garantizada en la estación de esquí **Bear Valley Mountain** (bearvalley.com), con 600 m de desnivel y 12 remontes.

La ubicación del complejo, alejada de las zonas más turísticas, le confiere un agradable ambiente ideal para principiantes. **Bear Valley Adventure Company** (bvadventures.com) a la izquierda de la entrada de Bear Valley Village, vende y alquila material y suministros para actividades al aire libre: kayaks, SUP, bicicletas de montaña y esquí de fondo, además de ofrecer abundante información. También organizan traslados en bicicleta de montaña y venden útiles mapas.

AL VOLANTE
Desde el desvío de Bear Valley Village, hay menos de 7 km por la Hwy 4 hasta las playas, *campings* y aparcamientos de uso diurno del lago Alpine.

04 LAGO ALPINE

La Hwy 4 llega, de repente, a orillas del lago Alpine, bordeado por losas de granito con playas de arena y varios **'campings'** rústicos del Servicio Forestal de EE UU (USFS). Abundan las oportunidades para remar, nadar y pescar, por lo que suele estar abarrotado los fines de semana de verano.

Al margen de los visitantes que acudan al lago (muchos menos entre semana), es difícil superar el magnífico entorno de Sierra Nevada, a 2240 m sobre el nivel del mar. De las diversas rutas de senderismo cercanas, la subida a **Inspiration Point** ofrece vistas espectaculares de los lagos y los Dardanelos; esta excursión de 4,8 km (i/v) parte del sendero de la orilla del lago, cerca del *camping* Pine Marten.

Junto a la rampa para botes de la orilla norte del lago, el puesto de Lake Alpine Resort alquila botes de remos, kayaks y canoas en verano.

AL VOLANTE
Hay que asegurarse de tener el depósito lleno antes de emprender el viaje de 53 km por el puerto de montaña de Ebbetts hasta Markleeville. Tiene zonas de acampada, pero no hay servicios, gasolineras, moteles ni restaurantes en esta carretera de alta montaña llena de curvas, que solo abre en verano y otoño.

05 PUERTO DE MONTAÑA DE EBBETTS

La Ebbetts Pass National Scenic Byway discurre entre Arnold y Markleeville, pero es el espectacular tramo al este del lago Alpine el que corta la respiración de los conductores.

Estrechándose, la carretera continúa 6,4 km pasando por Cape Horn Vista, los lagos Mosquito y la Pacific Grade Summit antes de deslizarse por el histórico **Hermit Valley,** donde la pradera del río Mokelumne florece en verano. Por último, la Hwy 4 asciende hasta la cumbre del puerto de montaña de Ebbetts (2662 m), donde el paisaje abarca picos irregulares que asoman sobre la línea de los árboles.

Unos 600 m al este del puerto señalizado, la carretera cruza el Pacific Crest Trail (PCT), que serpentea de México a Canadá.

La ruta hasta el **lago Nobel** (12,8 km, i/v) discurre entre flores silvestres, acantilados volcánicos y vistas de cañones de granito. También se puede hacer pícnic junto al embalse de Kinney, 1,5 km al este.

La foto

Los picos de Sierra Nevada desde el puerto de montaña de Ebbetts.

AL VOLANTE
Con una pendiente máxima del 24% (se prohíben los vehículos con remolque o de más de 7,6 m de largo), la Hwy 4 pierde altura descendiendo por docenas de curvas cerradas, cruzando puentes sobre arroyos y ríos, mientras las vistas del frondoso valle se abren bajo picos de granito pelados. Tras 21 km, se gira a la izquierda en la Hwy 89 y se conducen casi 8 km al noroeste hasta Markleeville.

CONSEJO:

Cruzar el puerto de Ebbetts

La Hwy 4 suele estar despejada desde el oeste hasta el lago Alpine durante todo el año, pero el puerto de montaña de Ebbetts se cierra tras la primera gran nevada de noviembre, diciembre o enero, y no se abre de nuevo hasta abril, mayo o junio. Consúltese el estado de las carreteras en el Departamento de Transportes de California (dot.ca.gov).

06 MARKLEEVILLE

Descendiendo desde el puerto de Ebbetts, la Hwy 4 serpentea junto a vestigios de antiguas comunidades mineras, un cementerio de pioneros, pueblos fantasma y ranchos ganaderos.

Desde el cruce bajo el puerto de Monitor, la Hwy 89 discurre hacia el norte junto al río Carson, desde cuyas playas de guijarros los pescadores pescan truchas. Tras cruzar el puente de Hangman, la Hwy 89 atraviesa Markleeville, un histórico pueblo con un puente de peaje que floreció con la extracción de plata en la década de 1860. Hoy es un lugar tranquilo para repostar y descansar. En el centro, se gira a la izquierda por Hot Springs Rd y luego por School St hasta el **Alpine County Museum** (alpinecountymuseum.org), con su escuela de una sola aula de

Cape Horn, puerto de Ebbetts.

1882, la cárcel de madera y un pequeño museo en el que se exponen cestas de los nativos americanos y objetos de la época de los pioneros. De vuelta a Hot Springs Rd, se conducen 6,4 km al oeste por pinares hasta el **Grover Hot Springs State Park** (parks.ca.gov), que cuenta con una zona de pícnic a la sombra, un *camping* y una piscina con agua de manantial. En invierno hay que llevar cadenas.

AL VOLANTE
Se conducen 9,6 km al norte desde Markleeville hasta el cruce de la Hwy 88 con la Hwy 89 en Woodfords. Se gira a la izquierda y se prosigue hacia el oeste otros 9,6 km, cruzando el puente sobre el río Carson hasta Hope Valley, donde la Hwy 88 y la Hwy 89 se bifurcan en Picketts Junction.

07 HOPE VALLEY

Tras los fantásticos paisajes que conducen al puerto de Ebbetts, el Hope Valley ofrece flores silvestres, prados verdes y burbujeantes arroyos rodeados de pinos y álamos dorados en otoño.

Este valle panorámico está rodeado por los picos de Sierra Nevada, que permanecen cubiertos de nieve hasta principios de verano. La histórica ruta Pony Express discurría por aquí.

Hoy, ya sea para pescar con caña, bañarse en las frías aguas de la montaña, observar aves o caminar con raquetas de nieve por los prados, Hope Valley es el rincón más especial del condado de Alpine.

Se puede empezar explorando los senderos naturales de **Hope Valley Wildlife Area** (wildlife.ca.gov).

25

Feather River Scenic Byway

AL AIRE LIBRE

Prueba las aguas termales a orillas del río Feather.

Pico Lassen.

DURACIÓN	DISTANCIA	IDEAL PARA
3-4 días	346 km	Naturaleza

CUÁNDO IR	De abril a junio y de septiembre a octubre.

La remota Feather River Scenic Byway de dos carriles está rodeada de las maravillas naturales del norte de California: ríos caudalosos, montañas imponentes y lagos forestales. La ruta discurre por pueblos con carácter, donde excursionistas y ciclistas de montaña reponen fuerzas y se aprovisionan de víveres. La mejor forma de disfrutar de las vistas es acampando en alguno de los *campings* federales (baratos o gratuitos) de la ruta.

Sigue en ruta

23 Highway 49 por el Gold Country

Más pozas, lecciones de historia natural y sinuosas carreteras aguardan en la "Golden Chain". Se enlaza con la Hwy 49 en Downieville.

14 Volcanic Legacy Byway

Recorrer las cúpulas volcánicas de los montes Shasta y Lassen, comenzando 48 km al noroeste de Chester por la Hwy 36 y la Hwy 89.

01 OROVILLE

Esta pequeña localidad comparte nombre con el cercano lago alimentado por el río Feather. Aquí no hay mucho que ver, salvo el impresionante **Chinese Temple & Museum Complex,** un monumento a los 10 000 chinos que una vez vivieron aquí. Durante el s. XIX, compañías de teatro chinas recorrían los barrios chinos de California y Oroville era el destino final, lo que explica la incomparable colección de galas escénicas chinas del s. XIX.

La oficina del **guardabosques del Feather River District** (fs.usda.gov) también está aquí; expide permisos y tiene un folleto que detalla las paradas

históricas de la ruta. La cercana **Lake Oroville State Recreation Area** (parks.ca.gov) es excelente para hacer senderismo, acampar y pescar lubinas; rumbo al norte en lugar de al este está la **North Table Mountain Ecological Reserves,** que propone excursiones poco convencionales por formaciones rocosas de basalto volcánico y prados de flores silvestres.

AL VOLANTE
Se toma la Hwy 70 hacia la garganta de granito, pasando por centrales hidroeléctricas, túneles de montaña y puentes históricos, como el puente Pulga. 6,4 km después del puente rojo a Belden se sale por la Hwy 70 hacia Rich Bar Rd, a mano derecha.

02 RICH BAR

Aunque la llamada Golden Chain (Hwy 49) se encuentra más adelante, la zona del río Feather en su tiempo estuvo salpicada de varios campamentos de cazafortunas. Uno de los más prósperos fue Rich Bar, del que hoy apenas queda nada, salvo un cementerio en ruinas y un histórico mojón. Este apacible lugar no era así en la década de 1850, cuando una residente, Dame Shirley, relató su experiencia sobre la vida en las ciudades del oro de California. Publicadas como *The Shirley Letters*, las cartas muestran un Rich Bar caótico gobernado por la mafia con latigazos y ahorcamientos, accidentes sangrientos, un par de asesinatos, un intento de suicidio y un duelo mortal. ¡Y solo estuvo allí un mes!

AL VOLANTE
Se continúa por la Hwy 70 divisando los picos Lassen y Shasta por el retrovisor. Se sigue al norte por la Hwy 89 hasta la orilla sur del lago Almanor. Luego se bordea el lago en sentido horario.

03 LAGO ALMANOR

Este lago artificial es un claro ejemplo de la acertada política de conservación y gestión del territorio de California: el lago fue creado por la desaparecida Great Western Power Company y ahora es propiedad de la Pacific Gas & Electric (PG&E) Company. El pico Lassen domina el lago, rodeado de praderas y pinos, la mayoría en el Lassen National Forest y en la Caribou Wilderness. En ambos se puede acampar con permiso del **guardabosques del Almanor District** (fs.usda.gov).

La principal ciudad cercana al lago es **Chester.** Cuenta con una incipiente escena artística, restaurantes decentes y cómodos alojamientos. En **Bodfish Bicycles & Quiet Mountain Sports** (bodfishbicycles.com) alquilan bicicletas para recorrer la orilla del lago.

AL VOLANTE
Se rodea el lago para retomar la Hwy 89 al sur, que lleva de vuelta a la Feather River Scenic Byway. Se llega a Quincy tras girar a la izquierda en la bifurcación.

DESVÍO
Lago Eagle
Inicio: 03 Lago Almanor

Quienes lleguen hasta el lago Eagle, el segundo lago natural más grande de California, serán recompensados con algunas de las mejores vistas de la región: una impresionante joya azul en la llanura. Desde finales de primavera hasta principios de otoño, este lago, a más de 24 km de Susanville, atrae a visitantes que vienen a nadar, pescar, navegar y acampar. En la orilla sur, hay un sendero asfaltado de 8 km para practicar ciclismo y senderismo, y varios **'campings' federales** (recreation.gov) muy concurridos gestionados por **Eagle Lake Marina** (facebook.com/EagleLakeMarinaNCampgrounds), con duchas de agua caliente, lavandería y alquiler de barcas. También tramitan permisos de pesca. Para llegar al lago Eagle, hay que tomar la Hwy 36 al noreste del lago Almanor hacia Susanville y seguir hacia el norte por Eagle Lake Rd hasta la orilla sur.

04 QUINCY

La idílica Quincy (1858 hab.) es una comunidad de montaña a punto de convertirse en ciudad. Aunque no es una metrópolis, tras la ruta por el río Feather puede parecerlo. El barrio comercial lo forman tres calles, con acogedores restaurantes, bares y panaderías.

Visitando el **Plumas County Museum** (plumasmuseum.org) se descubren cientos de fotos históricas y reliquias de la época de los pioneros y los maidu del condado, de las primeras industrias mineras y madereras y de la construcción del ferrocarril Western Pacific. Las colinas que rodean la ciudad también encierran preciosas rutas de senderismo.

AL VOLANTE
Se continúa por la Hwy 70/89 pasando por pastos de caballos y distantes vistas de las montañas. En Graeagle, se toma la bifurcación a la derecha para seguir la Hwy 89 hacia el sur y, antes de 5 km, se gira a la derecha en Gold Lake Hwy y se inicia la subida. En temporada alta, se aconseja comprobar el estado de la carretera antes de tomar el desvío; hay una ruta alternativa por la Hwy 89 hasta la Hwy 49 al norte de Sattley.

La foto

Los peñascos de la sierra Buttes.

05 CUENCA DE LOS LAGOS

Salpicada de las cristalinas aguas alpinas de los lagos Haven, Gold, Rock y Deer, esta zona es un remoto y paradisíaco rincón. A más de una docena de estas joyas solo se llega a pie y los senderos son prácticamente interminables, e incluso se puede conectar con el Pacific Crest Trail. El más pintoresco de la zona es el **Haskell Peak Trail,** que ofrece vistas del Lassen y el Shasta y, en un día despejado, del monte Rose, en Nevada. Para llegar al inicio del sendero, hay que girar a la derecha desde la Gold Lake Hwy en Haskell Peak Rd (Forest Rd 9) y seguir 13,6 km. La excursión solo tiene 7,2 km (i/v), pero no es para pusilánimes: se ascienden más de 300 m por denso bosque antes de llegar a un claro. Desde allí se divisa la escarpada **sierra Buttes,** que se distingue de las montañas circundantes por sus picos dentados, que parecen una versión en miniatura de los Alpes.

AL VOLANTE
La Gold Lake Hwy desciende y conecta con la Hwy 49 en Bassetts (un pueblo que consta de poco más que una gasolinera). Se sigue a la derecha por la Hwy 49 hasta Sierra City (8 km).

06 SIERRA CITY

Sierra City es el principal punto de abastecimiento para quienes se dirigen a la sierra Buttes y ofrece más opciones para realizar excursiones cortas a cumbres con vistas panorámicas. Desde **Sierra Country Store** (sierracountrystore.com) hay una vasta red de senderos ideales para caminantes ocasionales, recogidos en el mapa de *Lakes Basin, Downieville-Sierra City*, a la venta en la tienda. El museo de Sierra City, la **Kentucky Mine** (sierracountyhistory.org), merece una parada que introduce la famosa "Golden Chain Highway". La mina de oro y el molino de pisón se encuentran al noreste de la ciudad.

AL VOLANTE
Hay que ir al oeste por la Hwy 49 siguiendo el río North Yuba durante unos 20 km hasta Downieville.

07 DOWNIEVILLE

Con menos de 300 habitantes, Downieville es la ciudad más grande del remoto condado de Sierra, situado en la confluencia de los ríos North Yuba y Downie. Con una reputación que rivaliza discretamente con la de Moab, Utah (antes de que creciera), la localidad es el principal destino para las rutas a caballo y un punto de partida para todo tipo de aventuras en la naturaleza. Los más atrevidos se lanzan por el **Downieville Downhill,** un estremecedor descenso vertical de 1200 m, considerado uno de los mejores para bicicleta de montaña de EE UU.

Sierra Buttes.

26

Delta del Sacramento y Lodi

DURACIÓN	DISTANCIA	IDEAL PARA
2 días	160 km	Familias, naturaleza

CUÁNDO IR De mayo a octubre, cuando la "brisa del delta" mantiene a raya el sofocante calor.

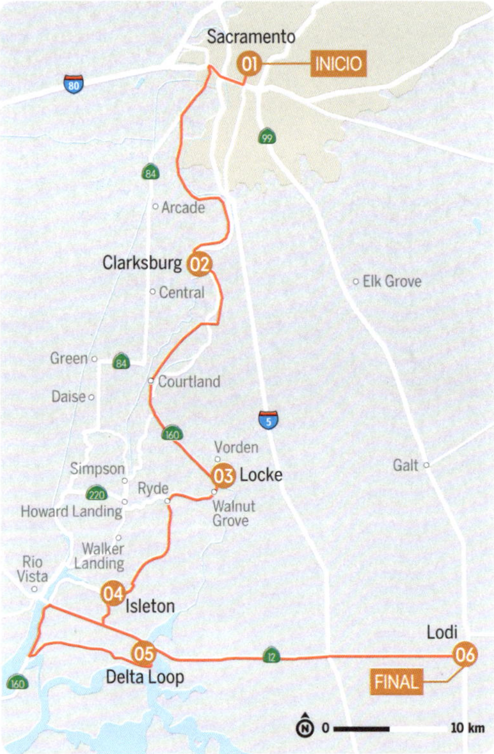

La red de canales del delta del río Sacramento-San Joaquín, de 3000 km², se adentra por carreteras de suaves pendientes en un laberinto de huertos, viñedos y cursos de agua. Aunque esta región está encajonada entre espacios urbanos muy poblados de la zona de la bahía y Sacramento, parece sumamente alejada de ellos. Lo mismo sucede con las bodegas rurales de la cercana Lodi, una de las regiones vinícolas más antiguas de California.

Sigue en ruta

24 Ebbetts Pass Scenic Byway
Para otra excursión fuera de lo turístico, se pone rumbo al este de Lodi por la Hwy 12, la Hwy 49 y la Hwy 4 durante 88 km hasta Murphys, en el Gold Country.

06 Valle de Napa
En contraste con la humildad de Lodi, el circuito vinícola más célebre del norte de California se encuentra junto a la Hwy 12, que discurre hacia el oeste desde Rio Vista.

01 SACRAMENTO

En la confluencia de dos de las vías fluviales más caudalosas de California (los ríos Sacramento y de los Americanos) se extiende la pequeña red de calles que conforma la capital del estado. El impresionante **California State Capitol** (capitolmuseum.ca.gov) es parada obligada, igual que el **Capitol Park,** el jardín de 16 Ha que rodea la cúpula.

En el puerto fluvial del cercano centro, el **Old Sacramento State Waterfront** (oldsacramento.com) sigue siendo el principal atractivo de la ciudad. El viejo ambiente de la fiebre del oro invita a pasear,

CULTURA

Visitar la última comunidad rural sino-americana de California.

Old Sacramento State Historic Park.

sobre todo las tardes de verano. Aquí se encuentra la mayor concentración de edificios catalogados en el Registro Nacional de Lugares Históricos de California. En el extremo norte, el **California State Railroad Museum** (csrmf.org) exhibe una importante colección de vagones y locomotoras, incluido un vagón litera Pullman y vagones restaurante de época. Los amantes de la gastronomía y la cerveza agradecerán una visita al animado **Midtown** (centro), con numerosas cervecerías y restaurantes que se abastecen de ingredientes frescos del Valle Central.

AL VOLANTE
Se pone rumbo al oeste desde el dorado Tower Bridge, un enclave histórico del río Sacramento inaugurado en 1935. Al otro lado del puente, se gira a la izquierda en Raley Field para tomar 5th St, que se sigue al sur hasta enlazar con S River Rd. Clarksburg está a menos de 32 km.

02 CLARKSBURG

Los campos y el tórrido calor que envuelven el oeste de Sacramento no parecen indicar que las "mil millas de canales" estén cerca. Pero al conducir por River Rd hasta Clarksburg, la brisa empieza a soplar. Es imposible pasar por alto el **Old Sugar Mill** (oldsugarmill.com), epicentro de una próspera comunidad de viticultores locales. Los vinos elaborados en esta región han evolucionado en las últimas décadas, aprovechando el sol abrasador y las brisas frescas. A pocos kilómetros al suroeste de la ciudad por la Rd 141 y la Rd 144, se ubica la bodega más famosa de la región, **Bogle** (boglewinery.com), entre los viñedos de una granja familiar de sexta generación.

AL VOLANTE
1,6 km al sur de Bogle, se gira hacia el este por County Rd 142 para retomar S River Rd, que discurre paralela a un ancho tramo del río Sacramento. En el siguiente puente hay que cruzar al lado este del río y continuar otros 9,6 km hacia el sur. En Locke Rd se gira a la izquierda para entrar en el distrito histórico de Locke.

03 LOCKE

Locke fue fundada por obreros chinos que construyeron los diques que bordean casi cada centímetro de este recorrido por el delta. En su época de esplendor, tenía fama de ciudad sin ley; durante la Ley Seca (1920-1933), la falta de un cuerpo de policía y la cercana red de canales la convirtieron en un hervidero de juego y alcohol. Al dejar la calle principal que discurre paralela al río y adentrarse en el casco antiguo, la vista no tiene comparación con ninguna otra del país: apretadas hileras de estructuras de madera con balcones chirriantes y edificios que combinan detalles occidentales y chinos. Los días salvajes de Locke están a la vista en el **Dai Loy Gambling House Museum** (locke-foundation.org), un antiguo salón de juego con exposiciones sobre la historia de la región. Las humildes exposiciones están bien, pero lo mejor es el propio edificio.

Cerca, la tienda cultural china vende recuerdos, artesanía, juegos, tés de importación y libros, entre ellos *Bitter Melon: Inside America's Last Rural Chinese Town*, con fotografías e historias orales.

La foto

Uno de los numerosos puentes de metal coloreados de S River Rd.

AL VOLANTE

Inmediatamente al sur de Locke, en Walnut Grove, hay que cruzar el puente y seguir hacia el sur por la Hwy 160, que discurre paralela al río Sacramento. Cerca de Isleton, hay un puente amarillo, que gira sobre un pivote para dar paso a grandes barcos. Se atraviesa el puente y se continúa hacia el sur por la Hwy 160 hasta el pueblo.

04 ISLETON

Al igual que Locke y Walnut Grove, Isleton también contaba con una próspera comunidad china, que se refleja en los históricos escaparates de la calle principal. La ciudad es una parada habitual de moteros con Harley-Davidson y navegantes del delta, que prestan un ambiente desaliñado a las calles y garantizan que los bares estén llenos.

CHANTARAT/SHUTTERSTOCK ©

Lodi.

Los aficionados a la pesca deben pasar por **Bob's Bait Shop** (themasterbaiter.tripod.com). Además de ofrecer información experta sobre pesca, vende cangrejos de río vivos para hacer un pícnic a orillas del río.

AL VOLANTE
Se sale de la ciudad por Jackson Slough Rd hacia el sur y se gira a la izquierda en la Hwy 12. Antes del siguiente puente, se gira a la derecha en Brannan Island Rd y se sigue por el Delta Loop para disfrutar de cielos llenos de aves y tierras bajas pantanosas. Con el aire acondicionado apagado, la ventana abierta deja entrar aromas a tierra labrada y a sal marina.

05 DELTA LOOP

La mejor forma de recorrer el Delta Loop es sin prisas, prueba de que a veces el viaje es tan importante como el destino.

Este es el corazón del delta, con puertos deportivos que bordean el tramo sur. Aquí se puede alquilar todo tipo de embarcaciones y observar aves migratorias. El itinerario termina en **Brannan Island State Recreation Area** (parks.ca.gov), con zonas de pícnic arenosas y lugares para preparar barbacoas.

De día, es ideal para las familias, con mucho espacio para correr y una playa donde los más pequeños pueden jugar entre los juncos.

El parque es excelente para observar aves en **Little Franks Tract,** un humedal protegido y hábitat ribereño, donde también se pueden avistar visones, castores o nutrias de río.

AL VOLANTE
Se toma la Hwy 160 hacia el norte para conectar con la Hwy 12, al otro lado del puente desde Rio Vista, una parada para comer algo. También se puede girar a la derecha y seguir al este por la Hwy 12 durante 27 km hacia Lodi (unos 30 min). Menos de 3 km.

06 LODI

En otro tiempo "capital mundial de la sandía", hoy el principal cultivo del valle son las viñas. Las brisas del delta refrescan los viñedos de la zona, intensamente calurosos, donde predomina la uva zinfandel. Algunas viñas llevan más de un siglo en manos de las mismas familias. Junto a la autopista, de camino a la ciudad, está la **Michael David Winery** (michaeldavidwinery.com). Unos kilómetros más al noreste se encuentra el **centro de visitantes del vino de Lodi** (lodiwine.com) donde facilitan un mapa gratuito de las bodegas rurales de Lodi y ofrecen degustaciones.

Si se dispone de tiempo, se pueden visitar bodegas como **Jessie's Grove Winery** (jessiesgrovewinery.com) o **Bokisch Vineyards** (bokischvineyards.com); si no, se va directamente al centro para degustar algunos vinos selectos y las marcas más famosas de la región en varias salas de cata que se concentran en unas pocas manzanas.

ZIKG/SHUTTERSTOCK ©

LA FERIA DEL ESTADO DE CALIFORNIA

Durante dos semanas cada mes de julio, la **California State Fair** (en la imagen; calexpostatefair.com) llena el recinto ferial Cal-Expo, al este de la I-80 en la orilla norte del río de los Americanos, de vacas y atracciones de feria.

Quizá sea el único lugar del mundo donde se puede plantar una secuoya, ver parir a un cerdo, montar en una montaña rusa, asistir a una carrera de barricas y degustar exquisitos añejos de Napa y cervezas artesanales de California, todo en una (agotadora) tarde. Se recomienda visitar las subastas (500 US$ por una docena de huevos) y las exposiciones agrícolas interactivas de la Universidad de California en Davis.

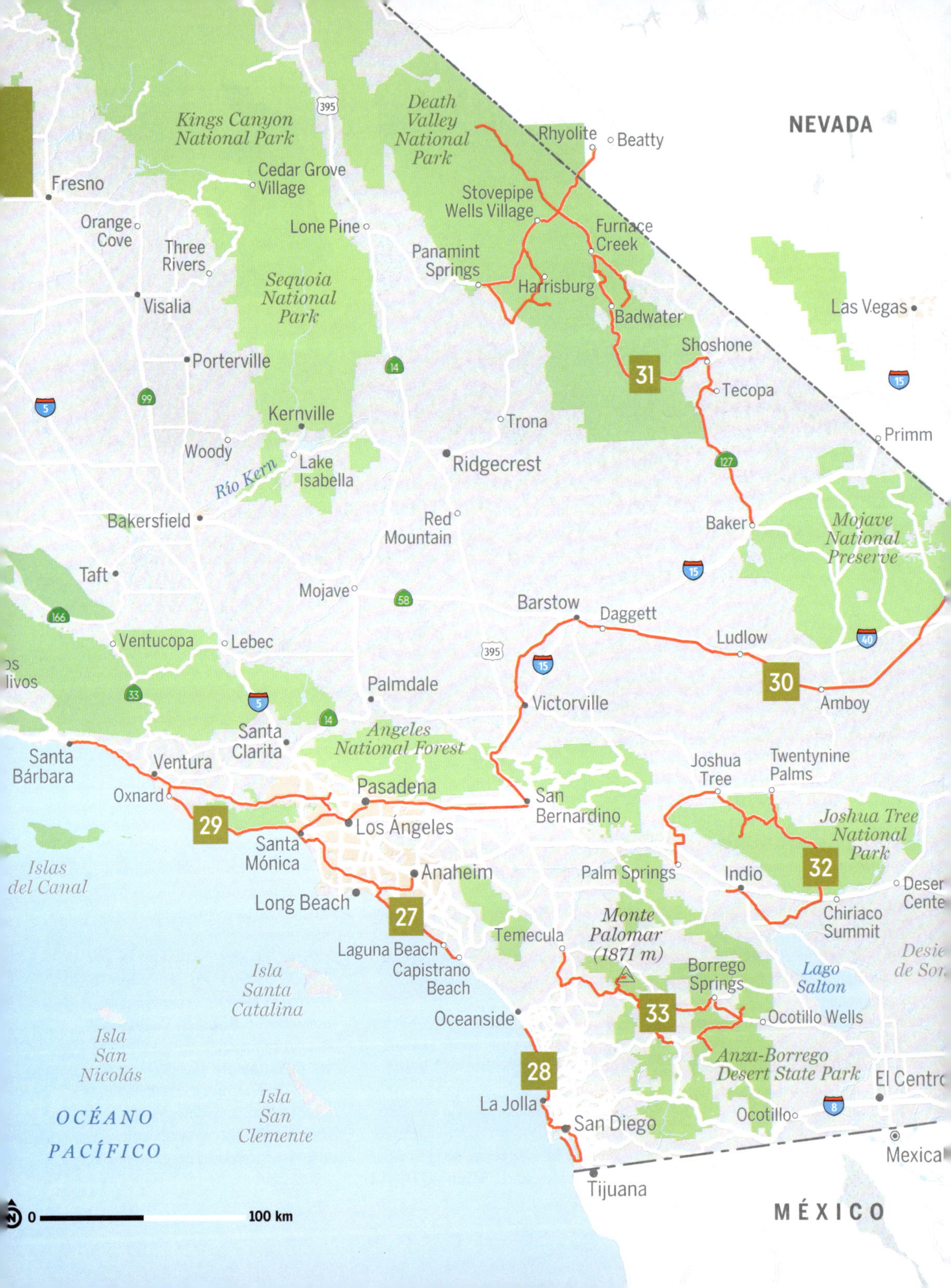

NEVADA
Kings Canyon National Park
Death Valley National Park
Rhyolite
Beatty
Fresno
Cedar Grove Village
Stovepipe Wells Village
Orange Cove
Lone Pine
Furnace Creek
Three Rivers
Panamint Springs
Harrisburg
Sequoia National Park
Visalia
Badwater
Las Vegas
Shoshone
31
Porterville
Tecopa
Kernville
Trona
Primm
Woody
Ridgecrest
Lake Isabella
Río Kern
Bakersfield
Red Mountain
Baker
Mojave National Preserve
Taft
Mojave
Barstow
Daggett
Ludlow
Ventucopa
Lebec
Palmdale
30
Amboy
Victorville
Santa Clarita
Angeles National Forest
Santa Bárbara
Ventura
Joshua Tree
Twentynine Palms
Oxnard
Pasadena
San Bernardino
Joshua Tree National Park
29
Los Ángeles
Santa Mónica
Islas del Canal
Anaheim
Palm Springs
Indio
32
Long Beach
Monte Palomar (1871 m)
27
Temecula
Chiriaco Summit
Laguna Beach
Capistrano Beach
Borrego Springs
Lago Salton
Isla Santa Catalina
33
Oceanside
Ocotillo Wells
Isla San Nicolás
28
Anza-Borrego Desert State Park
El Centro
La Jolla
Isla San Clemente
OCÉANO PACÍFICO
San Diego
Ocotillo
Tijuana
MÉXICO
0
100 km
395
14
99
5
127
15
58
166
40
33
8

CB_TRAVEL/SHUTTERSTOCK ©

Lost Palms Oasis Trail, Joshua Tree National Park (p. 180).

Sur de California

Explorar

Sur de California

Surf, playa y sexo van indisolublemente asociados a SoCal, y la realidad no defrauda: los bañadores son de veras más pequeños; el agua, más cálida; y los veranos, menos brumosos que en el norte del estado. Los Ángeles es donde se acude a ver famosos. Y la cultura de surf prima en San Diego y el condado de Orange, donde Disneyland resulta una atracción irresistible para niños y adultos.

Tras experimentar el calor de los desiertos y los glamurosos complejos de Palm Springs, toca adentrarse en la descarnada belleza natural del Valle de la Muerte y Joshua Tree, donde polvorientos caminos conducen a remotos pueblos fantasma. Como colofón, se huye del gentío haciendo un tramo de la carretera más icónica de la región: la Ruta 66.

Principales poblaciones

Aunque Los Ángeles (LA) y San Diego son las dos mayores urbes del estado y, por ende, de las que más visitantes atraen, el condado de Orange y Palm Springs resultan muy prácticos para iniciar un viaje por carretera.

Los Ángeles

LA es el vibrante núcleo del sur de California, el condado más grande de EE UU y el hogar de unos 10 millones de personas. Su aeropuerto internacional (LAX) es uno de los más concurridos del mundo y una excelente opción como punto de llegada.

Eso sí, interesa alejarse cuanto antes del aeropuerto y lanzarse a explorar sus muchos reclamos, incluidas las playas de Malibú, el poder estelar de Hollywood, el jolgorio nocturno de West Hollywood y Sunset Strip, los museos y mercados del Downtown (centro), y las rutas de senderismo de la sierra de Santa Mónica. Si el tráfico lo permite, LA se encuentra a 1-2 h por carretera de otros destinos ineludibles de SoCal, como Disneyland y Santa Bárbara.

Dicho esto, quienes deseen ahorrar harán bien en pasar sin detenerse demasiado, ya que el alojamiento y los restaurantes son bastante caros.

San Diego

El principal punto de entrada desde México por tierra es San Diego, que además de gozar de un clima idílico, es la octava ciudad más grande del país, aunque cuesta deducirlo a tenor de su ambiente alegre y relajado, sus exuberantes paisajes y la sucesión de deslumbrantes playas urbanas

CUÁNDO IR

En SoCal no hay temporada baja. El invierno suele ser la época más lluviosa. Al viajar por el desierto habrá que llevar abundante agua y, de mayo a septiembre, el aire acondicionado se vuelve indispensable. Si el invierno ha sido particularmente lluvioso, las coloridas flores del desierto brotan de finales de febrero a abril, un asombroso contraste frente a los tonos ocres predominantes.

que bordean la costa. Dos buenos planes son almorzar junto al mar en Pacific Beach y disfrutar de compras en La Jolla.

Anaheim

Si el condado de Orange tuviera un centro, sin duda sería el jovial Disneyland. Muchos visitantes se instalan cerca del parque para tenerlo a mano (el precio del alojamiento varía conforme a la temporada), y a escasos kilómetros ha surgido una batería de restaurantes de lo más *cool*, logrando que Anaheim no gire exclusivamente en torno al famoso ratón de Disney.

Saliendo de Anaheim aguarda una versión de Orange muy distinta: el ambiente surfero de las playas de Huntington y Newport, las coquetas tiendas de Orange, museos de talla mundial en Santa Ana y el panorama artístico de Laguna Beach.

Palm Springs

Al llegar al desierto del sur de California seguramente se pasará por esta localidad de influjo palpable en todo el valle de Coachella. Tras hacer acopio de provisiones se impone empaparse del inagotable sol y la fantástica arquitectura antes de saborear un cóctel con sombrillita. Desde aquí, hay menos de 1 h en coche hasta el Joshua Tree National Park.

TRANSPORTE

El coche es indispensable en SoCal, por más que esté previsto que el Metro Rail llegue al aeropuerto de LA a finales del 2024 o que la red de tranvías MTS de San Diego dé servicio a muchos destinos de la zona. Amtrak California conecta los principales nudos de transportes de LA y San Diego (Union Station en ambos casos), ofreciendo inspiradoras vistas del océano durante el tramo entre San Diego y los condados al sur de Orange (LA-San Diego desde 36 US$, 3 h).

AGENDA

Tournament of Roses

Pasadena celebra un desfile repleto de flores para empezar el año.

Coachella Valley Music & Arts Festival

Indio tiene una cita imprescindible con el *rock* cada mes de abril.

Stagecoach Festival

Es al *country* lo que Coachella al *rock;* en abril.

Cinco de Mayo

No será como el Grito de Independencia, pero en esta fecha tan señalada toda California festeja la cultura mexicana.

DÓNDE ALOJARSE

En la playa, en el desierto, en un *resort*, a pie de carretera... SoCal tiene algo para todos los gustos. Los hoteles tipo *resort* como el **Grand Californian** de Disney, el **Legoland Hotel,** el **Hotel del Coronado** de San Diego o el **Inn at Death Valley** son en sí atracciones turísticas.

Algunas opciones de precio medio son el **Ace Hotel & Swim Club,** en Palm Springs, y varias propuestas muy rentables por West Hollywood, el Balboa Park de San Diego e incluso Santa Mónica. Si no sobra el dinero, un magnífico establecimiento es el **Crystal Cove Beach Cottages,** en el condado de Orange (resérvese con bastante antelación), lo mismo que los moteles que salpican la Ruta 66 y los *campings* repartidos por el litoral.

Recursos

Visit California (visitcalifornia.com) Completa información turística en una docena de idiomas.

Discover Los Angeles (discoverlosangeles.com) Versátil portal con información de la ciudad.

San Diego Tourism (sandiego.org) Para explorar tanto por tierra como por mar.

LAist (laist.com) Actualidad, *podcasts* y consejos.

27

PAISAJES

Hacer un alto en el Lookout Point de Corona del Mar.

Disneyland y playas del condado de Orange

DURACIÓN	DISTANCIA	IDEAL PARA
3-4 días	105 km	Naturaleza, familias

CUÁNDO IR	
	De junio a septiembre, la temporada estival de playa.

Muelle de Huntington Beach.

Viajando por la soleada Highway 1 se disfrutarán bellos atardeceres, rompientes y marisco fresco. Sin embargo, son los descubrimientos inesperados y fortuitos los que quedan grabados en la memoria del viajero tras dejar atrás estos 67 kilómetros de mar y arena. Se empieza dedicando un par de jornadas a Disneyland: el punto de partida ideal para unas vacaciones inolvidables por SoCal.

Sigue en ruta

03 Carreteras de la costa del Pacífico

El condado de Orange es, oficialmente, la sección de la Pacific Coast Hwy (PCH) que discurre por California, concretamente por la Hwy 1 entre Seal Beach y Dana Point.

28 Diversión en la costa de San Diego

Desde Dana Point hay 50 km al sur por la I-5 hacia Carlsbad, en el North County de San Diego, muy indicado para familias.

01 DISNEYLAND

La atracción más exitosa de la costa oeste, **Disneyland** (disneyland.com), ha recibido innumerables visitantes desde su inauguración en 1955. Desde los esqueletos de *Los piratas del Caribe* hasta la frenética Space Mountain y el reciente Star Wars: Galaxy's Edge, su magia anida por doquier. Al caer la noche se podrá ver un espectáculo pirotécnico sobre el castillo de la Bella Durmiente.

Cruzando la plaza se encuentra su vecino más joven: **Disney California Adventure** (disneyland.disney.go.com) condensa lo mejor del Golden State y del mundo de celuloide en secciones como Cars

Land, Hollywoodland o Pixar Pier. No hay que perderse el espectáculo nocturno "World of Color".

Downtown Disney District, un barrio peatonal contiguo, está lleno de tiendas de recuerdos, restaurantes familiares y locales de ocio que abren entrada la noche.

AL VOLANTE
Tras cubrir un tramo de la I-5 en dirección sur, se cruza el condado de Orange yendo por la Hwy 22 hacia el oeste para, luego, incorporarse a la I-405 con rumbo norte. Recorridos unos 1,5 km más, se va por Seal Beach Blvd unos 5 km hacia la costa. Luego, se gira a la derecha por la Hwy 1 (también llamada Pacific Coast Hwy, o PCH), que secciona el condado de Orange, y se tuerce a la izquierda por la Main St de Seal Beach.

02 SEAL BEACH

Muchos pueblecitos de playa compiten en belleza en SoCal, pero Seal Beach se lleva la palma: una plácida alternativa a la más concurrida costa sur del condado de Orange. Main St, tres manzanas sin semáforos, bulle con restaurantes de gestión familiar y tiendas independientes con buenas dosis de nostalgia. Siguiendo a los surfistas descalzos hacia el final de Main St junto al mar, se llega al **muelle de Seal Beach.** En la playa se verán familias relajándose, ajenas al adefesio en forma de torre petrolera frente a la costa. El suave oleaje hace de Seal Beach un sitio genial para iniciarse en el surf. La **M&M Surfing School** (surfingschool.com) estaciona su furgoneta en el aparcamiento al norte del muelle, junto a la esquina de Ocean Ave con 8th St.

AL VOLANTE
Pasado un corto puente yendo al sur por la Hwy 1, se pasa junto a una lengua de tierra de unos 1,5 km conocida como Sunset Beach, donde no faltan las tiendas de alquiler de kayaks y tablas de surf de remo junto al puerto. Siguiendo otros 9,5 km hacia el sur por la Hwy 1, pasada la Bolsa Chica State Beach and Ecological Reserve, se llega al **muelle de Huntington Beach.**

03 HUNTINGTON BEACH

La obsesión de SoCal surfear alcanza su culmen en esta capital estadounidense del surf, donde Duke Kahanamoku, referente del deporte, tiene una estatua en la intersección de Main St con PCH. En el el **Surfers' Hall of Fame** (hsssurf.com/shof) se encuentran los nombres de legendarios surfistas en el pavimento. Visítese el **International Surfing Museum** (huntingtonbeachsurfingmuseum.org) para más información.

Desde el **muelle de Huntington Beach** se obtiene una magnífica perspectiva de los temerarios surfistas. Los novatos deben probar en otras playas. El **US Open of Surfing** congrega a más de 600 surfistas y 500 000 asistentes cada verano. En el resto del año, esta **ciudad playera** es ideal para relajarse en la arena.

AL VOLANTE
Desde el muelle de Huntington Beach, junto al cruce con Main St, se va al sur por la Hwy 1 en paralelo al océano otros 6,5 km hasta Newport Beach. Se dobla a la derecha por W Balboa Blvd hacia la península de Balboa, encajada entre el mar

y la isla de Balboa, frente al puerto de Newport.

04 NEWPORT BEACH

Como se ve en numerosas series, como *The OC*, en la pomposa Newport Beach tanto la alta sociedad y los glamurosos adolescentes como las preciosas playas comparten ser el centro de atención. Exuberantes mujeres en biquini pasean por la playa entre los muelles de la península mientras algunos valientes desafían las olas sobre tablas de *bodyboard* en el Wedge y los cimbreantes yates inducen a soñar con ser rico y famoso. Del puerto zarpa un ferri que va a la **isla de Balboa** (balboaisland.com) y a pocos metros, cerca del mítico **Balboa Pavilion** (alboapavilion.com), se encuentra la noria de la **Balboa Fun Zone** (balboafunzone.com).

La foto

Surfistas en el muelle de Huntington Beach.

AL VOLANTE

Un breve desvío yendo por la Hwy 1 al sur de Newport Beach ofrece fabulosas panorámicas del océano. Primero se cruza el puente sobre el canal de Newport hacia el sur. Luego, tras 5 km, se tuerce a la derecha por Marguerite Ave, ya en Corona del Mar; y una vez se llega a la costa, se vuelve a girar a la derecha por Ocean Blvd.

05 CORONA DEL MAR

Algunas de las vistas al mar más famosas de SoCal se obtienen desde los acantilados de Corona del Mar, al sur del canal de Newport, con playas de postal, calas rocosas y piscinas de marea aptas para ir con los peques repartidas por un idílico tramo de costa. Uno de los mejores miradores es el ventoso **Lookout Point,** en Ocean Blvd, cerca de Heliotrope Ave. Por debajo de los abruptos acantilados situados al este se halla **Main Beach** (newportbeachca.gov),

ANTHONY FONTANEZ/SHUTTERSTOCK ©

Crystal Cove State Park.

una playa de 800 m con zona de parrillas y pistas de voleibol. Los fines de semana hay que llegar temprano para aparcar.

Unas escaleras bajan a Pirates Cove, una fantástica playa sin olas ideal para las familias. Para más vistas se recomienda ir al este por Ocean Blvd hasta **Inspiration Point,** cerca de la esquina con Orchid Ave.

AL VOLANTE
Volviendo por Orchid Ave hacia la Hwy 1, en dirección norte, se gira a la derecha con rumbo sur. El tráfico va disminuyendo conforme las vistas se vuelven más salvajes y libres de complejos urbanísticos. La entrada del Crystal Cove State Park queda a poco más de 3 km.

06 CRYSTAL COVE STATE PARK

Con más de 5 km de playa abierta y 970 Ha de bosque virgen, esta **reserva** (parks.ca.gov) permite olvidar por un momento que está a un paso de una trajinada zona metropolitana. Es también un parque marino en el que los entusiastas del buceo pueden descubrir los restos sumergidos de un caza de combate que se estrelló en 1949.

Otra opción es bañarse en sus piscinas de marea, pescar, practicar kayak o surfear en la agreste y ventosa costa de Crystal Cove. En el lado de la Hwy 1 más próximo al interior esperan kilómetros de pistas de senderismo y ciclismo de montaña.

AL VOLANTE
Hay que circular otros 6,5 km al sur por la Hwy 1. Uno sabrá que ha llegado a Laguna Beach a medida que aumente la concentración de tiendas, restaurantes, galerías de arte, moteles y hoteles a lo largo de la carretera. Al este del cruce de Laguna Canyon Rd (Hwy 133) se localiza el entramado de calles de sentido único que conforma su centro urbano.

POR QUÉ ME GUSTA ESTA RUTA

Andrew Bender, autor

El condado de Orange es un microcosmos de lo mejor de SoCal: 67 km de preciosos atardeceres, un surf de primera, marisco recién capturado, calas retiradas y playas inmaculadas. Cada población brinda una experiencia distinta: clases de surf en Seal Beach, vela por el puerto de Newport, arte ecléctico en Laguna Beach, avistamiento de ballenas frente a la costa de Dana Point... Pero, a veces, el mejor plan es no tener plan.

07 LAGUNA BEACH

Las apartadas calas, acantilados y bungalós de estilo *arts and crafts* de esta colonia de artistas del s. xx suponen un agradable paréntesis después de kilómetros de arquitectura suburbana. Laguna celebra sus raíces bohemias con festivales de arte, galerías y el **Laguna Art Museum** (lagunaartmuseum.org).

En el centro se pueden explorar elegantes *boutiques*. La playa, **Main Beach,** siempre rebosa de gente tomando el sol y jugando al voleibol. El **Heisler Park,** sobre los acantilados al norte, tienta con arte público, palmeras, mesas de pícnic y panorámicas de la costa y sus piscinas de marea. Interesa visitar Divers Cove, una profunda y resguardada ensenada. Y, al sur, se encuentran muchas playas públicas en apenas unos kilómetros a lo largo del litoral. Hay que estar atento a los letreros de "*beach access*" o bien poner la directa al **Aliso Beach County Park** (ocparks.com), la playa preferida de los lugareños.

AL VOLANTE
Se sale de Laguna Beach en dirección sur por la Hwy 1 (PCH) hacia el Aliso Beach County Park, a unos 5 km y, luego, otros 6,5 km hasta Dana Point. Después, se gira a la derecha por Green Lantern St y, luego, a la izquierda por Cove Rd, que discurre sinuosa junto a la playa estatal y el instituto oceanográfico antes de recalar en Dana Point Harbor Dr.

DESVÍO
Pacific Marine Mammal Center
Inicio: 07 Laguna Beach

Unos 5 km tierra adentro desde Laguna Beach se halla el enternecedor **Pacific Marine Mammal Center** (pacificmmc.org), consagrado al rescate y la rehabilitación de mamíferos marinos heridos o enfermos. Este centro sin afán de lucro tiene una plantilla reducida y voluntarios que cuidan pinnípedos rescatados (lobos, marinos y focas) para recuperación. Hay un circuito autoguiado para visitar a los "pacientes".

08 DANA POINT

La idea aquí es divertirse en familia avistando ballenas o navegando en los barcos de pesca deportiva que zarpan del puerto. El **Ocean Institute** (ocean-institute.org) posee réplicas de grandes veleros históricos, exposiciones marinas y un laboratorio flotante. **Doheny State Beach** (dohenystatebeach.org) tiene mesas de pícnic, pistas de voleibol, un carril-bici frente al mar y una playa de arena con pozas de marea. Ideal para niños.

28

Diversión en la costa de San Diego

DURACIÓN	DISTANCIA	IDEAL PARA
2-4 días	138 km	Familias, naturaleza, bodegas

CUÁNDO IR	
	De junio a septiembre, para disfrutar de la playa.

En EE UU trabajan todo el año para tener dos semanas de vacaciones. Los sandieguinos trabajan de lunes a viernes para disfrutar del fin de semana en la playa. Entre las divertidas atracciones familiares cerca de las hermosas carreteras costeras del condado se incluyen el USS Midway Museum, el zoológico del Balboa Park y el parque temático Legoland, además de decenas de playas. La región tiene un clima idílico para relajarse.

Sigue en ruta

27 Disneyland y playas del condado de Orange

Recorrer 48 km al norte por la I-5 hasta Dana Point para otro fantástico viaje en familia, combinando playas de fábula y la magia de Disneyland.

33 Temecula, Julian y Anza-Borrego

Conduciendo 56 km hacia el interior desde Carlsbad (primero por la Hwy 76 en dirección este y, luego, por la I-15 hacia el norte) se verán viñedos y manzanos.

01 CORONADO

Premiada con el emblemático **1888 Hotel del Coronado** (hoteldel.com) y una de las playas más elogiadas del país, esta localidad se asienta al otro lado de la bahía de San Diego desde el Downtown, a kilómetros del conglomerado de hormigón y el tumulto de las más concurridas playas situadas más al norte. Tras cruzar la bahía por el curvo **Coronado Bay Bridge,** se sigue la arbolada e impecable sección de Orange Ave 1,6 km hacia Ocean Blvd y, tras aparcar, se da un garbeo por la zona. Extendiéndose delante del fotogénico Hotel

AL AIRE LIBRE

Explorar las calas, playas y reservas naturales de La Jolla.

Balboa Park.

Del se halla la **Coronado Municipal Beach.** Y 8 km más al sur, **Silver Strand State Beach** (parks.ca.gov) ofrece aguas calmas para ir en familia.

AL VOLANTE
Se sigue la Hwy 75 hacia el sur desde Silver Strand, y después del San Diego Bay National Wildlife Refuge, se traza un curvo recorrido tierra adentro junto a Imperial Beach. Tras incorporarse a la I-5 en sentido norte, se sale hacia la Hwy 163 con rumbo norte hacia el Balboa Park. Se toma la salida 1C y se siguen las indicaciones que llevan al parque y al zoológico.

02 BALBOA PARK

Los pabellones de estilo neocolonial español de la Exposición de Panamá-California celebrada entre 1915 y 1916 aportan un toque de exotismo a este retiro urbano de 485 Ha que atesora jardines, teatros, más de 16 museos y un gigantesco pabellón con un órgano exterior. Todo puede recorrerse a pie. Su principal baza es el **zoológico de San Diego** (zoo.sandiegozoo.org). Conviene llegar temprano, cuando la mayoría de las criaturas se muestran más activas. No lejos se sitúa el **Spanish Village Art Center** (spanishvillageart.com), un pequeño enclave de casitas alicatadas que sirven de talleres de alfareros, joyeros, sopladores de vidrio, escultores y pintores, donde se puede ver a los artesanos trabajando.

AL VOLANTE
Tras salir del Balboa Park hacia el este por Zoo Pl, se vira a la derecha por Florida Dr y a la derecha, de nuevo, por Pershing Dr. Se circula por la I-5 en dirección norte más de 1,6 km para, luego, tomar la salida 17A. Se siguen casi 1,6 km más al oeste por Hawthorn St hacia el frente marítimo y luego se gira a la izquierda por Harbor Dr.

DESVÍO
San Diego Zoo Safari Park
Inicio: 02 Balboa Park

Una magnífica propuesta para un paseo es este **zoológico** (sdzsafaripark.org) en el que jirafas, leones y rinocerontes erran plácidamente por 728 Ha de campo abierto. Para creer estar en un safari, basta subirse al Africa Tram, un tranvía que recorre parte del recinto en apenas 25 min. En otras áreas, los animales se encuentran en enormes cercados al aire libre. También hay un corral para acariciar animales, charlas a cargo de cuidadores y encuentros con los "residentes". El parque está en Escondido, 50 km al noreste del Balboa Park por la Hwy 163 y la I-15 en dirección norte; como alternativa, cabe ir 40 km al este por la Hwy 78 desde la costera Carlsbad. Aparcar cuesta 15 US$.

03 EMBARCADERO

El ferri y los cruceros de Coronado atracan en el céntrico Embarcadero de San Diego. Inmaculados paseos avanzan a lo largo de Harbor Dr, frente al mar, donde una serie de históricos veleros señalan el camino al **Maritime Museum** (sdmaritime.org), donde el viajero podrá subirse a bordo del *Star of India* (1863) y ver el submarino de combate soviético B-39. Es aún más grande el **USS 'Midway Museum'** (midway.org), alojado en el portaaviones de la Marina que más tiempo ha estado en funcionamiento hasta la fecha: de 1945 a 1992, tras haber participado en la II Guerra Mundial y en las guerras de Vietnam y del Golfo.

Esta ciudad flotante sin duda traerá a la memoria muchas escenas de *Top Gun*. La mejor forma de repasar su historia es con un circuito autoguiado que recorre las literas, la cocina, la enfermería y, por supuesto, la cubierta de vuelo, donde no faltan varios cazas restaurados, incluido un F-14 Tomcat.

La foto

El Hotel del Coronado, engalanado con torretas rojas.

AL VOLANTE

Se sigue Harbor Dr 5 km al noroeste, ciñéndose al frente marítimo después del aeropuerto. Se gira a la derecha hacia Nimitz Blvd y se recorren otros 1,6 km. Luego, a la izquierda por Chatsworth Blvd y, después, a la derecha por Narragansett Ave. Al cabo de 1,6 km, se topa con Sunset Cliffs Blvd, ya en Ocean Beach.

04 OCEAN BEACH

En la comunidad costera más bohemia de San Diego mandan los peinados desaliñados, los tatuajes y los

SHERRY V SMITH/SHUTTERSTOCK ©

Pasarela de Mission Beach.

piercings. Newport Ave, su vía principal, perpendicular a la playa, secciona una céntrica zona de bares, establecimientos de comida callejera, tiendas de surf, música y ropa *vintage*, y algún que otro anticuario.

El **muelle de Ocean Beach,** de 800 m de longitud, carece de atractivo arquitectónico pero, desde su extremo más alejado, ofrece una excelente perspectiva del litoral. Hay una tienda de pesca que alquila cañas. Y más al norte, en **Dog Beach,** se puede ver a los cachorros correteando detrás de las aves en la zona pantanosa junto a la desembocadura del río o caminar hasta el **Sunset Cliffs Park** para darle al surf o deleitarse con unos atardeceres de cine.

AL VOLANTE

Superado el tráfico de Sunset Cliffs Blvd en dirección norte, se continúa por W Mission Bay Dr, que cruza el agua en dos ocasiones después del SeaWorld. A menos de 6,5 km de Ocean Beach, se cruza Mission Blvd; y, luego, para llegar a la playa principal y el Belmont Park, se tuerce a la izquierda.

05 MISSION BEACH Y PACIFIC BEACH

Es el SoCal de las películas, con surfistas musculosos y playistas bronceados que abarrotan el tramo de 5 km de playa que se extiende desde el South Mission Jetty a Pacific Beach Point, al norte. El mejor sitio de San Diego para ver el trasiego es el Ocean Front Walk, la pasarela que conecta las dos playas. Para una dosis de diversión a la vieja usanza en Mission Beach, el Belmont Park (belmontpark.com) lleva desde 1925 prometiendo emociones fuertes con la montaña rusa de madera conocida como Giant

DENIS KABANOV/SHUTTERSTOCK ©

A UN PASO DE LA FRONTERA: TIJUANA, MÉXICO

Detrás de la frontera terrestre más transitada del hemisferio occidental está la ciudad mexicana de Tijuana (2 millones de hab.). Fue durante décadas un divertido y barato lugar de escapada entre sandieguinos, angelinos, marineros y universitarios con ganas de juerga. Sin embargo, las cosas cambiaron hace dos décadas, cuando el impacto de la violencia asociada a los cárteles, sumado a la crisis mundial, convirtió zonas turísticas antaño bulliciosas en pueblos fantasma. Pese a haber áreas de la ciudad que inducen a la esperanza, también existe un mercado local de metanfetaminas sumamente preocupante. Cuando se redactaba esta guía, Tijuana registraba la tasa de homicidios más elevada del mundo. El contraste con respecto a San Diego se palpa nada más cruzar la frontera. Aunque los viajeros deben tener cierto grado de cautela, muchas visitas transcurren sin problemas. No en vano, hay numerosos motivos para visitar Tijuana.

El mayor reclamo es la **avenida Revolución** ("La Revo"; en la imagen), ensombrecida por la proliferación de tiendas de ropa y recuerdos, locales de estriptis, farmacias que venden medicamentos a estadounidenses, y buscavidas a los que es preferible repeler diciendo "no" sin titubear. El paisaje es más atractivo de camino a la **avenida Constitución** y aledaños, donde destacan la **catedral de Nuestra Señora de Guadalupe,** el templo más antiguo de la ciudad; el pintoresco **mercado El Popo,** que vende desde vainas de tamarindo a iconografía religiosa; y el **pasaje Rodríguez,** lleno de prometedoras galerías de arte y bares. Cerca se halla el audaz **Centro Cultural Tijuana** (apodado "El Cubo"), con el **Museo de las Californias,** que documenta la historia de esta región fronteriza.

Para cruzar la frontera se necesita un **pasaporte** (cbp.gov/contact/ports/san-ysidro-class). Se desaconseja desplazarse hasta México en automóvil. En transporte público, la **San Diego Trolley Blue Line** circula entre el centro de San Diego y San Ysidro, en la frontera. La frontera ha de cruzarse a pie. A la avenida Revolución se tarda unos 20 min caminando; basta seguir la señalización hacia el centro. Si se decide proseguir el viaje en taxi en el lado mexicano, conviene asegurarse de que este tenga taxímetro.

Dipper. Tampoco faltan los coches de choque, un tiovivo y otras atracciones clásicas, además de un *escape room*. En el extremo de Garnet Ave más próximo al mar, en Pacific Beach, se halla el **Crystal Pier,** un agradable muelle ideal para contemplar las olas o pescar. Hacia el interior, en **Mission Bay** (sandiego.gov), se puede jugar al voleibol o dar vueltas alrededor de Fiesta Island sobre esquís acuáticos o volar una cometa en el Mission Bay Park. La vela, el *windsurf* y el kayak se llevan la palma en el noroeste de Mission Bay. Y hay kilómetros de senderos asfaltados geniales para montar en bici o ir con patines en línea.

AL VOLANTE
Yendo al norte de Pacific Beach por Mission Blvd, se tuerce a la izquierda hacia Loring St, que vira a la derecha por La Jolla Blvd. Tras varias rotondas, el bulevar se aferra a la costa a lo largo de 5 km hasta recalar en el centro de La Jolla, seccionado longitudinalmente por Pearl St.

06 LA JOLLA

Enclavada en un tramo de costa hermoso de SoCal, esta privilegiada población ofrece playas, *boutiques* y mansiones en acantilados.

Para disfrutar del sol se puede montar en kayak y bucear con tubo en La Jolla Cove. Un buen sitio tanto para el buceo de superficie como de profundidad es el **San Diego-La Jolla Underwater Park,** una zona protegida que da cobijo a numerosas especies marinas, bosques de algas, arrecifes y cañones. Las olas han tallado una serie de cuevas en los acantilados calizos al este de La Jolla Cove. Desde tierra firme se descienden 145 precarios escalones que conducen a la Sunny Jim Cave, accesible por la **Cave Store** (cavestore.com).

Al norte por La Jolla Shores Dr, junto al mar, está el **Birch Aquarium** (aquarium.ucsd.edu), con fauna marina y espacios interactivos. 8 km al norte, la **Torrey Pines State Natural Reserve** (torreypine.org) protege el amenazado pino de Torrey y ofrece paseos por la naturaleza sobre una playa muy popular entre los aficionados al parapente.

AL VOLANTE
Conduciendo debajo de la reserva natural contigua a la Torrey Pines State Beach, se abren panorámicas del Pacífico conforme la carretera costera va estrechándose y cruza una laguna para, luego, subir los acantilados de caliza que preceden a Del Mar, a poco más de 16 km.

07 DEL MAR

La más glamurosa de cuantas poblaciones costeras conforman el North County atesora el **Del Mar Racetrack & Fairgrounds** (dmtc.comp), fundado en 1937 por famosos como Bing Crosby y Oliver Hardy. Vale la pena sobrellevar el gentío la jornada inaugural solo por ver los espectaculares y desmesurados sombreros que lucen las asistentes.

Otra estampa característica de Del Mar son sus coloridos globos aerostáticos; puede reservarse un vuelo para ver la puesta de sol con **California Dreamin'** (californiadreamin.com). El centro de Del Mar (también conocido como "*the village*") se extiende 1,5 km por Camino del Mar. En su epicentro está el centro comercial **Del Mar Plaza** (delmarplaza.com), con restaurantes, *boutiques* y selectas terrazas que miran al mar. En el extremo oeste de 15th St se sitúa **Seagrove Park,** una zona verde frente a la playa.

AL VOLANTE
Siguiendo el litoral por el Camino del Mar se llega a la S Coast Hwy 101, y, luego, a Solana Beach, donde las tiendas de arte, moda y antigüedades del Cedros Ave Design District quedan una manzana hacia el interior. Continuando al norte por S Coast Hwy 101 se llega a Encinitas, casi 10 km al norte de Del Mar.

08 ENCINITAS

Propiamente parte de Encinitas, el barrio periférico de **Cardiff-by-the-Sea** cuenta con restaurantes poco convencionales, tiendas de surf y comercios en línea con la *new age* que bordean la costa. Conocido por sus rompientes de surf

ENCUENTRO CON FOCAS EN CHILDREN'S POOL

Un sitio muy recomendable para llevar a los peques es la playa de Children's Pool. Eso sí, ¡no con la idea de bañarse!

Esta playa protegida, en la que durante décadas focas y lobos marinos han campado a sus anchas, recibe ahora visitas de familias. Grupos defensores de los animales reclaman su estatus de protegido, mientras que varios lugareños han solicitado el traslado de los animales a otro sitio.

Hasta la fecha, las focas siguen donde estaban, en una zona delimitada por cuerdas durante la temporada de cría para mantener a los humanos a raya. También pueden verse desde el muro que se extiende por el litoral. La playa y la cala están junto a Coast Blvd.

ROSAMAR/SHUTTERSTOCK ©

Carlsbad Ranch Flower Fields.

y los serenos visitantes que recibe, Cardiff descansa a orillas de la **laguna de San Elijo** (sdparks.org), una reserva de 396 Ha muy del gusto de ornitólogos y senderistas. Interesa detenerse en su centro natural para recorrer sus exposiciones didácticas y maravillarse ante las amplias vistas que ofrece el mirador de la 2ª planta.

Desde que Paramahansa Yogananda construyera aquí, en 1937, su **Self-Realization Fellowship Retreat** (encinitastemple.org), junto al mar, Encinitas ha ejercido de imán entre curanderos y amigos de lo místico. Su pequeño pero encantador jardín de meditación presume de estupendas vistas del Pacífico.

Las cúpulas doradas en forma de loto de la ermita marcan el desvío a Swami's, un formidable rompiente frecuentado por lugareños muy territoriales. Más allá de sus cafés, bares, restaurantes y tiendas de surf, el reclamo del centro es el **La Paloma Theatre** (lapalomatheatre.com), un cine de 1928 que proyecta filmes independientes, internacionales y de culto.

AL VOLANTE

Unos 6,5 km al norte de Encinitas, la S Coast Hwy 101 se torna Carlsbad Blvd, que tras recorrer lentamente 8 km de acantilados en dirección norte, llega a Carlsbad. Si se pasa de largo se topa con Oceanside, un barrio pensado para alojar al personal de la Marine Corps Base Camp Pendleton.

09 CARLSBAD

La **laguna de Batiquitos** (batiquitosfoundation.org), uno de los últimos humedales mareales en California, separa Carlsbad de Encinitas.

Los senderistas disfrutarán de chumberas, chaparrales y eucaliptos, junto con garzas morenas y garcetas níveas. Tierra adentro, pasadas las floridas especies que cuajan los **Carlsbad Ranch Flower Fields** (theflowerfields.com), aguarda el **Legoland California Resort** (legoland.com/california), un divertido parque de atracciones donde los niños podrán buscar huesos de dinosaurio, pilotar helicópteros y sacarse el carnet de conducir mientras los papis exploran Miniland USA, recreando símbolos nacionales con piezas de Lego.

De vuelta a la costa, las largas y arenosas playas a lo largo de Carlsbad Blvd invitan a pasear al atardecer al sur de Carlsbad Village Dr.

29

CINE

Visitar los estudios de Burbank.

La cultura pop de SoCal

DURACIÓN	DISTANCIA	IDEAL PARA
3 días	395 km	Naturaleza, familias

CUÁNDO IR	En cualquier época del año, aunque el invierno puede ser lluvioso.

Laguna Beach.

Tras descubrir las cinematográficas playas del condado de Orange, se enfila al noroeste, pegado al Pacífico, dejando atrás los *skate parks* de Venice Beach, las mansiones de los magnates de Hollywood en Malibú y los lugares preferidos de los famosos en Santa Bárbara. De regreso en Los Ángeles, se pone la directa al valle de San Fernando para hacer un circuito por unos estudios de rodaje para, luego, descubrir Hollywood y la incontenible Sunset Strip.

Sigue en ruta

19 Región vinícola de Santa Bárbara

Esta ruta sigue la Hwy 154 hacia las montañas del valle de Santa Ynez, en cuyos viñedos se podrá emular a los protagonistas de *Entre copas*.

27 Disneyland y playas del condado de Orange

Si apetece dedicar más tiempo a la playa, se recomienda seguir la costera Hwy 1 en dirección sur hasta Disneyland.

01 LAGUNA BEACH

Repleta de acantilados y calas, Laguna es quizá la población costera más fotogénica del condado de Orange, escenario entre otras producciones del clásico de Judy Garland *A Star is Born* o las series *Real Housewives of Orange County* y *Dead to Me,* de Netflix.

La auténtica Laguna destila más afabilidad bohemia que exuberancia al estilo de Hollywood, aunque no por ello anda exenta de *boutiques* exclusivas ni de glamurosas playas donde lucir palmito, como, Main Beach. Guardada celosamente por los lugareños,

Thousand Steps Beach (junto a 9th Ave) se esconde a un paso de la Hwy 1, al sur del Mission Hospital, donde unas escaleras descienden a una pedregosa playa de postal, perfecta para tomar el sol.

AL VOLANTE
Recorridos 16 km en dirección norte por la Hwy 1 se llega a Newport Beach, previo paso por el costero Crystal Cove State Park. Se sale por Newport Blvd hacia la península de Balboa.

02 NEWPORT BEACH

Aunque uno nunca antes haya estado aquí, si ha visto series como *The OC* o *Real Housewives* sin duda le resultará familiar la cultura local de ricos con yates, mujeres trofeo y sus apuestos pero afligidos hijos adolescentes. En el **Newport Beach Film Fest** (newportbeachfilmfest.com), en el Lido Village, una cursi zona comercial, uno puede casi codearse con famosos.

La península de Balboa conecta a lo largo de 3,2 km los muelles de Balboa y Newport, siempre a rebosar de surfistas y mujeres de cuerpo escultural. El estilo de vida de los ricos y famosos gira en torno a **Fashion Island** (shopfashionisland.com), un exclusivo centro comercial.

AL VOLANTE
Se sigue al norte por la Hwy 1, con frecuencia congestionada los fines de semana estivales, cuando todo el mundo va a la playa. No hay que perder la calma: apenas hay 6,5 km hasta Huntington Beach, en la intersección de Main St con la PCH.

03 HUNTINGTON BEACH

Lleva siendo la meca del surf en SoCal desde que, hace un siglo, George Freeth diera a conocer aquí este deporte nacido en Hawái. Es más, la población ha llegado incluso a anunciarse con el apodo de "Surf City USA". Compradores de marcas de renombre acuden a ver qué llevan los surfistas para luego comercializar su estilo, mientras los amantes del voleibol juegan en la arena dorada y los patinadores pasan a toda velocidad junto al muelle.

AL VOLANTE
Se toma la Hwy 1 19 km con rumbo norte, dejando atrás Sunset Beach, antes de incorporarse a la I-405 hacia el norte, que pasa por varias zonas industriales de Los Ángeles. Se sale por el desvío de la Hwy 90 en dirección oeste hacia Marina del Rey, se pasa por el puerto deportivo hasta Pacific Ave, a pie de playa, y se tuerce a la derecha hasta recalar en Venice, al norte.

04 VENICE

El hecho de que Venice Beach lleve causando furor entre los directores de cine desde su creación en 1905 hace que muchos viajeros experimenten una especie de *déjà vu* si han visto películas como *Speed: máxima potencia*; *The Doors*; *Los blancos no la saben meter*; *Te quiero, tío* o *El gran Lebowski*.

Hoy en día, *hippies new age*, musculosos aspirantes a Schwarzenegger, fumetas, góticos y percusionistas callejeros coinciden en el ineludible **Venice Boardwalk** (Ocean Front Walk; del muelle de Venice a Rose Ave). Venice es también la cuna de la cultura *skater-punk* de SoCal; para descubrir Venice de veras, lo mejor es subirse a un *skate*, ponerse unos patines en línea o montarse en una bici fosforita y lanzarse a explorar.

AL VOLANTE
Hay que ir al norte por Ocean Ave y, después de la I-10, incorporarse a la PCH. Se pasa junto al animado muelle de Santa Mónica, cuya famosa noria funciona con energía solar. Se sigue la PCH en su discurrir junto al océano hasta Malibú, 20 km al norte.

05 MALIBÚ

Esta fabulosa localidad costera es seguramente la que posee la mayor concentración de celebridades de todo SoCal. Si se abren bien los ojos se verán estrellas de cine tomando *iced lattes* mientras compran en el **Malibu Country Mart** (malibucountry mart.com) o, quizá, comiendo *sushi* en **Nobu Malibu** (noburestaurants.com/malibu). Unos 24 km más al oeste, las calas escondidas del **Leo Carrillo State Park** (parks.ca.gov) ejercieron de romántico telón de fondo en *Piratas del Caribe* y *Karate Kid*. Ojo: el mar en esta zona suele estar encrespado; de hecho, John Travolta y Olivia Newton-John a punto estuvieron de no contarlo durante el rodaje de la escena inicial de *Grease*.

La foto

Junto a la estrella preferida en el hollywoodiense Paseo de la Fama.

AL VOLANTE
Tras ceñirse a la costa en dirección norte por la Hwy 1, se va hacia el interior para incorporarse a la Hwy 101, una autopista de varios carriles que vuelve a la costa en Ventura, antes de pasar por los acantilados y playas al noroeste que preceden a Santa Bárbara. En total, sin atascos, se tardan unos 90 min desde Malibú.

06 SANTA BÁRBARA

Su apodo de la "Riviera americana" está justificado por el ambiente mediterráneo reinante y sus enjalbegadas edificaciones con tejados de tejas rojas. Los edificios de estilo neocolonial español que se agrupan por la céntrica **State St** han salido en infinidad de películas, como *El graduado*. Un trayecto de 45 min montaña arriba por la paisajística Hwy 154 conduce a la zona vinícola de Santa Bárbara, donde se filmó *Entre copas*, ganadora de un Óscar en el 2004. Al este de Santa Bárbara, no lejos de la Hwy 101, se encuentra **Montecito,** un frondoso vecindario periférico con gran presencia de famosos, acurrucado entre la sierra y el Pacífico. Figuras de fama mundial, como Oprah Winfrey, Steven Spielberg y Ellen Degeneres, tienen casa en la zona y se dejan ver por las tiendas de Coast Village Road, la calle principal.

AL VOLANTE
Tras regresar a Ventura (al sur) por la Hwy 101, se va hacia las montañas por la pronunciada Conjeo (Camarillo) Grade. La Hwy 101 avanza al este por el valle de San Fernando. Luego, al cabo casi de 150 km desde Santa Bárbara, se gira a la izquierda por la Hwy 134 hacia Burbank.

07 BURBANK

Hace años, el negocio de la televisión y el cine (o "la industria", como lo llaman los del lugar) se mudó de Hollywood al valle de San Fernando, donde además de haberse gestado numerosos taquillazos, se halla la zona cero del cine porno de SoCal.

Se puede ir entre bambalinas apuntándose al **Warner Bros Studio Tour** (wbstudiotour.com) o, si se viaja con adolescentes, recorrer el parque temático **Universal Studios Hollywood** (universalstudioshollywood.com), donde uno podrá evadirse en el mundo mágico de Harry Potter, subirse a un tranvía que pasa por estudios de grabación operativos o conseguir invitaciones para asistir como espectador a un programa de televisión. Para comprar prendas usadas por estrellas del cine y la televisión, visítese **It's a Wrap!** (itsawraphollywood.com).

AL VOLANTE

Un rápido trayecto de 5 km al sur por la Hwy 101 separa Universal Studios de Hollywood. Hay que tomar la salida de Highland Ave y continuar hacia el sur hasta el cruce con Hollywood Blvd.

08 HOLLYWOOD

Cual veterana estrella de cine que consuma su regreso a la gran pantalla, este barrio de Los Ángeles está viviendo cierto auge gracias a sus hoteles en boga, vetustos cines restaurados y sofisticados bares y clubes nocturnos. Aunque es poco probable ver algún famoso, las estrellas rosas del **Paseo de la Fama de Hollywood** (walkoffame.com) siguen atrayendo cada año a millones de visitantes. Tras sacarse la obligada foto a las puertas del **TCL Chinese Theatre** (tclchinesetheatres.com), toca acercarse al **Dolby Theatre** (dolbytheatre.com), donde tiene lugar la gala de entrega de los Óscar, antes de visitar el **Hollywood Museum** (thehollywoodmuseum.com), con una cantidad ingente de trajes, atrezo y parafernalia cinematográfica.

Al oeste espera **Sunset Strip,** llena de bares donde poder ver famosos y salas de conciertos con solera donde en tiempos causaron estragos bandas como The Rolling Stones o The Doors.

DESVÍO

LA Live

Inicio: 08 Hollywood

Pegado al céntrico **Crypto.com Arena** (cryptoarena.com), un pabellón y auditorio en forma de platillo volante, se encuentra el **LA Live** (lalive.com), un rutilante espacio de ocio donde, además de poder verse estatuas de Magic Johnson y Wayne Gretzky, cabe visitar el **Grammy Museum** (grammymuseum.org), cuyas cámaras anecoicas se prestan a hacer mezclas y remezclas, así como a cantar y rapear. Aquí se exhiben cual reliquias sagradas el bombo de GnR's, el violonchelo de Yo-Yo Ma y un guante de MJ (aunque las muestras rotan). Queda casi 13 km al sureste de Hollywood por la Hwy 101 y la I-110 en dirección sur (se sale por 8th St).

BRUNOCOELHO/SHUTTERSTOCK ©

Venice Boardwalk.

30

PAISAJES

Recorrer la National Trails Hwy, entre Amboy y Ludlow.

Ruta 66

Árboles de Josué junto a la Ruta 66.

DURACIÓN	DISTANCIA	IDEAL PARA
3-4 días	565 km	Paisajes literarios

CUÁNDO IR	En primavera u otoño, para viajar con las ventanillas bajadas sin el calor estival.

Para generaciones de estadounidenses, California, con sus mares centelleantes y cielos soleados, fue la tierra prometida para los viajeros empedernidos en la Ruta 66. Su trazado invita a descubrir pueblos fantasma en el desierto de Mojave, apeaderos ferroviarios como Barstow y Victorville, y el puerto del Cajón, antes de surcar la cuenca de Los Ángeles y llegar al impetuoso oleaje que sacude el muelle de Santa Mónica.

Sigue en ruta

32 Palm Springs y oasis del Joshua Tree

Tras salir de San Bernardino en dirección suroeste por la I-10, se secciona un paisaje de palmeras, montañas, oasis y caprichosos árboles de Josué.

03 Carreteras de la costa del Pacífico

Esta ruta no menos clásica se ciñe a la Hwy 1 en su épico trazado por el litoral. Una vez completada la Ruta 66, sígase dicha carretera hacia el norte.

01 NEEDLES

En la frontera con Arizona, el arqueado **Old Trails Bridge,** de 1916, constituía hasta 1948 la puerta de entrada a California de la Carretera Madre. En la adaptación cinematográfica de *Las uvas de la ira* de John Steinbeck, la familia Joad lo utilizaba durante la Gran Depresión para cruzar el río Colorado. Su mejor perspectiva se obtiene desde el letrero de bienvenida a la Ruta 66 junto a la National Trails Hwy, unos 400 m al sur de la I-40 (salida 153).

Unos 22 km al norte, la joya de esta polvorienta población ferroviaria es el restaurado **El Garces**

Train Depot, una antigua estación de trenes ahora ocupada por una de las contadas Harvey Houses que aún se conservan.

AL VOLANTE

Recorridos 24 km hacia el oeste por la I-40, se toma la salida 133 y se sigue la Hwy 95 unos 10 km al norte. Luego, se tuerce a la izquierda y se sigue Goffs Rd (la histórica Ruta 66) 24 km más. Antes o después se conducirá en paralelo a un largo convoy de trenes, pues esta es una importante ruta de transporte ferroviario con destino a la costa oeste.

02 GOFFS

Construido en 1914, su **colegio de estilo misión** (mdhca.org) es un buen alto en este abrasador tramo de carretera. En su vieja aula –en la que no faltan los pupitres de madera de rigor y una bandera de EE UU con 48 estrellas– cuelgan fotografías que ilustran las calamidades que pasaban quienes vivían en el Mojave. Al lado se puede dar un garbeo por un cementerio con herrumbrosos coches de época, surtidores e incluso un autobús escolar lleno de agujeros de bala.

AL VOLANTE

Hasta que vuelva a abrir al tráfico el tramo de la Ruta 66 entre Fenner y Amboy (dañado tras unas lluvias torrenciales), habrá que desviarse 48 km al oeste por la I-40 y recortar 19 km al sur por Kelbaker Rd, antes de reincorporarse a la National Trails Hwy. Justo antes de llegar a Amboy, repárese en las esculturas de dos enormes leones chinos blancos, apostadas incongruentemente en medio de la nada a modo de centinela.

03 AMBOY

El **Roy's Motel & Cafe** (visitamboy.com), desde 1938, es una popular parada en esta población casi fantasma. Cuenta la leyenda que Roy cocinó su famosa hamburguesa doble de queso "Route 66" sobre el capó de un Mercury de 1963. Aunque actualmente no ofrece ni comida ni alojamiento, al menos el icónico letrero del establecimiento volvió a iluminarse en el 2019.

Unos 3 km al oeste se sitúa el **cráter Amboy** (blm.gov/visit/am boy-crater), un cono volcánico de 75 m de altura casi perfecto. Una caminata de 2,5 km (ida) permite subir hasta la cima con excelentes vistas de los campos de lava donde los ingenieros de la NASA probaron el **Mars Rover** (en verano es mejor abstenerse).

AL VOLANTE
Yendo 45 km por la National Trails Hwy hasta Ludlow, se gira a la derecha por Crucero Rd y se pasa debajo de la I-40. Luego, tras seguir la vía de servicio al norte hacia el oeste casi 13 km, se gira a la izquierda por Lavic Rd. A continuación, se toma la primera carretera a la derecha para volver a la National Trails Hwy, dejando atrás el campo volcánico del lago Lavic.

04 NEWBERRY SPRINGS Y DAGGETT

Cerca de **Newberry Springs**, la Ruta 66 pasa por el **Bagdad Cafe,** el principal lugar de rodaje de la película de culto homónima de Percy Adlon, filmada en 1987. Su interior está lleno de carteles, fotografías de cine y reliquias, mientras que fuera se observan una vieja torre de agua y una caravana Airstream cada vez más marchitas.

La carretera pasa por debajo de la I-40 y, al cabo de 19 km, llega a **Daggett,** sitio de la rigurosa estación de inspección californiana por la que debían pasar los refugiados del Dust Bowl en *Las uvas de la ira*. Luego, se rinde tributo a los primeros aventureros del desierto (incl. el naturalista John Muir) en el vetusto **Stone Hotel.** Desviándose casi 10 km al norte se encuentra el **Calico Ghost Town Regional Park** (calicotown.com), una curiosa atracción con edificios reconstruidos de los tiempos de los pioneros entre vestigios de una explotación minera de finales del s. XIX.

AL VOLANTE
Tras regresar a Daggett, se conduce al oeste hacia Nebo Rd, se tuerce a la izquierda para reincorporarse a la I-40, y, al cabo de 6,5 km, se sale por E Main St, que atraviesa Barstow. Gírese a la derecha por N 1st St.

05 BARSTOW

Se deja la I-40 por Main St, en Barstow, un asentamiento ferroviario e histórico cruce de caminos en cuyo centro pueden verse edificios vacíos adornados con murales.

Luego, se sigue N 1st St, que cruza el río Mojave por un puente sobre caballetes, hacia la restaurada **Harvey House,** o Casa del Desierto, diseñada en 1911 por la arquitecta Mary Colter. Su interior alberga el **Route 66 Mother Road Museum** (route66museum.org), con fotografías en blanco y negro, un Ford Motel T de 1915, y toda clase de cachivaches de cuando la Ruta 66 estaba en pleno apogeo. En la otra punta se encuentra una histórica colección de locomotoras, un furgón de cola rojo y reliquias ferroviarias.

CONSEJO:

Descubriendo la Carretera Madre

Como la Ruta 66 ha dejado de ser una carretera oficial, no aparece en muchos mapas, salvo los que facilita la AAA, en los que figuran ciertos tramos. Más información en las webs:

Historic Route 66 (historic66.com) Ofrece indicaciones al detalle.

National HistXric Route 66 Federation (national66.org) Enlaces de las distintas atracciones y recursos a su paso.

EZ66 Guide for Travelers La exhaustiva obra de Jerry McClanahan es indispensable para conocer la carretera al dedillo.

AL VOLANTE
Se sale de Barstow por Main St y se toma la National Trails Hwy al oeste, que avanza sinuosa pegada al río Mojave a su paso por Lenwood. Adorada por los moteros sobre una Harley, este enclave rural promete un despliegue de ruinas de la Carretera Madre, incluidas avejentadas estaciones de servicio y decrépitos moteles. Después de 40 km se llega a Oro Grande.

06 ORO GRANDE

El policromado **Elmer's Bottle Tree Ranch** es una pintoresca obra de arte popular a pie de carretera, compuesta por más de 200 "árboles botella", realizada por Elmer Long, un genio que trabajó toda su vida en la cementera a las afueras de la localidad. Elmer, fallecido en el 2019, utilizó botellas de todos los colores, formas y tamaños para la construcción de su nada convencional jardín escultórico.

AL VOLANTE
Siguiendo al sur por la National Trails Hwy, se cruza el río Mojave por un puente de acero de la década de 1930 para, luego, adentrarse en el centro de Victorville. En total, 19 km.

07 VICTORVILLE

Frente a las vías del tren se podrá husmear entre

Inicio de Main St, Barstow.

BARSTOW
ROUTE
66

el batiburrillo del adorablemente desordenado **California Route 66 Museum** (califrt66museum.org), entre cuyas muestras históricas se incluyen viejas señales y reliquias, además de un llamativo *diner* de la década de 1950 y una florida "furgoneta del amor" Volkswagen.

AL VOLANTE
Yendo al sur por la I-15 se pasa por el legendario puerto del Cajón, que es fantástico para ver trenes. Luego, bajando hacia San Bernardino, se sigue la I-215 y se toma la salida 45 a Baseline St para, después, poner rumbo al este y torcer a la izquierda por N 'E' St.

08 SAN BERNARDINO

Búsquense los arcos dorados junto al oficioso **First McDonald's Museum** (facebook.com/firstoriginalmcdonaldsmuseum). Aunque no se encuentra propiamente en el edificio original creado en 1948 por Dick y Mac McDonald, fue aquí donde entró el comercial Ray Kroc con la intención de venderles una batidora a los hermanos y, como puede verse en la película protagonizada por Michael Keaton *El fundador* (2016), terminó comprándoles los derechos sobre el nombre de McDonald y, a la postre, construyó un imperio. Medio museo está dedicado a la Ruta 66.

AL VOLANTE
Para salir de San Bernardino, hay que girar al oeste por 5th St y tomar Foothill Blvd, que atraviesa el conglomerado urbano de la periferia de Los Ángeles. Aunque suele haber retenciones durante el largo trayecto de más de 80 km en dirección oeste hasta Pasadena, la ruta depara varios tesoros dignos de descubrirse.

La foto
Tumbarse sobre el asfalto junto a un letrero de la Ruta 66.

09 RIALTO Y FONTANA

En **Rialto** se puede visitar el **Wigwam Motel,** cuyos tipis de 10 m de altura llevan recibiendo viajeros desde 1950. Tras cruzar **Fontana,** cuna del club de moteros Hells Angels, toca sacarse una foto junto a la **Giant Orange,** un puesto de zumos de la década de 1930 entonces habituales junto a los campos de cítricos de SoCal. En ellos se ofrecía a los agotados viajeros la posibilidad de "beber tanto zumo como desearan" por solo 10 centavos. Está en el aparcamiento

ANGEL DIBLIO/SHUTTERSTOCK ©

Colorado Blvd, Pasadena.

del **Bono's Italian Restaurant** (bonositalianrestaurantgolden.com), un histórico *diner* renacido en el 2019 como *pizzería*.

AL VOLANTE
Se sigue al oeste por Foothill Blvd hasta el Rancho Cucamonga.

10 RANCHO CUCAMONGA

Atesora dos asadores de toda la vida al estilo de la Ruta 66. Uno es el **Magic Lamp Inn,** identificable por su fabuloso cartel de neón de la lámpara de Aladino. Su interior augura reluciente maderaje de tono oscuro y vitrales. El otro, más alejado, es el mítico **Sycamore Inn** (thesycamoreinn.com), que lleva desde antiguo alimentando a generaciones de amantes de la carne, Marilyn Monroe incluida.

AL VOLANTE
Sígase por Foothill Blvd en dirección oeste.

11 GLENDORA Y AZUSA

Una parada clave en **Glendora** es **The Hat,** una pequeña cadena local que lleva sirviendo su famoso sándwich caliente de pastrami desde 1951. La Ruta 66 continúa como Huntington Dr en **Duarte,** invadida cada mes de septiembre por un escandaloso desfile en torno a la Ruta 66 y su estética. Se gira la derecha por Magnolia Ave antes de reincorporarse a Foothill Blvd, en **Azusa,** donde interesa detenerse a admirar la asombrosa fachada en estilo neomaya del **Aztec Hotel,** erigido en 1925 y parada habitual de los famosos de Hollywood de camino al hipódromo de Santa Anita.

AL VOLANTE
Yendo al oeste por Foothill Blvd, se tuerce a la izquierda (sur) por Santa Anita Ave, a la derecha (oeste) por Huntington Dr y de nuevo a la derecha por Colorado Pl, pasando junto al hipódromo de Santa Anita, donde los hermanos Marx rodaron en 1937 *Un día en las carreras.*

POR QUÉ ME GUSTA ESTA RUTA

Andrea Schulte-Peevers, autora

Recorrer el tramo final de la ruta por carretera más legendaria de EE UU confiere una dimensión cinemática y sensorial a cualquier aventura por el sur de California. Este viaje en busca de los sueños de generaciones de pioneros atraviesa abrasadores desiertos bajo cielos azules, enigmáticos pueblos fantasma y tórridas montañas hasta llegar a la megalópolis de Los Ángeles y poner freno junto al Pacífico en lo que sin duda constituye una experiencia única.

12 PASADENA

Colorado Blvd discurre hacia la animada Old Pasadena, cuyas *boutiques* y cafés ocupan históricas edificaciones neocoloniales españolas. Después, se sigue Fair Oaks Ave al sur hasta la entrañable **Fair Oaks Pharmacy,** un *diner* de 1915 que, además de refrescos, servía "*phosphates*" (sirope, agua carbonatada y una "poción secreta"), enormes *banana splits* y otros mejunjes para golosos.

AL VOLANTE
Se regresa al mundo moderno por la Pasadena Fwy (Hwy 110), que discurre al sur hacia Los Ángeles. Fue una de las primeras autopistas del país y en ella no se permite circular a camiones. Tras tomar la salida 24B, se sigue Sunset Blvd (noroeste) hasta Santa Monica Blvd (oeste).

13 HOLLYWOOD

En la actualidad es imposible seguir el antiguo trazado de la Ruta 66 a su paso por Tinseltown, pues ha cambiado en varias ocasiones. La acción gira en torno al **Ovation Hollywood** (ovationhollywood.com), junto a Paramount Pictures, un centro comercial, gastronómico y de ocio. Quienes deseen tener un encuentro entre tenebroso y divertido con estrellas del ayer pueden acercarse al **Hollywood Forever Cemetery** (hollywoodforever.com), donde descansan personajes inolvidables como Rodolfo Valentino, Jayne Mansfield o Cecil B. DeMille. Venden planos en la floristería de la entrada.

AL VOLANTE
Siguiendo Santa Monica Blvd 21 km en dirección oeste se llega al final de la carretera en Ocean Ave (a la altura de Palisades Park). La Hwy 1 está cuesta abajo desde Ocean Ave, en dirección norte; y el muelle, unas manzanas al sur.

14 SANTA MÓNICA

Tras más de 3860 km de recorrido desde su inicio en Chicago, la Ruta 66 llega aquí a su fin, en un despeñadero del **Palisades Park,** donde una placa en recuerdo a Will Rogers señala el final oficial de la Carretera Madre. Y para celebrarlo, no hay mejor lugar que el **muelle de Santa Mónica** (santamonicapier.org), donde uno puede subirse a un tiovivo de la década de 1920 que aparece en *El golpe* (1973) y otras atracciones. Con el reluciente Pacífico como telón de fondo, lo indicado es sacarse un selfi junto al letrero que reza "Santa Monica 66 End of Trail" y, acto seguido, dirigirse a la playa.

31

HISTORIA

Imaginar el pasado en los Harmony Borax Works.

Vida en el Valle de la Muerte

DURACIÓN	DISTANCIA	IDEAL PARA
3 días	585 km	Familias, naturaleza
CUÁNDO IR	De febrero a abril, para ver flores y explorar con temperaturas más frescas.	

Zabriskie Point (p. 174).

Su nombre evoca crudeza y calor infernal, un lugar inhóspito e inclemente. Pueblos fantasmas y minas abandonadas constatan el esfuerzo humano por sobrevivir aquí. Aun así, emprender una ruta por el parque revela que la naturaleza se encuentra muy viva: sensuales dunas de arena, cañones esculpidos por el agua, cráteres de volcanes extintos, oasis a la sombra de las palmeras, imponentes montañas y mucha fauna endémica.

Sigue en ruta

22 Eastern Sierra Scenic Byway

Desde Panamint Springs hay 80 km en dirección noroeste hasta Lone Pine, lugar de paso hacia las cumbres de la Sierra Nevada, por las ctras. 190, 136 y 395.

30 Ruta 66

Desde Baker se cruza el Mojave National Preserve (sur) y la I-40 para incorporarse a la legendaria carretera.

01 BAKER

El Valle de la Muerte es una tierra de extremos: aquí se encuentra el punto más bajo de Norteamérica, no lejos del monte Whitney, el pico más alto de EE UU fuera de Alaska. Y por si fuera poco, es el lugar más cálido de todo el país. Basta con ver en el arcén derecho de la I-15, al llegar a Baker, el **termómetro más grande del mundo:** una singular estructura de 41 m de altura que recuerda que el 10 de julio de 1913 el mercurio ascendió a los 57°C, la temperatura más alta jamás registrada aquí.

AL VOLANTE

Desde Baker se sigue la Hwy 127 (Death Valley Rd) 80 km en dirección norte, cruzando vías de ferrocarril por

un sereno paisaje desértico. Luego, tras girar a la derecha por la Old Spanish Trail Hwy, se conduce 6,5 km con rumbo este hacia Tecopa.

DESVÍO
Mojave National Preserve
Inicio: 01 Baker

Para otra ración de historia del Salvaje Oeste, póngase la directa a la solitaria **Mojave National Preserve** (nps.gov/moja), al sureste de Baker por un desvío de la I-15. Es inevitable hacer cola para ver la Kelso Depot, una estación de trenes de estilo misión de la década de 1920, magníficamente restaurada, hoy reconvertida en el principal centro de visitantes de la reserva.

Una breve proyección es la antesala a sus muestras sobre historia y tradiciones locales. Más al sur se yerguen las dunas color miel de Kelso, unas de las más altas del país. El ascenso a la cima es una buena oportunidad para escuchar el 'canto' de las dunas, el suave sonido producido por la arena al ser desplazada por el viento.

Después, se toma la I-40 (sur) hacia el este, y tras salir por Essex Rd, se conduce en dirección norte hasta las etéreas **Mitchell Caverns** (los circuitos han de reservarse con antelación). Un poco más al norte se puede trepar por los despeñaderos repletos de agujeros de **Hole-in-the-Wall,** antaño utilizados por los nativos americanos para escapar de los granjeros.

Luego, se va al norte y se gira a la izquierda por la vieja Mojave Rd, transitada en su día por misioneros españoles, tramperos, comerciantes e incluso camellos durante una expedición militar de 1867. Tras torcer a la derecha hacia Cima, se vira a la izquierda para dar con la cabecera de la ruta que sube al **pico Teutonia,** una caminata de casi 5 km (i/v) que discurre por la mayor concentración de árboles de Josué del planeta, antes de concluir con vistas panorámicas del desierto tachonado de coloridos conos de escoria. Desde aquí hay otros 61 km hasta Baker. En total se recorren 290 km.

02 TECOPA

En el desierto, siempre hay oasis como este puesto de avanzada, con complejos que aprovechan fuentes termales. El mejor es **Delight's Hot Springs Resort** (delightshotspringsresort.com), con cuatro piscinas privadas adornadas con adorables murales. Unos 8 km al sur está la **China Ranch Date Farm** (chinaranch.com), un tentador refugio de verdor, ideal para hacer senderismo o avistar aves antes de hacer acopio de dátiles frescos o de probar sus ricos batidos elaborados con ese fruto. Pese al tramo sinuoso, señalizado desde Tecopa, se llega en todoterreno o a pie. En el cruce del Old Spanish Trail Hwy con la carretera del Tecopa Hot Springs se pasará junto a una vieja cabaña de traviesas ferroviarias que hoy alberga la **Death Valley Brewing** (deathvalleybrewing.com), una minúscula cervecería artesanal.

AL VOLANTE
Se sigue Tecopa Hot Springs Rd al norte para reincorporarse a la Hwy 127. Tras girar a la derecha, se conduce 6,5 km en dirección norte hasta Shoshone, última oportunidad para repostar y comprar bebidas y tentempiés hasta Furnace Creek, a unos 112 km. Luego, se tuerce a la izquierda

hacia la Hwy 178 (Jubilee Pass Rd), que vira a la derecha en Ashford Junction, convirtiéndose en Badwater Rd, cuyo sinuoso trazado avanza hacia el norte por el valle.

03 BADWATER

Una vez superado el **puerto de Jubilee** (393 m), la carretera desciende hacia el Valle de la Muerte, que pese a su descorazonador nombre, presenta un próspero hábitat de vida silvestre y ha propiciado la presencia humana durante miles de años, desde tribus shoshones a pioneros del Viejo Oeste, pasando por buscadores de oro y mineros de bórax.

Lo notable es el silencio y la solemnidad de esta inmensa superficie. La agrietada y reseca salina que se extiende, chamuscando las retinas de quienes contemplan su deslumbrante blancor, es **Badwater,** el punto más bajo de Norteamérica, 85 m bajo el nivel del mar.

Una pasarela planea sobre la capa de agua salada y rica en minerales que se muestra como una belleza de otro planeta, en continua evaporación. En el 2005, el prehistórico lago Manly, reapareció tras lluvias torrenciales, dando lugar a floraciones espectaculares. El fenómeno se repitió en el 2015 y 2019.

AL VOLANTE
Casi 13 km al norte de Badwater, pasados el desvío a Natural Bridge a la derecha y los raros cristales de sal del Devils Golf Course a la izquierda, toca desviarse por Artists Drive, una panorámica carretera en bucle de 14,5 km y un solo carril en la que no se permite circular a vehículos con caravanas o de más de 7,6 m de longitud. Tras reincorporarse a Badwater Rd, se va 8 km en dirección norte y, tras girar a la derecha, otros 5,5 km por la Hwy 190 hasta Zabriskie Point.

La foto

Junto al cartel que indica la altitud en la cuenca de Badwater.

04 ZABRISKIE POINT Y DANTE'S VIEW

Zabriskie Point (ps.gov/deva; Hwy 190; p) es insuperable a la hora de admirar las espectaculares olas, pliegues y hondonadas fruto de la erosión de las doradas tierras yermas del Valle de la Muerte. El lugar, llamado así por el director de la Pacific Coast Borax Company, también inspiró el título de la película epónima de Michelangelo Antonioni rodada aquí en la década de 1970 y aparece en la portada del álbum de U2 *Joshua Tree*.

Para escapar del calor del valle a mediodía, o asistir a una puesta de sol memorable, hay que seguir 32 km colina arriba desde Zabriskie Point hasta el ventoso **Dante's View** (nps.gov/deva), un elevado enclave desde donde poder otear simultáneamente los puntos a mayor y menor altura de los EE UU contiguos: el monte Whitney y Badwater, respectivamente. Calcúlese no menos de 30 min (solo ida) para cubrir el sinuoso trazado.

AL VOLANTE
Bajando nuevamente, se gira a la izquierda por la Hwy 190 y se conduce 11 km, dejando atrás el elegante Inn at Furnace Creek y el desvío a Badwater Rd, antes de pasar junto al Ranch at Furnace Creek de camino al excelente centro de visitantes del parque.

05 FURNACE CREEK

En el centro de visitantes hay que ver la proyección de 20 min, ideal como iniciación a la historia, geología y atracciones naturales del parque. A un corto trayecto al sur, en el recinto del **Ranch at Death Valley,** se encuentra el **Borax Museum,** donde se puede curiosear entre transportes de la era de los pioneros, incluido un carro original tirado por 20 mulas y un tractor a vapor. Para ver dónde empezaba la atroz ruta de 265 km que las mulas debían recorrer hasta la estación de trenes más cercana en Mojave, cabe acercarse a los **Harmony Borax Works,** al norte de Furnace Creek.

AL VOLANTE
Quienes no hayan llenado el depósito fuera del parque encontrarán en Furnace Creek una cara estación de servicio con surtidores que funcionan con tarjeta de crédito las 24 h. Desde allí, se va al norte por la Hwy 190 y, al cabo de 32 km, se tuerce a la izquierda para permanecer en la Hwy 190 en dirección oeste hacia Stovepipe Wells Village. Recorridos 8 km, se llega al aparcamiento de Mesquite Flat, a mano derecha.

06 MESQUITE FLAT SAND DUNES

Esta parte del Valle de la Muerte fue testigo de un famoso pedazo de historia: el relato de los *lost forty-niners* ("buscadores de oro perdidos"). En 1849, cuando comenzó la fiebre del oro en California, un pequeño grupo de pioneros se aventuraron por lo que pensaban que sería un atajo a los campos de oro

Cuenca de Badwater.

BADWATER BASIN
282 FEET/85.5 METERS
BELOW SEA LEVEL

de California, eludiendo el Old Spanish Trail.

Exhaustos, sin apenas agua y comida, con los carros dañados y sus animales de carga desfondados, la desdichada expedición llegó cerca de Furnace Creek en Nochebuena. Al serles imposible cruzar la sierra de Panamint con los carros, los supervivientes sacrificaron a sus bueyes y quemaron los carros cerca de lo que hoy es **Mesquite Flat.** Se recomienda bajarse del coche y pasear por este ondulado campo de dunas que recuerda a un mini Sáhara. Lucen su mejor versión al alba y al ocaso, cuando las baña una luz suave que acentúa las largas y profundas sombras.

AL VOLANTE
En Stovepipe Wells Village, unos 3 km más al oeste por la Hwy 190, se puede repostar y comprar alimentos y bebidas. Yendo hacia el oeste se encontrará al letrero de Mosaic Canyon a la izquierda, antes de llegar a Emigrant Canyon Rd al cabo de 14,5 km. A continuación, se gira a la izquierda para subir hacia el puerto de Emigrant.

07 CAÑONES DE EMIGRANT Y WILDROSE

Finalmente, a los pioneros no les quedó más opción que atravesar el tortuoso Valle de la Muerte por el **puerto de Emigrant.** Cuentan que, al marcharse, una mujer se volvió hacia atrás y dijo con pesar: "Adiós, valle de la muerte".

Después, otros pioneros llegaron en masa tras descubrirse oro en enclaves del valle como Skidoo, una próspera ciudad que fue a pique a principios del s. xx y donde, en 1923, se rodó la película de cine mudo *Avaricia*. Actualmente, nada se conserva de su posterior ciudad fantasma. Más al sur, se encuentran las ruinas de la mina de Eureka de camino a **Aguereberry Point,** desde donde se otean las montañas Funerarias y, más abajo, el árido valle.

Ambas excursiones discurren por irregulares y bacheadas pistas de tierra que exigen el uso de todoterreno. Después, girando a la izquierda por Wildrose

SUNDRY PHOTOGRAPHY/SHUTTERSTOCK ©

Wildrose Charcoal Kilns.

Canyon Rd se recala en los abandonados **Wildrose Charcoal Kilns,** unos hornos en forma de colmena, construidos en 1876, que producían el carbón necesario para fundir la plata y el plomo que extraían los mineros. El paisaje es subalpino, con bosques de pinos y enebros, y puede nevar incluso en primavera.

AL VOLANTE
Tras deshacer el camino colina abajo, se tuerce a la izquierda en el cruce de Emigrant Canyon Rd hacia Wildrose Canyon Rd, que serpentea por una zona proclive a inundaciones repentinas (circular solo si no llueve). Después de 22,5 km, se vira a la derecha por Panamint Valley Rd y se sigue hasta la Hwy 190, al norte, para luego girar a la izquierda. Por esta carretera más larga se regresa a Emigrant Canyon Rd hasta la Hwy 190, antes de girar a la izquierda y, al cabo de 35 km, llegar a Panamint Springs.

08 PANAMINT SPRINGS

Situado en el extremo occidental del Death Valley National Park, se trata de una zona de acampada independiente con increíbles vistas de la rugosa cordillera Panamint. En primavera se llega a las **cascadas Darwin** tras recorrer un trayecto de 4 km por una carretera de grava en pendiente, seguido de una caminata de 1,6 km campo a través. Allí, un salto de agua natural vierte su caudal sobre una garganta envuelta de sauces que cada primavera atrae a aves migratorias.

Siguiendo la carretera casi 13 km al oeste se topa con Father Crowley Vista, que se asoma hacia al **Rainbow Canyon,** también llamado el "cañón de Star Wars", creado por ríos de lava y salpicado de ceniza volcánica de colores varios. Con suerte, se verá algún caza del ejército de EE UU sobrevolando el cañón durante una sesión de entrenamiento.

POR QUÉ ME GUSTA ESTA RUTA

Andrea Schulte-Peevers, autora

Pese a que en el Valle de la Muerte puede hacer un calor literalmente infernal, durante buena parte del año ofrece una inmersión sensorial en una naturaleza tan cruda que resulta conmovedora. El ánimo se levanta y la mente se despeja al recorrer esta constelación de tórridas montañas, sensuales dunas de arena, agrietadas salinas e indomables cañones. Durante el día, los rayos de luz invitan a solazarse creando figuras inverosímiles en el paisaje; la noche, en cambio, mece al viajero y lo arropa con un estrellado manto.

AL VOLANTE
Se da media vuelta y se regresa colina abajo en dirección este por la Hwy 190. Unos 11 km después de Stovepipe Wells Village, se tuerce a la izquierda y, luego, a la derecha por Daylight Pass Rd. Recorridos 26 km, se sale del parque para entrar en Nevada por la Hwy 374. Unos 14 km después se verá el desvío a Rhyolite señalizado a la izquierda.

09 RHYOLITE

Esta localidad, situada solo 6,5 km al oeste de Beatty (Nevada), fue la reina indiscutible durante el apogeo de las minas en el Valle de la Muerte, ilustrando el auge y caída de las poblaciones mineras durante la fiebre del oro.

Descubierta la primera pepita de oro en 1904, la población alcanzó los 8000 habitantes en 1908, para desplomarse dos años después con el agotamiento de las minas. Las ruinas que se conservan, incluidas una escuela, una tienda, un banco y una estación de ferrocarril, reflejan el alto nivel de vida que logró generarse en un período de tiempo tan breve. Destaca una casa hecha con miles de botellas de cerveza y el surrealista **Goldwell Open Air Museum,** una instalación artística en el desierto creada en 1984 por el artista belga Albert Szukalski, con piezas como un gigantesco buscador de oro con un pingüino y una versión escayola de la *Última Cena* de Leonardo da Vinci.

AL VOLANTE
Habiendo deshecho el camino por Daylight Pass Rd, se gira a la derecha hacia Scotty's Castle Rd, que serpentea 53 km por el valle, a la sombra de los montes Grapevine. Cerca del puesto de guardabosques de Grapevine se tuerce a la izquierda en Grapevine Junction hacia la carretera secundaria para, al cabo de unos 8 km, llegar a las proximidades del cráter Ubehebe.

10 CRÁTER UBEHEBE

Formado hace unos 2100 años tras un explosivo episodio al entrar en contacto el magma con el agua subterránea, este cráter de 183 m de profundidad es uno de los elementos geológicos más impresionantes del norte del valle. Si bien ya desde el aparcamiento se aprecia su belleza marciana, para examinarlo de cerca y disfrutar de espectaculares vistas de las profundidades del volcán se hace una caminata de 2,5 km por el borde (absténganse personas con problemas de vértigo). Para una ruta más larga, añádase un desvío al **cráter Little Hebe.**

32

Palm Springs y oasis del Joshua Tree

AL AIRE LIBRE

Respirar serenidad en una caminata al Lost Palms Oasis.

DURACIÓN	DISTANCIA	IDEAL PARA
2-3 días	274 km	Naturaleza

CUÁNDO IR	
	De febrero a abril, para ver flores y explorar con temperaturas más frescas.

Pico mexicano, Big Morongo Canyon Preserve.

A un corto trayecto de los lujosos *resorts* de Palm Springs están los vastos desiertos de Mojave y Sonora: lugares de suma paz espiritual que, al explorarse a pie, dejan de percibirse como desoladas arenas para transformarse en una obra de bella factura: umbríos jardines de palmeras y cactus, florecillas silvestres que brotan de la tórrida tierra, piscinas de agua termal para ponerse a remojo y un oscuro firmamento cuajado de estrellas.

Sigue en ruta

30 Ruta 66

Se sale de Twentynine Palms con rumbo este por la Hwy 62, se gira a la izquierda hacia Godwin Rd y, luego, a la derecha hacia Amboy Rd para, al cabo de 80 km de viaje, incorporarse a la "Carretera Madre".

33 Temecula, Julian y Anza-Borrego

Esta ruta de 80 km, con inicio en Mecca, se pega a la orilla oeste del lago Salton, y tras recortar hacia el interior, llega a Borrego Springs.

01 PALM SPRINGS

Los famosos de Hollywood siempre han puesto los ojos en Palm Springs para sus escapadas. Hoy en día, es un centro de vacaciones en pleno desierto con modernos edificios de mediados de siglo de estética retro y chic. El **centro de visitantes de Palm Springs** (visitpalmsprings.com), alojado en una estación de servicio de 1965 obra de Albert Frey, ofrece un plano gratuito con un circuito arquitectónico autoguiado y se puede subir al **Palm Springs Aerial Tramway** (pstramway.com) para disfrutar de los bosques alpinos desde el desierto. Después, se puede visitar el **Palm Springs**

Art Museum (psmuseum.org) y dar una vuelta por galerías de arte, cafés, coctelerías, restaurantes y *boutiques* de moda. Para terminar, se recorren 16 km valle abajo para visitar los jardines de **Sunnylands** (sunnylands.org), donde se agasajaban a presidentes de EE UU, miembros de la realeza y celebridades.

AL VOLANTE
Después de 11 km, tras salir del centro de Palm Springs por Indian Canyon Dr en dirección norte, se pasa sobre la I-10. Se gira a la derecha por Dillon Rd y, al cabo de 4 km, se recorta a la izquierda por Palm Dr, que avanza hacia el norte hasta el centro de Desert Hot Springs.

02 DESERT HOT SPRINGS

En 1774, el explorador español Juan Bautista de Anza se convirtió en el primer europeo en encontrarse con los cahuilla, una tribu del desierto. Más tarde, se asignó el nombre de "Agua Caliente", en referencia tanto a los indígenas como a las fuentes termales que aún manan del subsuelo de la población de **Desert Hot Springs** (visitdeserthotsprings.com). Para disfrutar de sus propiedades terapéuticas cabe dirigirse a alguno de sus complejos aptos para familias o a un estiloso retiro dirigido a adultos, como el **Two Bunch Palms Resort & Spa** (twobunchpalms.com/spa), emplazado en un auténtico oasis. El viajero también podrá darse un baño de lodo antes de pasar por sus piscinas y someterse a un masaje en un apacible entorno.

AL VOLANTE
Tras regresar a Indian Canyon Dr yendo por Pierson Blvd en dirección oeste, se gira a la derecha hacia el noroeste, pasando por las polvorientas afueras de Desert Hot Springs. Luego, se tuerce por la Hwy 62 en dirección este hacia el valle de Yucca. Recorridos 6,5 km, se vira a la derecha por East Dr y se siguen las indicaciones a la Big Morongo Canyon Preserve.

03 BIG MORONGO CANYON PRESERVE

Esta **reserva** (parks.sbcounty.gov), considerada un oasis escondido en pleno desierto, es un hábitat ribereño repleto de álamos y sauces, además de venados mulos, borregos cimarrones, coyotes y otras criaturas que transitan este corredor faunístico que une los montes de San Gorgonio con el Joshua Tree National Park.

Es una zona de gran valor ornitológico, hogar de unas 250 especies aviares, incluidas al menos 72 que la utilizan como área de reproducción, entre ellas la tángara roja migratoria y el copetón tiranillo.

Conviene abrir bien los ojos (o mejor aún, llevar unos prismáticos) al recorrer los cortos senderos que serpentean por esta zona pantanosa frecuentada por colibríes y pájaros carpintero.

AL VOLANTE
Tras reincorporarse a la Hwy 62 en dirección este, enseguida se cruza el valle de Yucca, salpicado de tiendas *vintage* y de antigüedades, galerías de arte y cafés en el borde de la carretera. Se sigue al este otros 26 km hasta la localidad de Joshua Tree, que es una oportuna base para pernoctar. Si

fuera preciso, llénese el depósito en la estación de servicio del cruce con Park Blvd antes de torcer a la derecha y continuar 8 km más hasta la entrada oeste del Joshua Tree National Park.

04 JOSHUA TREE NATIONAL PARK

Este **parque nacional** (nps.gov/jotr) es una maravilla de peñascos protuberantes y rocas mastodónticas intercalados con arenosos bosques de árboles de Josué. El paisaje es extraordinario en los 13 km de sinuosa carretera por el parque hasta el aparcamiento de **Hidden Valley,** desde donde un sencillo sendero de 1,6 km traza un bucle entre caprichosos grupos de rocas hasta un valle oculto en el que los ladrones de ganado escondían las reses. Los aficionados a la historia y las costumbres del Salvaje Oeste no querrán perderse los circuitos guiados a pie que ofrecen los guardabosques del parque por el cercano **Keys Ranch** (nps.gov/jotr), donde los pioneros del s. XIX trataron de sobrevivir criando ganado, cultivando la tierra y explotando los recursos mineros.

AL VOLANTE
De vuelta a Park Blvd, se gira a la izquierda, otra vez hacia el sur, pasando por un batiburrillo de formaciones rocosas y campos de árboles de Josué. Se gira a la derecha hacia Keys View. En el tramo de casi 9 km que lleva al mirador se pasará junto al comienzo de varias sendas y muestras interpretativas a pie de carretera.

05 KEYS VIEW

Lo indicado es partir como mínimo 1 h antes del ocaso para subir en coche a Keys View (1580 m), desde donde las panorámicas del valle de Coachella se dilatan al sur hasta el reluciente lago Salton y, en días muy despejados, hasta el monte del Centinela, en México.

También asoman en la distancia los montes San Jacinto (3032 m) y San Gorgonio (3505 m), las cumbres más altas del sur de California, con frecuencia cubiertas de nieve hasta finales de primavera. Debajo se observa una sección de la falla de San Andrés.

La foto

Ver el sol ponerse desde Keys View.

AL VOLANTE
Tras descender hasta Park Blvd, se gira a la derecha y se cruza Wonderland of Rocks (con rocas que harán las delicias de niños y aficionados a la escalada), dejando atrás más zonas de acampada. Después de 16 km, se tuerce a la izquierda y, por Park Blvd, se recorren 13 km en dirección norte hacia la población de Twentynine Palms y el Utah Trail.

06 OASIS DE MARA

Se recomienda visitar el **centro de visitantes del oasis del Joshua Tree National Park** (nps.gov/jotr) para conocer las palmeras autóctonas que crecen junto a líneas de falla.

Del centro de visitantes sale una agradable senda de 1,6 km que recorre el oasis de Mara, donde se encuentran las 29 palmeras originales a las que debe su nombre de "Twentynine Palms". Las plantaron nativos serranos, quienes dieron a la zona el nombre de Mara ("lugar de riachuelos y mucha hierba").

Pregúntese cómo llegar al punto de inicio (junto a la Hwy 62) de la caminata al **oasis 49 Palms** (5 km, i/v), que discurre por un sendero de tierra abrasado por el sol y baja hacia una escarpada garganta entre cactus barril de camino a una distante mancha verdosa.

AL VOLANTE
Se vuelve al sur por el Utah Trail y se entra de nuevo al parque. Siguiendo Park Blvd al sur, en el primer cruce considerable se gira hacia Pinto Basin Rd para encarar un sinuoso trayecto de 48 km en dirección sureste hasta Cottonwood Spring.

07 COTTONWOOD SPRING

De camino a Cottonwood Spring, se pasa del más elevado desierto de Mojave al inferior desierto de Sonora. Se puede hacer un alto en el **Cholla Cactus Garden,** donde un sendero circular recorre un denso bosque de cactus cholla y plantas ocotillo.

Luego, se gira a la izquierda en el **centro de visitantes de Cottonwood** (nps.gov/jotr), desde donde un corto trayecto en coche hacia el este, pasado la zona de acampada, conduce a **Cottonwood Spring.** Antiguamente utilizado por miembros de la tribu cahuilla, quienes dejaron tras de sí vestigios arqueológicos como morteros y cuencos de barro, los manantiales se convirtieron en un importante enclave de extracción de oro a finales del s. XIX. Dichos manantiales (hoy secos) son el inicio de una caminata de dificultad moderada (12 km, i/v) al **oasis Lost Palms,** un precioso remanso de paz cuajado de palmeras.

AL VOLANTE
Yendo al sur desde Cottonwood Springs, se cruza la I-10 para tomar la pintoresca Box Canyon Rd, que se

retuerce en su discurrir hacia el lago Salton. Después, se toma 66th Ave en dirección oeste hasta Mecca, y tras girar a la derecha hacia la Hwy 111, se circula con rumbo noroeste hacia Indio.

DESVÍO

Lago Salton y Slab City
Inicio: 7 Cottonwood Spring

Saliendo de Mecca por la Hwy 111 en dirección sureste, enseguida se asiste a un espectáculo inesperado: el mayor lago de California en mitad de su desierto de mayores dimensiones.

El lago Salton se originó fortuitamente en 1905, después de que la crecida del río Colorado rebasara las acequias construidas para llevar agua a las tierras de labranza del valle Imperial. Además de ser desde antiguo un alto tradicional de quienes recorren la Pacific Flyway, se trata de un lugar magnífico para la observación de aves, aunque la supervivencia de estas criaturas se ha visto amenazada por los menguantes niveles de agua y la creciente salinidad tras soportar décadas de vertidos agrícolas.

Unos 16 km al este del lago Salton, cerca de Niland, se llega a un lugar más asombroso todavía: la Salvation Mountain (salvationmountaininc.org), una colina artificial saturada de pintura y decorada con flores, cascadas y mensajes. Está en Slab City, una comunidad independiente que nació a partir de los restos abandonados de una antigua base militar. Atrae a marginados, vagabundos, jubilados y gente excéntrica sin más, que llegan a millares en invierno, mientras que apenas unos pocos aguantan todo el año. Apodada a sí misma "el último lugar libre de la tierra", sus residentes se organizan de manera muy eficiente.

08 VALLE DE COACHELLA

Abrasador y fértil por igual, puede que deba su fama mundial al festival de música y arte *indie* repleto de estrellas que cada mes de abril se celebra en Indio, pero lo cierto es que también se ha dado a conocer por sus preciados dátiles, que pueden probarse gratis en varias plantaciones. La especialidad del valle es el riquísimo batido de dátiles, preparado con los frutos de cultivo ecógico que recolectan en los **Oasis Date Gardens** (oasisdate.com) de Thermal o en el **Shields Date Garden** (shieldsdategarden.com), una plantación pionera en Indio, que lleva desde 1920 cultivando dátiles.

Valle de Coachella.

33

EN FAMILIA

Degustar tartas de manzana y explorar minas de oro en Julian.

Temecula, Julian y Anza-Borrego

DURACIÓN	DISTANCIA	IDEAL PARA
3 días	485 km	Bodegas, familias

CUÁNDO IR De febrero a abril, por las flores silvestres y las temperaturas moderadas.

Viñedos del valle de Temecula.

Esta ruta depara paisajes increíbles en cualquier estación. En primavera, el desierto cobra vida con flores silvestres y plantas ocotillo engalanadas con flores escarlata. En otoño, se pueden cosechar manzanas en las huertas de Julian y celebrar la vendimia en los viñedos de Temecula. En invierno, lo mejor es escaparse a los *resorts* de Borrego Springs; y en verano, para refrescarse, poner rumbo a las montañas de Julian.

Sigue en ruta

28 Diversión en la costa de San Diego

A solo 1 h en coche hacia el suroeste de los viñedos de Temecula, se encuentran los soleados pueblos playeros de San Diego, llenos de encanto.

32 Palm Springs y oasis del Joshua Tree

Conducir desde Borrego Springs en dirección al Mar Salton, luego hasta las granjas de dátiles del Valle de Coachella. Un viaje de 96 km.

01 TEMECULA

Temecula significa "lugar del sol" en la lengua de los nativos luiseños, ya presentes por estos lares cuando, en 1797, llegaron los primeros misioneros españoles. En la década de 1820 se convirtió en puesto de avanzada de la misión San Luis Rey y, con el tiempo, en parada de la ruta de diligencias de Butterfield y de la California Southern Railroad. Hoy, Temecula es un popular destino de escapada gracias a su calle principal, con un inconfundible regusto al estilo del Salvaje Oeste, más de tres docenas de bodegas y Pechanga, el mayor casino del estado de California.

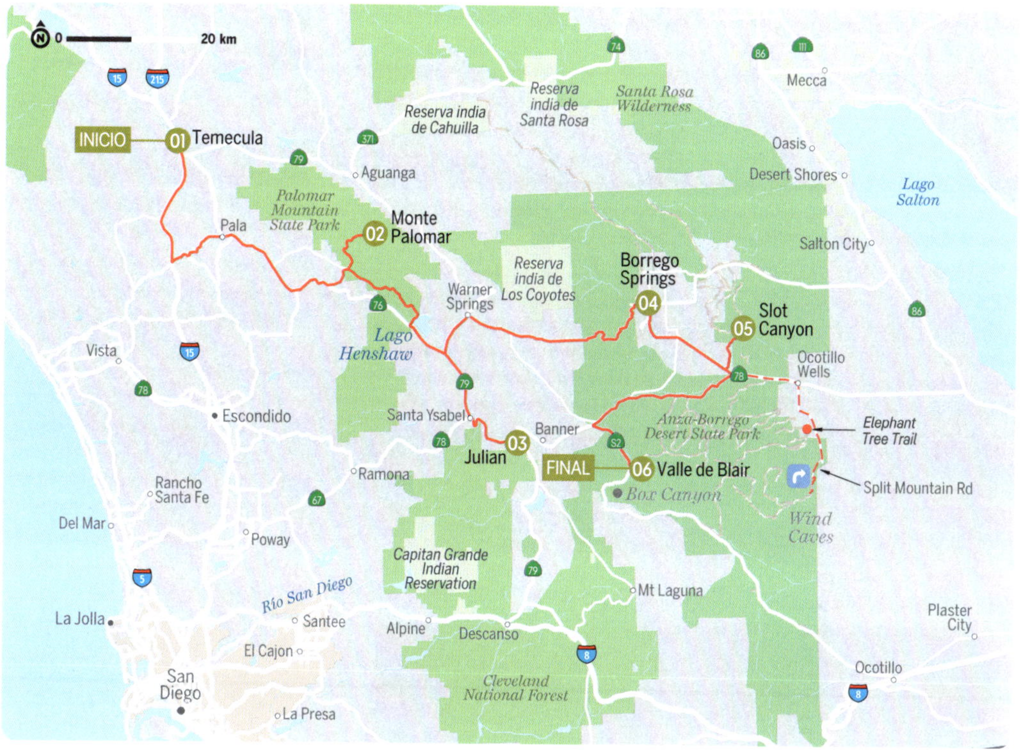

Pese su ambiente turístico, es obligado dar un paseo por Front St, en el **casco antiguo,** salpicado de pequeñas *boutiques*, cervecerías artesanas y comercios donde probar cecina. Otra opción es hacer una cata de aceite de oliva y vinagre en la **Temecula Olive Oil Company** (temeculaoliveoil.com), donde se venden variedades obtenidas a partir del mismo tipo de aceitunas que los misioneros españoles cultivaban en California en el s. XVIII.

Ahora bien, la atracción estelar en Temecula es el vino. Muchos varietales, en especial las uvas mediterráneas que necesitan mucho sol, como la syrah, la tempranillo o la sangiovese, prosperan en el valle gracias al terreno de base granítica y a un microclima que cada noche recibe las brumas del litoral.

Muchas bodegas cuentan con salas de catas y bistrós o restaurantes abiertos al público general. Las tarifas varían, pero en general rondan los 20 US$ por probar seis vinos. Se recomienda conseguir un mapa de las bodegas en el **centro de visitantes** (visittemeculavalley.com), o descargarlo a través de su web, y designar un conductor para hacer una ruta autoguiada. **Grapeline Wine Tours** (gogrape.com) propone circuitos guiados para hacer catas. Para más información en clave vinícola, visítese temeculawines.org.

AL VOLANTE

Desde Temecula, se toma la Hwy 76 hacia el sureste, que atraviesa verdes valles bordeados de campos de cítricos y montañas. Recorridos 40 km, se gira a la izquierda en el desvío señalizado hacia County Rd (CR) S6, también llamada "la carretera de las estrellas", que sube 18,5 km por el monte Palomar.

02 MONTE PALOMAR

Situado en lo alto de este monte a 1676 m de altura para reducir al mínimo la contaminación lumínica, el **Observatorio Palomar** (astro.caltech.edu) es un lugar espectacular, del tamaño del Panteón de Roma y con un diseño clásico que data de la década de 1930. Lo gestiona el prestigioso California Institute of Technology (CalTech) de Pasadena, y permite asomarse al espacio a través de cinco telescopios, entre ellos el Hale Telescope, de 508 cm de diámetro, que en su día fue el mayor del mundo. Antes de acometer el largo y sinuoso ascenso hasta aquí, se aconseja llamar para consultar el estado de la carretera. Llévese una chaqueta, pues en el interior del observatorio la temperatura ronda los 0°C. Los fines de semana de abril a octubre organizan circuitos guiados de 1 h, aunque explorar el recinto por libre es igual de gratificante.

Para una experiencia más completa, antes de venir descárguese gratis la audioguía en su web, ya que a esa altura la cobertura es escasa. En el cercano **Palomar Mountain State Park** (parks.ca.gov) se pueden hacer caminatas por boscosos senderos con vistas panorámicas.

AL VOLANTE
Tras conducir los 7 km de bajada por la CR S6, se tuerce a la izquierda por la CR S7, que discurre casi 18 km colina abajo hacia el sureste. Luego, se gira a la izquierda hacia la Hwy 76 y se continúa al este, pasando por el lago Henshaw de camino a la Hwy 79. Después, se vira a la derecha en dirección sur hacia Santa Ysabel, donde se puede parar a comer algo, antes de girar a la izquierda y seguir 11 km por la Hwy 78/79 hasta Julian.

XIU YU PHOTOGRAPHY/SHUTTERSTOCK ©

ASTROS Y FLORES

El Anza-Borrego Desert State Park (en la imagen), reconocido por la **International Dark Sky Association** como parque de cielo oscuro, es extraordinario para observar los astros y, por si fuera poco, su terreno lo cubre cada primavera un manto de flores silvestres. Según el volumen de lluvias caído en invierno, la floración puede darse a finales de febrero, brindando un llamativo contraste con los tonos terrosos del desierto. Consúltese la web del parque (parks.ca.gov) para estar al tanto de las flores que pudieran brotar coincidiendo con la visita.

03 JULIAN

Abriéndose paso entre montes tapizados de pinos y valles sombreados, se llega a esta aldea de montaña en la que, al finalizar la guerra de Secesión, se instalaron veteranos confederados. En 1869 encontraron una pizca de oro en su riachuelo, lo que desató un efímero período de especulación.

Eagle Mining Co (theeaglemining.com) explica las vicisitudes de los pioneros de dicha época en un circuito guiado de 1 h bajo tierra. Las minas no tardaron en agotarse, pero en sus fértiles tierras encontraron una riqueza más duradera: las manzanas, que son el nuevo oro, como queda patente en las plantaciones que acaparan los campos circundantes. A la cosecha de la manzana, a finales de septiembre, va asociados multitud de eventos, pero la gente acude todo el año a la Main Street de Julian, atraídas por sus galerías, anticuarios, tiendas de artesanía y panaderías; todas aseguran preparar la mejor tarta de manzana del lugar.

SIERRALARA/SHUTTERSTOCK ©

AL VOLANTE
Tras deshacer 11 km al oeste de Julian por la Hwy 78, se gira a la derecha hacia la Hwy 79 en dirección norte, pasando por Santa Ysabel hacia Warner Springs. Se tuerce a la derecha hacia la CR S2 (San Felipe Rd) y, 8 km después, a izquierda hacia la CR S22 (Montezuma Valley Rd), que serpentea durante el descenso de 27 km hasta Borrego Springs, regalando por el camino vistas panorámicas del desierto.

04 BORREGO SPRINGS

Con restaurantes, alojamiento, cajeros automáticos y estaciones de servicio, Borrego Springs es el principal

Anza-Borrego Desert State Park.

asentamiento del **Anza-Borrego Desert State Park** (parks.ca.gov), el mayor parque estatal de California y un majestuoso tapiz compuesto por montañas fruncidas que se elevan sobre *badlands* (tierras yermas), oasis de palmeras resguardados por angostos desfiladeros, una abundancia de fauna y flores silvestres, y vestigios milenarios de pueblos originarios americanos.

En el centro de visitantes del parque dispensan información sobre rutas de senderismo y el estado de las carreteras. Apenas 1,6 km de allí tiene su inicio el popular **Borrego Palm Canyon Nature Trail,** una ruta de 5 km que discurre por un desfiladero rocoso hasta un bosque de desgreñadas palmeras y pequeñas cascadas.

La foto

Font's Point, en el Anza-Borrego Desert State Park.

Para una dosis de cultura, véase la exposición más reciente del **Borrego Art Institute** (borregoartinstitute.org) o condúzcase junto a las estrafalarias estructuras metálicas que flanquean Borrego Springs Rd tanto al norte como al sur de la población. Se encontrará un sencillo mapa gratuito en borregospringsarmap.com.

Al este de Borrego Springs aparece señalizada una carretera sin asfaltar de 6,5 km (a veces también transitable sin todoterreno) que avanza hacia el sur de la CR S22 hasta **Font's Point** (380 m), desde donde se obtienen espectaculares panoramas del sobrenatural paisaje cincelado por el agua y el viento del valle de Borrego al oeste y de las Borrego Badlands al sur. Mejor venir al atardecer.

AL VOLANTE

Desde Christmas Circle en Borrego Springs, se sigue Borrego Springs Rd 18,5 km hacia el sur y, luego, se gira a la izquierda por la Hwy 78 y, al cabo de 2,5 km, otra vez a la izquierda hacia Buttes Pass Rd. Hay que mantenerse a la izquierda en la bifurcación y, después de otros 1,6 km, estacionar junto a la entrada al Slot Canyon.

JIMCOTTINGHAM/SHUTTERSTOCK ©

Practicando senderismo por un cañón de ranura, Anza-Borrego Desert State Park.

05 SLOT CANYON

Considerado una de las mejores caminatas de Anza-Borrego, el corto pero memorable **Slot Trail** discurre por un desfiladero de limolita que en un momento dado se estrecha tanto que es preciso meterse de lado para continuar. El sinuoso sendero termina al cruzar un puente de piedra encajado entre las altas paredes. Para volver, se puede desandar el camino (recomendable) o escalar y regresar por la carretera de tierra, más larga y menos paisajística.

AL VOLANTE
De vuelta a la Hwy 78, se gira a la derecha y se conduce 27 km para, después, girar a la izquierda por la CR S2 (Great Southern Overland Stage Route) y continuar 5 o 10 km antes de torcer a la izquierda hacia el valle de Blair.

DESVÍO
Árboles del elefante y cuevas del viento
Inicio: 05 Slot Canyon

Advertencia: antes de emprender esta ruta es fundamental comprobar el estado de las carreteras a través del centro de visitantes. Quienes vayan en todoterreno encontrarán paisajes espectaculares y mucha tranquilidad en la parte oriental del Anza-Borrego Desert State Park. Desde Slot Canyon se retrocede hasta la Hwy 78 y se tuerce a la izquierda. Recorridos 8 km, se gira a la derecha hacia Split Mountain Rd y se conduce 9,3 km hasta el Elephant Trees Discovery Trail, un sendero de 1,6 km.

Se sigue otros 4 km hasta que termina el asfalto, antes de girar a la derecha hacia la irregular carretera de tierra de Fish Creek, que tras un movidito trayecto de 6,5 km, llega al inicio del Wind Caves Trail, donde una pronunciada caminata de 3,2 km permite acceder a los agujeros esculpidos en los afloramientos de arenisca. Desde este espacio natural podrá admirarse la estimulante inmensidad de ondulantes *badlands* que se extiende hasta el horizonte bajo un cielo carmesí.

06 VALLE DE BLAIR

Este valle es el lugar de paso hacia tres preciosas rutas de senderismo que parten de una carretera sin asfaltar que rodea el valle al este de la CR S2. Está lleno de pictogramas de nativos americanos y de *morteros* (huecos en las rocas utilizados para moler semillas), que como mejor se aprecian es recorriendo la **Ehmuu-Morteros Trail** (800 m, i/v; consígase un folleto con un circuito autoguiado e información al respecto).

Para ahondar en la historia del lugar, sígase el empinado sendero de 1,6 km a **Ghost Mountain** y a los restos de una morada de adobe de la época de la Gran Depresión, donde vivieron el mariscal South y su familia en las décadas de 1930 y 1940. Al margen de explorar las ruinas, merece la pena disfrutar de las vistas del extenso valle de Blair con el monte Granite en lontananza.

Finalmente, el **Pictograph/ Smuggler's Canyon Trail** recompensará al viajero por partida doble. Recorridos 1,6 km por un arenoso camino de suave pendiente, se llega a un gigantesco peñasco con pictogramas de color rojizo pintados por nativos americanos. Después, hay que continuar 800 m más hacia una pila de rocas desmoronadas -en apariencia impenetrable- y caminar por el estrecho Smuggler's Canyon hasta el borde de una cascada seca desde donde se aprecia una maravilla geológica sin parangón: el **Vallecito Valley.**

En esta parte del parque también se encuentra el **puerto de Foot and Walker,** un monumento histórico a pie de carretera en la cara norte del valle de Blair, que señala un punto difícil de la Butterfield Overland Mail Route, en el que los pasajeros de las diligencias tenían que bajarse y caminar (o incluso empujar el carruaje) para subir el puerto de montaña.

Unos pocos kilómetros al sur por la CR S2, en **Box Canyon,** aún se observan las marcas en el lugar donde pioneros mormones tuvieron que romper la roca y ensanchar el desfiladero lo suficiente para que las carretas pudieran pasar.

AL VOLANTE
Tras cruzar el parque por la CR S2 en dirección sur, se desciende por un tramo lleno de curvas que pasa por el Carrizo Badlands Overlook de camino a la I-8, que va al oeste hasta San Diego.

Cómo llegar

California tiene una docena de aeropuertos con vuelos nacionales e internacionales. Desde otros estados se puede viajar en tren, pero los retrasos son muy frecuentes, y en coche las distancias son enormes. En vista del precio, el avión es la mejor opción.

Alquiler de coches en los aeropuertos

En los principales aeropuertos es fácil alquilar un coche. En general, cuentan con un servicio unificado de alquiler de vehículos, con las principales empresas de alquiler agrupadas en un mismo punto.

Aunque no lo parezca, se debe reservar con antelación, sobre todo en horas punta.

Las grandes compañías disponen de aplicaciones que facilitan la reserva. Se debe incluir el número de vuelo para que la compañía pueda mantener la reserva si se retrasa el avión. Los programas prioritarios como Avis Preferred o Hertz Gold Plus permiten saltarse las colas e ir directamente al coche.

El vehículo se debe devolver con el depósito lleno, salvo que se haya pagado por adelantado el combustible.

Aeropuerto Internacional de Los Ángeles (LAX)

Centro de la ciudad

TREN	No hay tren
AUTOBÚS O LANZADERA	Autobús 9,75 US$
TAXI	25-50 min 47 US$

INFORMARSE ES IMPORTANTE

Antes y durante el viaje recomendamos que cualquier información relacionada tanto con la seguridad, la salud, los trámites administrativos como con la expedición de visados, etc., sea verificada con el Ministerio de Asuntos Exteriores del país del viajero. Nuestras guías están actualizadas al cierre de la edición original, pero los cambios políticos, sociales y naturales son cada vez más rápidos e inciertos.

VISADOS SENCILLOS

El Visa Waiver Program (VWP) de EE UU no exige visado a 39 países para estancias de hasta 90 días con un pasaporte válido por seis meses más.

VISADOS COMPLEJOS

La normativa de visados no VWP cambia con frecuencia. Se puede consultar la información actualizada en la web del Departamento de Estado de EE UU (travel.state.gov) o contactar con la embajada o consulado de EE UU en el país de origen.

CAMBIOS EN LAX

Existe el proyecto de construir una lanzadera desde el aeropuerto de Los Ángeles que conectará las terminales con la red de transportes fuera del aeropuerto, incluidos los trenes, y un nuevo punto de alquiler de coches unificado.

FRONTERA CON MÉXICO

No se recomienda entrar en México con vehículo, pues las indicaciones son confusas, se requiere un seguro de coche mexicano y las colas en la frontera para volver a EE UU son eternas. Es mejor tomar el tranvía de San Diego hasta el puesto fronterizo de San Ysidro y cruzar a pie.

Cómo desplazarse

LAS MEJORES FORMAS DE DESPLAZARSE

Aunque California parece diseñada para el vehículo privado, no es la única forma de desplazarse. El transporte local es muy variado y los viajes de larga distancia en tren por la costa central y sur de California son agradables.

A TENER EN CUENTA

Se conduce por la derecha.

65

Límite de velocidad: 65 millas/h (104 km/h) en autopistas, 55 millas/h (90 km/h) en autovías de dos carriles, 35 millas/h (56 km/h) en ciudades.

0,05%

El límite de alcohol en sangre es de 0,05%.

Tarjetas de transporte público

En San Francisco hay numerosos transportes públicos además de los bonitos tranvías. El tren ligero BART va desde el Aeropuerto Internacional de San Francisco hasta ciudades del este de la bahía, como Oakland y Berkeley. Desde las estaciones del BART de San Francisco, la red local Muni de tranvías, trenes ligeros y autobuses llega hasta la mayoría de los rincones de la ciudad.

Aunque inferior a la de San Francisco, la red Metro de Los Ángeles se está expandiendo rápidamente, con seis líneas de metro y metro ligero, autobuses de transporte rápido y autobuses regulares, además de otros autobuses municipales, como los de Santa Mónica y Culver City. Está previsto que la red de metro ligero conecte con el Aeropuerto Internacional de Los Ángeles mediante una lanzadera especial.

Aparcamiento

Los aparcamientos de hoteles en la ciudad son carísimos, pero con paciencia se pueden encontrar opciones más baratas. Aparcar en la calle es gratis de noche o en zonas residenciales, pero hay que leer bien la señalización, pues las multas también son elevadas.

Si no se dispone de FasTrak

Los dispositivos FasTrak permiten pagar electrónicamente los peajes de las carreteras, los carriles limitados de las autopistas y algunos puentes. Si se alquila un coche y no se dispone de FasTrak, la mayoría de las empresas de alquiler proporcionan uno, aunque su uso es costoso.

COSTES

Alquiler
unos 175 US$/día

Gasolina
aprox. 5 US$/galón (3,78 l)

Carga de VE
0,28 US$/kWh

Billete de ida en Amtrak Los Ángeles-San Diego
36 US$

Alojamiento

CUÁNTO CUESTA UNA NOCHE EN...

hotel
desde
100-300 US$

albergue
desde
30 US$

camping
desde
25 US$

CAMAS PARA TODOS LOS GUSTOS

Con sus numerosos destinos de ensueño y su espíritu innovador, California cuenta con cientos de alojamientos geniales y únicos, desde la soledad en un *camping* del desierto hasta los caprichos del lujo urbanita.

Además de los moteles y hoteles habituales, hay opciones poco convencionales, como moteles retro, apartamentos en la playa, *campings* en entornos espectaculares e innumerables modalidades de *glamping*.

Moteles retro

Los humildes moteles se han revalorizado en los últimos años y muchos se han renovado para darles un nuevo impulso. Diseñados con una estética de mediados de siglo, pero atendiendo a las necesidades actuales, son pequeños establecimientos de carretera elegantes y muy atractivos, pero asequibles. Se identifican por los letreros de neón restaurados.

Bodegas tradicionales

Los refugios de Wine Country, con vistas a los viñedos, van desde *châteaux* de lujo, al estilo del sur de Francia con tratamientos de *spa,* hasta una amplia gama de alojamientos más discretos en bodegas. Las regiones vinícolas de California no se limitan a los condados de Napa y Sonoma y las opciones son tan variadas como sus viticultores.

En vez de 'camping', 'glamping'

California cuenta con escenarios perfectos para el *glamping* (*camping* de lujo). Tanto parques nacionales como entidades privadas han instalado yurtas y tiendas de lona de safari en soberbios entornos, como Yosemite, Kings Canyon y Big Sur, beneficiándose del templado clima durante la mayor parte del año.

Ver el bosque desde los árboles

Para entrar en contacto con las secuoyas, nada mejor que una casa en un árbol. Populares en Instagram, estos nidos o casitas de pájaro de tamaño humano son agrestes y lujosas opciones aéreas para pasar la noche. No todos reúnen las condiciones ideales, por lo que se aconseja comprobar los detalles sanitarios, los informes meteorológicos y el confort antes de comprometerse.

LÍMITES AL ALQUILER VACACIONAL

El alquiler vacacional es un tema candente en California. En un estado con una escasez acuciante de viviendas asequibles, cualquier inmueble que deje de estar disponible para la población provoca fuertes reacciones. Las zonas rurales, antaño accesibles, se han convertido en refugios de fin de semana de los ricos de ciudad, obligando a los vecinos que trabajan en las tiendas y cafés a buscarse la vida. Los residentes de las zonas turísticas están hartos de las fiestas que se organizan en las casas, por lo que el estado ha impuesto límites a los alquileres vacacionales, en especial de Airbnb.

Automóviles

Alquiler de automóviles

California tiene agencias de alquiler de coches en todo el estado, aunque se alquila preferentemente en los aeropuertos. Las tarifas de las agencias de los aeropuertos y las de las ciudades son similares y varían según la temporada y la demanda.

Aunque es más atractivo recurrir a una agencia de alquiler local que a una nacional, esta última tiene mayores recursos para ayudar en caso de emergencia.

Para ahorrar, hay que comparar precios y buscar descuentos por pertenecer a un club de automovilistas o a un programa de fidelidad de una aerolínea. No se recomienda alquilar un coche para aparcarlo en el garaje de un hotel caro; en cambio, se puede viajar en BART a San Francisco y alquilar un coche para pasar el día en Napa.

VE

California tiene el calendario más agresivo de EE UU en materia de vehículos de emisiones cero (prohibición de la venta de vehículos de gasolina a partir de 2035) y las empresas de alquiler de coches se han subido al carro, apostando por vehículos híbridos y eléctricos.

Las agencias de alquiler suelen tener algunos VE y hay miles de estaciones de recarga por todo el Estado (afdc.energy.gov/fuels/electricity_locations.html).

Para largas distancias hay que comprobar la disponibilidad de estaciones de carga a lo largo de la ruta y la autonomía del vehículo.

OTROS EQUIPOS

Si se necesitan extras, como ganchos de remolque, portabicicletas o asientos para niños, hay que reservarlos con antelación.

Muchos coches cuentan con equipamiento tecnológico, como Apple CarPlay, Bluetooth y radio por satélite.

Si se ha olvidado algún objeto, como un cargador de teléfono, normalmente se puede comprar en el punto de alquiler.

¿CUÁNTO CUESTA UNA BICI?

Santa Mónica
12,50/30 US$ h/día

Circuito en bici
desde 72 US$/3 h

Alquiler de bicicletas eléctricas en San Francisco
30 US$/2 h, 88 US$/día

Salud y seguridad

Si fumas, no conduzcas

Aunque el consumo recreativo de cánnabis es legal en California, está totalmente prohibido al volante. Las sanciones por conducir bajo los efectos del cánnabis son las mismas que las del alcohol. Según la California Office of Traffic Safety, los efectos de la marihuana son más fuertes en los primeros 30 min si se fuma; esto se retrasa si se ingiere, y todo depende de la dosis.

Repostar antes

Hay gasolineras por todas partes, excepto en parques nacionales y zonas poco pobladas. Si se van a visitar estos lugares, hay que repostar antes: los precios de la gasolina se disparan cuanto más se aleja uno de las poblaciones. En caso de repostar antes de devolver el coche, hay que procurar hacerlo en los últimos 15 km.

Cactus y bichos raros

Las arañas viuda negra, los escorpiones, las serpientes de cascabel y los ciempiés son venenosos, pero es improbable que ataquen. Hay que revisar los zapatos antes de ponérselos por la mañana y no dejar bolsos sin cerrar de noche.

Obviamente, los cactus tienen púas, pero también diminutos pinchos no tan visibles, cuya extracción es difícil. Se aconseja llevar unas pinzas y evitar ir de excursión con pantalón corto.

COMBATIR EL CALOR DEL DESIERTO

En los desiertos de California, especialmente en verano, hay que llevar y beber, al menos, un galón (3,8 l) de agua al día, el doble si se hace deporte o se consume alcohol.

Las temperaturas veraniegas pueden superar los 51,5°C, pero el sudor no siempre se nota con la baja humedad.

Si el coche empieza a recalentarse, hay que apagar el aire acondicionado, encender la calefacción y bajar las ventanillas.

AVERÍAS

Si el vehículo de alquiler sufre una avería, se aparca en un lugar seguro y se encienden las luces de emergencia. Luego, se llama a la agencia de alquiler, que indicará los pasos a seguir. Los procedimientos varían según la ubicación y el tipo de seguro (si está incluido en el contrato de alquiler o si se tiene un seguro personal).

Turismo responsable

Cambio climático y viajes

Es imposible ignorar el impacto que producimos cuando viajamos, así como la importancia de hacer cambios cuando se pueda. Lonely Planet insta a todos los viajeros a comprometerse con la huella de carbono de su viaje. Muchas páginas web ofrecen calculadoras de carbono que permiten al viajero hacer un cálculo estimado de las emisiones de carbono que genera su viaje, p. ej. resurgence.org. Muchas aerolíneas y webs de reservas ofrecen la opción de compensar el impacto de los gases invernadero emitidos participando en iniciativas ecológicas por todo el mundo. Lonely Planet compensa la huella de carbono de todos los viajes de su personal, a sabiendas de que se trata más de una atenuación que de una solución.

Visit California
La agencia estatal de turismo ofrece guías multilingües para planificar viajes. visitcalifornia.com

Webs municipales
Webs oficiales de las ciudades. discoverlosangeles.com; sftravel.com

Green Lonely Planet
Información sobre destinos, reservas de hotel y otros. lonelyplanet.com/usa/california

SE TARDA MÁS DE LO QUE SE CREE

Por cortas que parezcan las distancias en el mapa, en algunas zonas se forman atascos, especialmente al norte y a través de San Francisco, el corredor al sur de Santa Cruz y los alrededores de Los Ángeles. Hay que calcular tiempo extra.

DETENERSE... O NO

En carreteras panorámicas y de montaña, si se forma una fila de vehículos detrás, hay que parar en un sitio seguro y dejarles paso. En las autopistas, las motocicletas pueden circular entre los coches.

CARRILES PARA COCHES COMPARTIDOS

Los carriles para coches compartidos están estrictamente regulados. Con el número correcto de pasajeros, se pueden usar y viajar rápido aun con tráfico congestionado. Las empresas de alquiler de coches proporcionan dispositivos FasTrack para utilizar estos carriles.

Lo esencial

Moneda:
Dólar estadounidense (US$)

Horario comercial

Restaurantes 7.30-10.30, 11.30-14.30, 17.00-21.00 diario, algunos más tarde vi y sa

Tiendas 10.00-18.00 lu-sa, 12.00-17.00 do (los centros comerciales abren más tarde)

Bares 17.00-2.00 diario

Pesos y medidas

Sistema imperial:

1 libra equivale a unos 0,45 kg, 1 pie a unos 30,5 cm, 1 milla aprox. 1,6 km.

ELECTRICIDAD

120V/60Hz

Tipo A
120V/60Hz

Tipo B
120V/60Hz

Mejores formas de pagar

Visa y MasterCard se aceptan en todas partes, mientras que American Express y Discover son más irregulares. Se suelen aceptar tarjetas con chip y aplicaciones como Apple Pay. Las tarjetas de débito pueden requerir controles de seguridad adicionales en gasolineras, puntos de alquiler de coches, etc. Si se acude desde el extranjero, es buena idea comunicarlo al banco para evitar retenciones en las transacciones.

Propinas

No son opcionales, se incluyen en el salario de los trabajadores, así que hay que dar propina a:

Camareros 15-20% por ronda, mínimo 1 US$ por consumición.

Conserjes Nada por simple información, hasta 20 US$ por conseguir una reserva de último momento en un restaurante, etc.

Botones de hotel 2-3 US$ por maleta, mínimo 5 US$ por carrito.

Personal de limpieza del hotel 2-4 US$ por día.

Mozos de aparcamiento Al menos 2 US$ cuando se recuperan las llaves.

Camareros (restaurante) 18-25%.

Taxistas/conductores de vehículos compartidos 10-15% de la tarifa, redondear al siguiente dólar.

Acceso a internet

En la mayoría de los alojamientos, cafeterías y bibliotecas hay wifi gratis. Algunos hoteles exigen ser miembro de un programa de fidelización para conectarse.

INFORMACIÓN ÚTIL

Hora local
Zona horaria del Pacífico

Prefijo de país
+1

Teléfono de emergencias
911/311

Población
38 940 231 hab.

Índice

D

E

F

G

H

I

J

K

Páginas de los mapas 000

Q

R

Páginas de los mapas 000

Páginas de los mapas 000

EL AUTOR

Andrew Bender

Andrew Bender no es californiano, pero adora su estado de adopción, y le encanta volver a documentarlo para Lonely Planet. Tras muchos años en la industria del entretenimiento en Los Ángeles, su pasión por viajar le llevó a escribir para *Forbes*, *Los Angeles Times*, revistas de aviones y docenas de títulos de LP, desde Japón hasta Noruega. También es consultor intercultural y planifica y dirige viajes de grupos a Japón.

Autores

Brett Atkinson, Amy Balfour, Alison Bing, Cristian Bonetto, Celeste Brash, Jade Bremner, Bailey Freeman, Michael Grosberg, Ashley Harrell, Mark Johanson, Andrea Schulte-Peevers, Wendy Yanagihara

Colaboradores

Esta es la traducción al español de la 5ª edición de *Best Road Trips California,* actualizada por Andrew Bender.
Los escritores de ediciones anteriores también se incluyen en esta obra.

Agradecimientos

James Appleton, Imogen Bannister, Anne Mulvaney

geoPlaneta
Av. Diagonal 662-664, 08034 Barcelona
www.geoplaneta.com – www.lonelyplanet.es

Lonely Planet Global Limited
Lonely Planet Global Limited, Digital Depot,
The Digital Hub, Dublín D08 TCV4, Irlanda
www.lonelyplanet.com
Contacta con Lonely Planet en: lonelyplanet.com/contact

Las mejores rutas en coche y cámper por California
1ª edición en español – mayo del 2024
Traducción de *Best Road Trips California*, 5ª edición – enero del 2024
© Lonely Planet Global Limited

Editorial Planeta, S.A.
Av. Diagonal 662-664, 7°. 08034 Barcelona (España)
Con la autorización para la edición en español de Lonely Planet Global Ltd
A.B.N. 36 005 607 983, Lonely Planet Global Limited, Digital Depot,
The Digital Hub, D08 TCV4 Dublín, Irlanda

ISBN: 978-84-08-28279-2
Depósito legal: B. 18.660-2023
Impresión y encuadernación: Liberdúplex
Printed in Spain - Impreso en España